AF502326

# HISTOIRE

## DES

# SEIGNEURS D'ARÇON

## ET DE

# La Mothe d'Arçon

PAR

## Max BOIROT

*Associé correspondant national*
*de la Société des Antiquaires de France*

MOULINS

" LES IMPRIMERIES RÉUNIES "

15, RUE D'ENGHIEN, 15

1929

PREMIÈRE PARTIE

———

# LES SEIGNEURS D'ARÇON

# HISTOIRE DES SEIGNEURS D'ARÇON
## ET DE LA MOTHE D'ARÇON

*L'eglise de Vicq, canton d'Ebreuil (Allier), a souvent fait
l'objet d'études particulières. Il n'en est pas de même de deux
châteaux qui se trouvent sur cette commune, ceux d'Arçon et de
la Mothe d'Arçon, ce dernier appelé aujourd'hui la Mothe de
Vicq. Aussi, à part certains érudits, tout le monde ignore-t-il le
nom de leurs propriétaires qui ont pourtant, au XV<sup>e</sup> siècle, joué
un certain rôle dans l'histoire de notre patrie.*

*Afin de combler cette lacune, et en témoignage d'affection
pour le pays où s'est écoulée mon enfance, où reposent encore
des morts qui me sont chers, je publie aujourd'hui ces quelques
pages.*

*M. B.*

**Château d'Arçon**



# PREMIÈRE PARTIE

## LES SEIGNEURS D'ARÇON

### CHAPITRE PREMIER

### Les Montcholsy d'Arçon

Sur une colline dominant la Veauce, et faisant face à la charmante petite ville d'Ebreuil, se dresse le château d'Arçon, « comme une sentinelle dont l'œil plonge au loin dans la vallée » (1). Il ne faut pas être un grand archéologue pour s'apercevoir qu'il est moderne : il a été élevé, il y a une cinquantaine d'années environ (2), mais sur les assises d'un château féodal dont les seigneurs nous sont connus dès le XIV$^e$ siècle.

(1) Abbé BOUDANT : *Histoire d'Ebreuil*, page 23.
(2) Cette construction a été commencée en 1869 par la famille Tardif, alors propriétaire du château.

A cette époque, le territoire occupé par le très ancien village d'Arçon (1) dépendait en partie des Sires de Bourbon, à cause de leur château de Rochefort (2), en partie de la puissante abbaye d'Ebreuil. Dans les différents actes que nous avons, cette délimitation est assez vague ; cependant (et nous le verrons plus loin dans des pièces authentiques), il y a un fait certain, c'est que le château d'Arçon, avec ses appartenances, constituait primitivement un fief relevant de l'abbé d'Ebreuil.

Le village d'Arçon est mentionné dans les titres de l'ancienne maison ducale de Bourbon depuis le XIII° siècle. Le 25 juillet 1241, le sire de Bourbon et l'abbé d'Ebreuil prirent pour arbitres l'abbé de Mauzac, Jean, archidiacre de Souvigny, et Arnaud de Banaça (Bannassat), chevalier, dans un litige soulevé entre eux concernant la justice des hommes d'Arçon. Ces arbitres nommés pour régler le différend existant entre l'abbé d'Ebreuil et le sire de Bourbon au sujet de quelques hommes coupables du meurtre d'un clerc nommé Girard, de Poitiers, décidèrent que Francon et Durand de Chatas, frères, seraient condamnés à cent livres d'amende et bannis à perpétuité de la terre du sire de Bourbon ; ils ne sauraient être rappelés que du gré de l'abbé d'Ebreuil, et le sire de Bourbon ne pourra garder en sa main la terre que ces bannis tenaient dudit abbé : il devra la bailler à des laboureurs qui paieront au couvent les cens et droits accoutumés (3).

Mais c'est seulement cent ans plus tard que nous trouvons

---

(1) Arçon ou Arson : on rencontre également les deux orthographes. Ce nom vient-il, comme le prétend d'Arbois de Jubainville, du latin Arcio, primitivement Artio, dérivé du gentilice Artius? Le gentilice Artius dérivant lui-même du nom d'homme gaulois Arto-s, et paraissant identique au gallois « arth » ours ?? (D'ARBOIS DE JUBAINVILLE : *Recherches sur l'origine de la propriété foncière et des noms de lieux habités en France.*)

(2) Château de Rochefort, situé sur la commune de Saint-Bonnet-de-Rochefort, canton d'Ebreuil (Allier).

(3) Nos A. abbas de Mauziac, J. archid. Silvanect. et Arnaud de Banaça … notum facimus quod inter P. abb. et conventus Ebroliencis impeterent quosdam homines d'Arçon, homines videlicet Dⁿⁱ Borbonensi, super interfectione Gir. de Pictavia clerici… Compromiserunt inter nos sub pena centum lib. Franconus et Durandus de Chatas, fratres, qui certa nominati clerici interfectione culpabiles…, etc… (Arch. Nat. Série P. 1358, n° 553. Original latin sur parchemin, jadis scellé de trois sceaux en cire jaune. — HUILLARD-BRÉHOLLES et LECOY DE LA MARCHE, *Titres de l'ancienne Maison ducale de Bourbon.*

trace d'un personnage nommé Gilbert d'Arçon. C'est encore un des titres de la maison ducale de Bourbon qui nous l'indique :

1381, 20 mai : Guillaume Sercir, de Charroux, naguère receveur de la châtellenie de Chantelle, ne pouvant s'acquitter sur ses biens meubles envers le duc de Bourbonnais, lui délaisse à titre de dédommagement, une dîme sise près de Charroux *qu'il avait antérieurement acquise par achat de Gilbert d'Arçon, damoiseau*, et de sa femme, et qui leur était échue de défunt Rebillart Cotin, de Charroux : ladite dîme consistant en blés, vins, charnages (1), raves, chanvres et autres choses. (... *Guillelmus acquisivit titulo empcionis ut dicebat a Giberto D'Arçon domicel, et ejus uxore et evenerit eisdem conjugibus ratione mortis et exchaetæ deffuncti Rebillardi Cotin de Carroco...*) (2).

Voici donc la première personne appelée d'Arçon dont le nom nous soit parvenu : l'acte ne dit pas la date à laquelle Guillaume Sercir avait jadis acquis cette dîme : il est à croire que c'était bien des années auparavant, c'est-à-dire vers le milieu du XIVᵉ siècle, car, à partir de 1378, nous savons quel est le seigneur d'Arçon. Comme nous l'apprendrons par la suite, les seigneurs d'Arçon avaient des possessions assez importantes à Charroux (3), ce qui tendrait à faire supposer que ce Gilbert est probablement le prédécesseur des personnages qui suivront et sur lesquels ne plane aucun doute. Je dis probablement, car je n'ai trouvé Gilbert d'Arçon mentionné dans aucun des aveux ou dénombrements du Bourbonnais (4).

---

(1) CHARNAGE ; *Droit de dîme sur les animaux.*

(2) Arch. Nat. : P. 1356², p. 257. — HUILLARD-BRÉHOLLES et LECOY DE LA MARCHE : *op. cit.*

(3) Voir plus loin, années 1406, 1449 et 1459.

(4) Cet ouvrage était terminé, lorsque notre très érudit confrère M. Tiersonnier me communiqua les détails ci-dessous trouvés par lui aux Archives de l'Allier :

Gilbert (ou Gilles) d'Arçon est mort en 1388 ; il avait épousé Marguerite Quotin, fille de Perrot Quotin : cette dernière a testé en 1388, et a dû mourir peu après. Elle était vraisemblablement la nièce de Rebillard Cotin ou Quotin (dont il a été question plus haut, et dont elle hérita en échoite, c'est-à-dire en ligne collatérale), et parente de Chatard Quotin, damoiseau, sgʳ de Mazières en 1350.

La pièce concernant Gilbert ou Gilles d'Arçon est conçue en ces termes :

Archives de l'Allier. G³, Communalistes de Charroux, paroisse Saint-Jean : G³ 35³ X1 ; 12 mars 1388 (vieux style) : Guillaume de Néris, notaire

De quelle race sortaient les sires d'Arçon ? Les premiers seigneurs d'Arçon appartenaient à la famille de Montchoisy, alias Montchosy, Montchory ou Montchaurit. Cette maison possessionnée surtout dans ce qui est actuellement l'arrondissement de Gannat, existait déjà au début du XIII<sup>e</sup> siècle. — Dans les peintures décorant l'hôtel Graulier, à Gannat, le docteur Vannaire avait retrouvé leur écusson, « *d'azur, au chevron palé d'or et de gueu* « *les de six pièces, accompagné de trois étoiles à* SIX *raies d'or* » ; cette famille, dit-il, possédait la seigneurie d'Arçon, près d'Ebreuil (1). — M. de Soultrait, dans son *Armorial du Bourbonnais*, cite aussi les Montchoisy ; il leur donne des armoiries un peu différentes : « *d'azur au chevron palé d'or et de gueules de huit pièces, accompagné de trois étoiles d'argent* ». Pourtant l'Armorial de Guillaume Revel, qui date du XV<sup>e</sup> siècle, indique le blason de Jean de Montchoësi ainsi colorié : « *d'azur, au chevron palé d'or et de gueules de huit pièces, accompagné de trois étoiles* D'OR », *deux en chef et une en pointe, avec un lambel d'argent posé en chef* (2). (Ce lambel me paraît d'ailleurs être une brisure de cadet). Sur l'*Armorial du Bourbonnais* de Gaignières, au XVII<sup>e</sup> siècle (3), armorial qui présente de grandes analogies avec celui de Guillaume Revel, les étoiles sont également *d'or*, et le

de la chancellerie de Bourbonnois, relate les clauses du testament de *Marguerite Quotin, fille de feu Perrot Quotin, et veuve de feu Gilles |Ægidius| de Montchaurit, alias Darsson*, par lesquelles elle donne aux prêtres et clercs de Charroux, un septier de froment, mesure de Charroux, de rente annuelle, à prendre sur tous ses biens, à charge pour eux de célébrer dans ladite église Saint-Jean de Charroux, chaque année, pour le repos de son âme et celles de ses parents, un anniversaire le jour de son décès. (Original latin sur parchemin.)

Quoique le prénom soit Gilbert dans les Titres de l'ancienne maison ducale de Bourbon, et Gilles dans celui des Archives de l'Allier, il est certain que c'est bien le même personnage ; il n'est plus douteux maintenant qu'il fut le père de Guillaume d'Arçon, et que les premiers seigneurs d'Arçon descendaient des Montchoisy.

J'ai tenu à laisser à M. Tiersonnier tout l'honneur de cette importante découverte. Qu'il reçoive ici mes sincères remerciements pour tous les renseignements qu'il a bien voulu me fournir au cours de cet ouvrage, et pour sa confraternelle obligeance.

(1) *Bulletin de la Société d'Emulation du Bourbonnais*, tome XV, année 1878.

(2) Bibliothèque Nationale : Armorial d'Auvergne, de Guillaume Revel. fol. 430.

(3) Bibl. Nat., man. français, n° 20.001. — Voir la gravure ci-contre.

chevron est *palé d'or et de gueules de huit pièces.* Je crois donc
que c'est là le véritable blason de la maison de Montchoisy, et
qu'on doit le lire ainsi : « *d'azur au chevron palé d'or et de gueu-*

Armoiries des Montchoisy

*les de huit pièces, accompagné de trois étoiles à six raies d'or,
deux en chef, et une en pointe.*

Des titres nombreux contenus dans les Archives Nationales font
mention des Montchoisy, Montchory ou Montchaury (1) ; je vais
énumérer les principaux de ces titres pour déterminer d'abord le

_______________

(1) Monchoisy sous-Chezelles, canton de Chantelle.

rang social de cette famille, ses possessions et ses alliances, en suite pour démontrer que les seigneurs d'Arçon n'étaient qu'une branche de la lignée des Montchoisy, et non deux familles différentes, comme l'ont cru plusieurs historiens du Bourbonnais :

1° (Première moitié du treizième siècle) : Roger de Montchorit notifie à Archambaud de Bourbon la manière dont autrefois, étant châtelain de Gannat, il a procédé, à la requête de dame Bergonha, contre Guiot de Jaet, qui disputait à ladite dame certaines terres et vignes : après avoir adjugé ces biens à la plaignante, il les a mis sous sequestre, par ordre du maréchal de Bourbonnais.

   (HUILLARD-BRÉHOLLES et LECOY DE LA MARCHE, *op. cit.*)

2° 1285, le samedi après l'Annonciation :

Guillaume, sg' de Veauce, dénombrement de terres, cens, etc., « *versus terra Hugone Seguini et G. de Montchaurit usque ad bolam vie de la Costa, quæ bola est inter terra Hug. Seguini et heredum G. de Montchaurit* ».

   (*Arch. Nat.*, Série P. 458¹, p. 142.)

3° 1322 : Roger de Montchoisie, dénombrement d'un fief, cens et rentes à Bellenaves.

   (*Bibliothèque Nat.* Manuscrit français, n° 22.299.)

4° 1322 : Roger de Montchorit, aussi Montchosit, damoiseau. — Cens, rentes et droits d'usage en la forêt de Tronceon ; partie du bois appelé Chassenhet et le moulin de Crochepeaul, paroisses de Bellenave, Chezelle et Saint-Bonnet Chantelle, 1322.

   (BÉTENCOURT, *Noms Féodaux.*)

5° 1352. — Roger de Montchory, son fils, paroissien de Bellenaves, idem. Reg. 458. p. 146 et 220.)

   (BÉTENCOURT, *Noms Féodaux.*)

6° 1350. — Roger de Montchorit, damoiseau ; Hôtel, fossés, terres, garennes, cens et rentes au territoire de Font, paroisse de Coutanceouse. (Chantelle, 1350, reg. 458, p. 314.)

   (BÉTENCOURT, *Noms Féodaux.*)

7° 1350. — Le samedi après Saint-Vincent : Rogier de Montchory, dénombrement du lieu de Fontboronne.

   (*Bibl. Nat.*, Manuscrit français, n° 22.299.)

8° 1322. — Jean de Montchorit, damoiseau ; maisons et vigne à Gannat. « Johannes de Montchorit, domicellus, ... *domos suas* « *juxta ecclesiam B. Mariæ Gannaci*, una cum vineis suis... 1322, «. die lunæ ante festum B. Andreæ. »

(*Archives Nationales*, Série P. 458', p. 75,

et BÉTENCOURT, *Noms Féodaux*.)

9° 1322. — Perrin de Montchorit, damoiseau. Hôtel, domaine, et seigneurie de Chamboérat, et autres possessions ès paroisses de Bellenave, Chirat et autres. (Chantelle, 1322, reg. 458, p. 223.)

(BÉTENCOURT, *Noms Féodaux*.)

10° 1322, le samedi après la Toussaint : Perrin de Montchoisie, dénombrement de sa maison et appartenances de Chamboirat et de l'usage de la forêt de Tronceon.

(*Bibl. Nat.* Man. français, n° 22.299.)

11° 1352, le dimanche après Saint-Julien : Marguerite de Chasteau (ou de Chatel), veuve de Perrin de Montchorit, a reconnu tenir en fief du sg' de Bourbon, le lieu de Chambairat et appartenances (1). (1352, reg. 458, p. 107.)

(BÉTENCOURT, *Noms Féodaux, et Bibl. Nat.*

Man. franç. n° 22.299.)

12° 1377. Humbaud de Montchory (aussi Montchoisi), damoiseau. Hôtel de Bellevâne (Bellenave), dom., bois, moulin, étang. (Chantelle, 1377, reg. 454, p. 216.)

(BÉTENCOURT, *Noms Féodaux*.)

13° 1377. — 26 septembre : Hugues de Montchory, dénombrement de la seigneurie du Chastel et de la tierce partie de la seigneurie de Boucé.

(*Bibl. Nat.* Man. franc. n° 22.299, et

BÉTENCOURT, *Noms Féodaux*, reg. 455, p. 264.)

Etc..., etc...

Les titres ci-dessus nous montrent l'importance de cette famille

---

(1) Dom Bétencourt a mal lu certains noms propres, ainsi dans cette pièce il a mis Perrin de Monthoret ; or je me suis reporté aux actes originaux de la série P. des Archives Nationales, reg. 458. p. 107, et on lit très distinctement Perrin de Monchorit. De même dans une des pièces suivantes il a écrit Guillaume de Monchenu alias d'Arson : il faut lire Guillaume de Monchaurit, alias d'Arson.

au XIII⁰ et au XIV⁰ siècle : vieille noblesse féodale riche en terres et seigneuries dans ce qui est aujourd'hui l'arrondissement de Gannat, et dont les Graulier avaient jugé le blason digne de figurer à côté de celui des puissants seigneurs dont l'écu était peint sur les murs de leur hôtel. Nous allons maintenant établir que les Montchoisy, ou Montchorit, possédaient le château d'Arçon, et que les seigneurs de ce village n'étaient qu'une des branches de cette famille.

Après Gilbert d'Arçon (1), nous trouvons comme seigneur incontestable d'Arçon, *Guillaume d'Arçon.* La preuve qu'il appartenait à la souche des Montchoisy ou Montchorit est facile à faire, et c'est encore la série des aveux et dénombrements du Bourbonnais qui nous la fournit :

1° 1378. — 28 octobre : *Guillaume de Montchaurit, alias d'Arson,* damoiseau ; maisons, vignes et cens à Mazerier et à Gannat : « *Guillelmus de Montechaurico, alias d'Arson, domicellus... quem-* « *dam domum sitam in dicta villa Gannaci, juxta capellam Beatæ* « *Mariæ una parte, et juxta muros dictæ villæ ex altera parte...* » Ladite maison louée à cens à Durand Bonnet, alias Patron, sous le cens annuel d'une sexterée de froment. (*Arch. Nat.,* Série P., reg. 458², page 202.)

Cette maison de Gannat est une de celles dont Jean de Montchorit, damoiseau, fait l'aveu en 1322 (voir ci-dessus) ; ce qui paraît établir que Jean de Montchorit est un des ascendants directs de Guillaume de Montchaurit, dit d'Arçon, son grand-père, peut-être.

2° 1378. — 21 mars : *Guillaume de Montechauriaco, alias d'Arson ;* dénombrement d'un fief, cens et rentes ès villages de Loux et Volahiria.

(*Bibl. Nat.,* Man. franç., n° 22.299.)

3° *Guillaume de Montchaurit* (de Montechaurico), *autrement d'Arson,* damoiseau, à cause de Dauphine de Montgreon, son épouse, Hôtel de la Forêt, domaine et seigneurie ; cens et rentes ès villages de Loux et de la Vollière. (Chantelle, Verneuil, reg. 459, p. 49 et 205.)

(BÉTENCOURT, *Noms féodaux.*)

(1) Marié à Marguerite Quotin et mort avant 1388. (Renseignement transmis par M. Tiersonnier.)

Voici ces deux titres réunis en un seul par Bétencourt :

« 1378. — 21 mars : *Guillelmus de Montechauriaco, alias d'Ar-*
« *son, domicellus... ratione Dalphine de Montgreon uxoris suæ,*
« *et predecessorum ejusdem uxoris...* » (10 sextiers une émine
froment) « *in villag. de Loux. Item in villag. de la Volhiera* »
(9 quartes seigle, 3 quartes avoine de cens, le tout valant 65 s. ou
environ par an).

Au dos se trouve la mention suivante : « La nommée de Guillaume d'Arson, XIII sextiers de bled de cens en deux villages. »
(Chantelle, 1378.)

(*Arch. Nat.*, Série P. 459¹, p. 49.)

« 1378. — Vendredi 20 mai : *Guillelmus de Montechaurico,*
« *alias d'Arson, domicellus... se tenere ratione Dalphine de Mont-*
« *greon uxoris suæ et predecessorum ejusdem uxoris... ratione*
« *castri et castellaniæ de Vernolio... in villagio de la Forest in*
« *parrochia de Volciaco* » (4 livres en deniers et X gellines)...
« *Item hospicium de la Forest cum pratis, piscariis* » (cens en
avoine, seigle)... « *Item in villagio de Bellovisu* » (cens en seigle).
« *Item in villag. de la Gessiera de Mossolont, maso Bochot* »
(seigle et avoine, valant le tout 10 l. de rente).

Au dos est la mention suivante : « La nommée de Guillaume
« d'Arson, escʳ, de son hostel de la Forest et ses appartenances
« assis à Voussat, et de plusieurs menuz cens de blé et argent. »
(*Arch. Nat.*, Série P., 459³, p. 205.)

Toutes ces pièces sont précises : le nom patronymique de Guillaume d'Arçon est Montchaurit (alias Montchory ou Montchoisy).
Mais selon la coutume de cette époque, peu à peu le nom de
famille disparaîtra pour faire place au nom de la terre. Si nous
retrouvons encore ce nom de Montchoisy sur des aveux et dénombrements concernant son fils Jacques, ce ne sera plus qu'une
exception, heureuse pour nous, puisqu'elle nous permet de voir
l'origine de cette famille et de suivre sa filiation ; dans tous les
autres actes, Guillaume et ses descendants ne sont plus connus
que sous le nom d'Arçon.

C'est d'abord, le 27 mai 1401, un mandement de la Chambre
des Comptes de Moulins pour informer sur la requête de Guillaume d'Arçon, écuyer : il est fait mention des témoins produits,

mais l'objet de la requête n'est pas indiqué (1). Deux ans plus tard, le 17 juillet 1403, un second mandement de la Chambre des Comptes de Moulins substitua Graulier (2) à Cadier (3) pour informer sur la requête de Guillaume d'Arçon (4).

Ce Guillaume d'Arçon avait, dans sa jeunesse et comme la plupart des gentilshommes de cette époque, servi dans les troupes royales, sous les ordres d'un autre Bourbonnais, le capitaine du Peschin. Le 17 juin 1370, « la monstre de Humbaud du Pes- « chin, capitaine, de IIII chevaliers et XXX escuiers de sa C<sup>ie</sup> » nous indique que parmi ces chevaliers et écuyers se trouvaient :

Mess. Hugues de Montchoësy, chevalier, ayant un cheval brun bay estimé IIII<sup>xx</sup> livres ;

Guillaume d'Arson avec un cheval morel (5) estimé XXX livres ;

Jehan d'Arson, avec un cheval gris moucheté estimé XXX livres.

Une autre montre du même capitaine, mentionne encore ces trois jeunes gens comme présents en sa compagnie le 16 juillet 1370 (6).

Je ne sais quelle fut la destinée de ce Jehan d'Arçon, dont l'existence ne nous est révélée que par ces deux montres du capitaine du Peschin. Quant à Guillaume, il revint peu après prendre possession de son fief d'Arçon : marié avant 1378 à Dauphine de Montgreon, il mourut en 1404 ou 1405, laissant au moins deux fils, Jacques, qui continuera la postérité, et Hutin.

Tandis que Jacques, dont nous parlerons tout à l'heure, succédait à son père dans la seigneurie d'Arçon, et vivait sur ses terres, Hutin embrassa la carrière des armes. La France, alors en pleine guerre de Cent Ans, était en outre troublée par des dissensions intestines. Le duc Louis d'Orléans venait d'être assassiné par le duc de Bourgogne, à Paris, rue Vieille-du-Temple, le 23 novembre 1407, et son fils aîné Charles, âgé de 13 ans, fut immédiate-

---

(1) HUILLARD-BRÉHOLLES et LECOY DE LA MARCHE, *op. cit.*

(2) Graulier, ancienne famille de Gannat. — Voir à son sujet l'étude du D<sup>r</sup> Vannaire sur les peintures de l'hôtel Graulier à Gannat, dans le *Bulletin de la Société d'Emulation du Bourbonnais*, tome XV.

(3) Cadier, très ancienne famille du Bourbonnais, encore représentée de nos jours par la famille Cadier de Veauce.

(4) HUILLARD-BRÉHOLLES et LECOY DE LA MARCHE, *op. cit.*

(5) Cheval morel ou moreau, cheval brun foncé ou noir.

(6) Bibl Nat., collection Clairambault, vol. 85, p. 6.686, n<sup>os</sup> 81 et 82.

ment envoyé à Blois par sa mère, Valentine de Milan, sous la protection de Messire Sauvage de Villers, qu'elle lui avait donné comme Conseiller et Chambellan. A Blois, dans l'enceinte de son château fortifié et bien gardé, il était en sûreté et à l'abri des coups de mains possibles. C'est vers ce jeune prince que se dirigea Hutin d'Arçon. Il entra aussitôt à son service en qualité d'écuyer, et s'y comporta en domestique (1) fidèle et dévoué, accompagnant le jeune Duc même dans ses voyages. Les manuscrits de la Bibliothèque Nationale nous fournissent quelques pièces intéressantes que nous allons citer *in extenso*, car elles nous donnent des détails précieux sur le duc d'Orléans et sur Hutin d'Arson.

C'est, premièrement, un ordre du duc à son trésorier d'avoir à payer à son « bien amé escuier Hutin d'Arson » la somme de dix livres tournois en considération des services qu'il lui a rendus, et pour le dédommager des frais qu'il a pu faire lors d'un voyage à Bourges en sa compagnie :

« 1410, 23 janvier :

« Charles duc d'Orléans et de Valois, conte de Blois et de Beau-
« mont, seigneur de Coucy. A notre amé et féal trésorier général
« Pierre Renier, salut et dilection. Nous voulons et vous mandons
« que des deniers de noz finances vous baillez et délivrez à notre
« bien amé escuier Hutin d'Arson la somme de dix livres tour-
« nois laquelle nous lui avons donné et donnons de grace espe-
« cial par ces presentes pour consideration des services qu'il nous
« a fait faire chascun jour et esperons que fasse au temps à venir,
« et pour lui aidier à supporter les frais et dépens qu'il a fait en
« nostre compaignie au voiage par nous nagaire fait à Bourges
« devers nostre très chier et très amé oncle et pere Monseigneur
« de Berry. Et par rapportant ces presentes et quittance de nostre
« dit escuier, nous voulons ladite somme de dix livres tournois
« être allouée en vos comptes et rabatue de votre recette par nos
« amés et féaux gens de noz comptes sans contredit aucun. Non

---

(1) Il faut entendre ce mot *domestique* dans le sens ancien, c'est-à-dire « attaché à la maison de... » On nommait *domestiques* des officiers de la maison des rois, reines, fils et filles de France. Du Tillet. *Recueil des Rois de France*, p. 322.

« obstant ordonnance, mandement ou défense à ce contraires.
« Donné à Blois le XXIIIe jour de janvier l'an de grace mil[cccc]
« et dix.

 « Par Monseigneur le Duc en son conseil ou quel Mons. l'ar-
« chevesque de Sens et Mons. de Saint Charles estoient.

« SAUVAGE. »

(Original sur parchemin avec le sceau en cire rouge du duc d'Orléans. — *Bibl. Nat.*, Pièces originales, vol 976.)

Puis le reçu d'Hutin d'Arson :

 « 1410, 10 février :

 « Saichent tuit que je Hutin d'Arson, escuier, confesse avoir
« eu et receu de Pierre Renier (1) trésorier général de Monsg[r] le
« Duc Dorleans, la somme de dix livres tournois, laquelle mondit
« sg[r] a par lettres données le XXIIIe jour de janvier dernier passé
« m'a donné de grace especiale pour moy aidier à supporter les
« frais et déppens que j'ay fait en sa compaignie en voiage par
« lui nagaire fait à Bourges par devant Msg[r] de Berry. De laquelle
« somme de dix livres tournoys dessus dits je me tiens pour con-
« tent et bien païé et en quitte mondit sg[r] le Duc par son dit
« tresorier et tous autres. Tesmoing mon scel et saing manuel
« cy mis le X[e] jour de février l'an mil IIII[c] et dix.

« HUTIN D'ARSON. »

**Sceau de Hutin d'Arçon**

Original en parchemin auquel est attaché un sceau en cire rouge représentant un écu sur lequel il y a un chevron accompagné de trois étoiles. Au-dessus du coin droit de l'écu, un heaume de profil. Comme légende, on lit encore « HVTIN-DARS... ». — Simple queue de parchemin. (*Voir la figure ci-contre.*)

(*Bibl. Nat.*, Pièces originales, vol. 976, dossier 21.698, pièce 4.)

J'ai dit que ces deux pièces étaient fort intéressantes : d'abord elles nous font connaître un voyage à Bourges du jeune duc d'Or-

---

(1) Pierre Renier, trésorier de Charles d'Orléans ; il l'était encore en 1417.

léans, voyage qui eut sans doute lieu en 1409, et qui a, je crois, passé inaperçu de ses biographes (1). En second lieu, elles établissent les armoiries de Hutin d'Arçon et de sa famille, et nous confirment sa parenté avec les Montchoisy. Quoique très abimé, on voit nettement sur le sceau du reçu, un chevron accompagné de trois étoiles à *six* raies, avec la légende HVTIN DARS... (2). Ce sont là les pièces composant les armoiries des Montchoisy, et ce sont bien celles des d'Arçon du Bourbonnais qui sont « d'azur à un chevron *componé d'or et de gueules de six pièces*, accompagné de trois étoiles d'or. Sur ce chevron componé, les manuscrits de la Bibliothèque Nationale sont formels, qu'il s'agisse des Pièces Originales, vol. 106, 976 et 1995, des Dossiers Bleus, vol. 453, 470 et 478, ou du Cabinet de d'Hozier, vol. 250 (3). Thaumas de la Thaumassière avait alors parfaitement raison quand, au XVII<sup>e</sup> siècle, dans son *Histoire du Berry*, page 926, il nous dit que la famille d'Arçon portait « *d'azur au chevron componé d'or et de gueules, accompagné de trois étoiles d'or* » (4). Il faut donc abandonner le chevron d'or que l'*Armorial du Bourbonnais* prête aux d'Arçon (ainsi que l'abbé Boudant dans son *Histoire d'Ebreuil*, planche I<sup>re</sup>), et le remplacer par *un chevron componé d'or et de gueules*, ce qui est conforme à l'origine de cette famille, et aux pièces du Cabinet des Titres. Je reprendrai ce sujet des armoiries dans la II<sup>e</sup> partie de cette notice traitant de l'histoire du château de la Mothe-d'Arçon (aujourd'hui la Mothe de Vicq), et je dirai d'où, peut-être, est venue cette erreur.

Revenons à Hutin d'Arçon. Les manuscrits de la Bibliothèque Nationale nous fournissent encore trois autres pièces ; ce sont des reçus donnés par Hutin d'Arçon : ils nous indiquent ses gages, 20 livres par mois, soit 240 livres par an. Sur le premier reçu, le sceau a disparu, mais sur le second, il en reste un fragment, où l'on voit une étoile, et en légende... DAR... C'est le

---

(1) M. Champion, dans son ouvrage si documenté sur la Vie de Charles d'Orléans, l'a omis dans les itinéraires du Duc publiés à la fin du volume.

(2) Les couleurs ne sont évidemment pas indiquées ; cela ne s'est fait que beaucoup plus tard.

(3) Dossiers Arson, d'Arçon, de Monestay, de Montmorin, de Murol et de La Motte d'Arçon.

(4) En principe, les premiers sg<sup>rs</sup> d'Arçon gardèrent les étoiles à six raies jusqu'à la fin du xv<sup>e</sup> siècle. — Voir plus loin le sceau de l'abbé d'Arçon.

même sceau, mais très mutilé, que celui figurant sur le reçu donné à Maître Pierre Renier au mois de janvier 1410. Enfin, sur le troisième reçu, nous retrouvons le sceau en très bon état, sceau donné pour témoigner qu'un de ses camarades, comme lui écuyer du Duc, avait bien reçu ses gages. Voici ces pièces :

1° « 1410, juin :

« Je, Hutin d'Arson, escuier, confesse avoir receu de maistre
« Pierre Sauvage (1), secretaire et garde des coffres de Monsg<sup>r</sup>
« le duc Dorléans la somme de quarante livres tournois pour le
« paiement de mes gaiges du mois de may dernier passé, et dudit
« mois de juing au prix de XX l. par mois. De laquelle somme de
« XL<sup>l t</sup> j'acquitte ledit maistre Pierre et tous autres ; témoing mon
« seing et scel cy mis. Ce dernier jour de juing l'an mil quatre
« cent dix.

« HUTIN D'ARSON. »

Original sur parchemin, signé, jadis scellé, mais le sceau a disparu.

(Bibl. Nat. Pièces Originales, vol. 976.)

2° « Août 1410 :

« Je, Hutin d'Arson, escuier, confesse avoir receu de maistre
« Pierre Sauvage, secrétaire et garde des coffres de M<sup>gr</sup> le Duc
« Dorleans la somme de quarante livres tournois pour le paiement
« de mes gaiges de juillet dernier passé et de ce mois d'aoust au
« prix de XX<sup>l</sup> par mois. De laquelle somme de XL livres j'acquitte
« led. maistre Pierre et tous autres ; tesmoing mon seing et scel
« cy mis. Ce dernier jour d'aoust l'an mil IIII<sup>e</sup> et dix.

« HUTIN D'ARSON. »

Original sur parchemin sur lequel on distingue le fragment d'un sceau en cire rouge ; sur ce sceau on voit le coin droit d'un écu avec une étoile, et en légende... DAR... (seules lettres restant encore). Sur ce coin est un heaume de profil. C'est le même sceau, mais en moins bon état que celui de février 1410.

(Bibl. Nat. Pièces Originales, vol. 106.)

---

(1) Le même Pierre Sauvage est secrétaire du duc d Orléans pendant sa captivité à Londres, en 1424 et 1427. En 1441, il est garde des sceaux du Duc. (P. Champion, Vie de Charles d'Orléans.)

3° « Août 1410 :

« Je Jehan Carbonnel escuier confesse avoir eu et receu de
« maistre Pierre Sauvage secretaire et garde des coffres de Mon-
« seig<sup>r</sup> le Duc d'Orleans la somme de quinze livres tournois pour
« le paiement de mes gaiges de ce présent mois d'aoust que j'ay
« servi mondit Seigneur. De laquelle somme je quitte ledit mon-
« sieur Pierre et tous autres. Tesmoing le scel de Hutin d'Arson
« cy mis a ma requeste le dernier jour d'aoust l'an mil IIII<sup>e</sup> et dix.

(Original sur parchemin scellé du sceau en cire rouge de Hutin
d'Arson : un écu à un chevron accompagné de trois étoiles à six
raies ; l'écu timbré d'un heaume de profil : légende... DAR...
Même sceau que les précédents.) (1)

(*Bibl. Nat.* Pièces Originales, vol. 594, dossier 13.863, pièce 20.)

Quand, en janvier 1410, Charles d'Orléans ordonnait à Maître
Pierre Renier, son trésorier, de verser une gratification de dix
livres à son « bien amé escuier Hutin d'Arson » en considération
des services qu'il lui avait rendus, il ajoutait que c'était avec l'espoir qu'il en ferait autant à l'avenir. Il faut croire que cet espoir
ne fut pas trompé, et que Hutin d'Arçon continua d'être un bon
et fidèle serviteur, car un ordre du duc et un reçu de son orfèvre
Aubertin de Boillefèves, nous apprennent que le « bien amé
escuier » était en 1415 déjà décoré de l'Ordre du Camail.

A l'exemple des ducs de Bourbon qui avaient créé, quelques
années auparavant, l'Ordre du Chardon, Louis de France, duc
d'Orléans, second fils de Charles V, avait aux réjouissances du
baptême de son fils aîné Charles, en 1394, fondé un ordre de chevalerie appelé l'ordre du Camail ou du Porc-Epic. On prétend
que le duc d'Orléans prit ce porc-épic pour emblème de son
ordre afin de « monstrer à Jean, duc de Bourgogne, son ennemy
« mortel, qu'il se revangeroit des bravades qu'il lui faisoit, et
« romperoit ses mauvais desseins, à quoy se rapportoit en quel-
« que façon la devise de l'Ordre *Cominus et Eminus*, qui est à
« dire de près et de loing. » (2)

(1) C'est un moulage de ce sceau, exécuté par les Archives Nationales,
que je me fais un plaisir d'offrir à la Société d'Emulation du Bourbonnais.
(2) « La vraye et parfaite science des armoiries », de Géliot, augmentée
par Pierre Palliot, Paris, 1660.

L'Ordre était composé d'un Grand-Maître et de 25 chevaliers, qui devaient prouver une noblesse de quatre races. Le collier était composé « d'un tortis de trois chaisnes d'or (1), au bout « duquel pendoit un Porc-Espic aussi d'or sur une terrasse esmail- « lée de verd et de fleurs, lequel se mettoit sur le manteau de « l'ordre de velours azuré (les frères de Sainte-Marthe disent de « velours violet (2), le mantelet d'hermines), doublé de satin cra- « moisy, dont estoit le chaperon et le mantelet ; sous ce man- « teau, une sotane de violet... On donnoit encor aux chevaliers « un camahieu garny d'or (3), sur lequel estoit de relief la figure « du porc-espic, pour raison de quoy il estoit aussi appelé l'ordre « du camahieu (camail). » (4)

Dans les deux pièces que l'on trouvera ci-dessous, Hutin d'Arson est dénommé maintenant écuyer tranchant :

« Charles duc d'Orleans et de Valois Conte de Blois et de Beau- « mont et S. de Coucy A nostre et feal Tresorier general Pierre « Renier salut et dilection. Nous voulons et vous mandons que « des deniers de noz finances vous baillez et delivrez a nostre « bien amé orfevre et valet de chambre Aubertin Boillefeves la « somme de trente livres six solz huict deniers tournois en laquelle « nous lui sommes tenuz pour un colier de camail d'argent a un « porc espy d'or pesant c'est assavoir ledit colier un marc VI onces « XVIII esterlins (5) obole d'argent au pris de VII frans trois solz « pour le marc XIII¹ VIII s. et ledit porc espy d'or esmaillé de diver- « ses couleurs pesant IIII esterlins et 1 fellin (6) d'or fin a LXXII l. t. « le marc valent XXXVIII s. III d.t. et pour la façon dudit collier « et porc espy XV l.t. qui font ladite somme de XXX l. VI s. VIII d.t. « Lequel colier nous avons fait prendre et acheter de lui des le « derrenier jour d'octobre derrenier passé et icelui donné a nostre « cher et bien amé escuier tranchant Hutin d'Arson en recom- « pense d'un autre semblable colier que oudit temps avons prins

---

(1) Pourtant dans le reçu d'Aubertin de Boillefesves, et dans l'ordre du duc que l'on verra plus loin. le collier est dit d'argent.

(2) DAMBREVILLE, dans son abrégé des Ordres de chevalerie (Paris, 1807), dit que le manteau était de velours vert.

(3) Autrement dit, un anneau d'or garni d'un camaieu.

(4) PALLIOT, *op. cit.* — Cet ordre disparut sous Louis XII.

(5) Esterlin : petite partie de l'once ; vient de l'anglais « sterling ».

(6) Felin : poids de sept grains. (LACURNE DE SAINTE PALAYE.)

« dudit Hutin d'Arson et icellui donné a Pons de Beynac escuier
« du Sire de Commargue lequel doit avoir espousé la fille de nos-
« tre amé et feal chevalier et chambellan messire Guillaume Ba-
« taille. Et par rapportant ces presentes et quittance sur ce dit
« Aubertin tant seulement nous voulons et mandons ladite somme
« de XXX l. VI s. VIII d. estre alloée en voz comptes et rabatue de
« vostre recepte par noz amés et feaulx gens de noz comptes sans
« aucun contredit non obstant ordonnance mandement ou def-
« fense a ce contraires. Donné à Blois le XIᵉ jour de juing l'an
« de grace mil CCCC et quinze.

« Par Monseigneur le Duc,<br>« CHOMEIX. »

Cette pièce est confirmée par le reçu de l'orfèvre :

« Sachent tuit que je Aubertin de Boillefeves orfevre et valet
« de chambre de monseigneur le duc d'Orléans confesse avoir eu
« et receu de Pierre Renier trésorier général de mondit seigneur
« la somme de trente livres six solz huit deniers tournois qui deüe
« m'estoit pour un colier de camail d'argent a un porc espy d'or
« pesant c'est assavoir ledit colier I m. VI o. XVIII ob. d'argent
« a VII fr. III s. pour le marc et ledit porc espy d'or pesant IIII e.
« et I f. d'or fin à LXXII l. le marc et pour la facon dudit colier et
« porc espy XV l. t. lequel colier mondit Seigʳ fist prendre et ache-
« ter de moy des le derrenier jour d'octobre derrenier passé et
« icelui délivrer a Hutin d'Arçon escuier tranchant de mondit
« seigneur si comme par ses lettres donnees le XIᵉ jour de juing
« derrenier passé puet plus aplain apparoir. De laquelle somme
« de XXX l. VI s. VIII d. t. je me tiens pour content et bien paié et
« en quicte mondit Seigneur le duc ledit tresorier et tous autres.
« Tesmoing mon signet et seing manuel cy mis le IIIIᵉ jour d'aoust
« l'an mil CCCC et quinze.

« ALBERTYNS DE BOLYEFABYS. »

(Originaux sur parchemin. — Bibl. Nat. Pièces originales,<br>vol. 383, pièces 20 et 21.)

Là s'arrêtent nos documents sur Hutin d'Arçon. A-t-il été tué
quelques mois plus tard, à la funeste journée d'Azincourt, où son
maître, blessé, fut fait prisonnier des Anglais? C'est possible, bien
que Monstrelet ne le cite pas dans la liste des morts : à partir de
cette date, je n'ai plus trouvé aucune trace de son nom.

Pour terminer, ajoutons que Hutin d'Arçon n'était pas le seul Bourbonnais à la cour des ducs d'Orléans; nous y voyons également :

1° Jacques du Peschin, écuyer de Louis et de Charles d'Orléans, de 1400 à 1415 : un mandement de Louis, duc d'Orléans, en date du 27 décembre 1402, ordonne le paiement de six tasses d'argent doré destinées aux étrennes de son écuyer d'écurie Jacques du Peschin. (*Bibl. Nat.:* Collections de Bastard d'Estang, par J. Delisle, n° 381).

2° Guillaume de Bressoles, écuyer et échanson du comte de Vertus (1) en 1418. (*Bibl. Nat.:* J. Delisle, *op. cit.*)

3° Guillaume Cadier, secrétaire du duc de Bourbon. En 1416, il confesse avoir reçu du trésorier du duc d'Orléans la somme de vingt livres tournois « pour et en recompensation d'un voyage « fait audit present mois de janvier de la ville de Londres à Paris, « par devant les gens du conseil de mondit sgr d'Orléans, aux- « quels iceluy Monsgr d'Orleans a envoyé par moy certaines ins- « trucions touchant ses faiz et besoignes et chargé de leur dire de « par luy aucunes choses, comme il appert plus a plain par les « dites lettres... » (2).

4° Un sieur de Fraigne, poëte, aussi originaire du Bourbonnais, séjourna assez longtemps à la cour de Blois (3).

Pendant que Hutin d'Arçon chevauchait à la suite du duc d'Orléans, son frère aîné, *Jacques*, succédait à leur père, Guillaume, comme seigneur d'Arçon. Un de ses premiers actes fut de faire renouveler le terrier ou dénombrement des cens et droits seigneuriaux qu'il possédait à Charroux ; l'original se trouve aux Archives de l'Allier, série A, 72 :

« 1406 : — C'est le terrier des subadcens dehus à Jacques d'Ar- « çon, en la ville de Charroux, fait par moi, Chatard Vierne, clerc « juré et notaire de Bourbonnais, par vertus d'une commission « donnée de Monsieur le Bailly. » (4)

---

(1) Philippe d'Orléans, comte de Vertus, frère du duc Charles.
(2) Bibl. Nat. Pièces Originales. vol 566, dossier Cadier, p. 2.
(3) P. CHAMPION, *La vie de Charles d'Orléans.*
(4) Inventaire sommaire des Archives du départ. de l'Allier, par M. CHAZAUD, Moulins, 1883.

Ce Jacques d'Arçon était également seigneur de Mazières, paroisse de Saint-Bonnet-de-Rochefort ; il possédait la moitié du bois de Villènes, et des cens à Charmeil et à Saint-Rémy (objet d'un procès qui dura près de 40 ans avec la famille de Montjournal), ainsi qu'une grange à Bellenaves achetée par lui à Hugues de Montchoisy (1).

Jacques d'Arçon avait épousé Alips du Beyrat, fils de Jean du Beyrat (alias dou Bayrac ou d'Aubeyrac), chevalier, seigneur du Beyrat (2). Cette famille du Beyrat, dont elle était la dernière héritière, ne nous est pas inconnue : les Aveux et Dénombrements des Archives Nationales, Série P, les *Noms Féodaux* de Betencourt, et le manuscrit de la Bibliothèque Nationale, n° 22.299, nous fournissent quelques documents concernant les trois derniers membres de cette famille, ancêtres directs d'Alips du Beyrat, femme de Jacques d'Arçon :

1° 1322 : — Jean d'Aubayrat, alias Aubairat ou dou Bayrat, chevalier ; Hôtel du Bayrat, domaines et devoirs en dépendant avec le droit d'usage dans la forêt de Tronceon.

Chantelle, 1322, reg. 458, p. 149 (BÉTENCOURT, *Noms Féodaux.*)

2° Le jeudi avant saint Luc : Jean dou Beyrat, dénombrement du lieu dou Bayrat, et de ce qu'il a ès paroisses de Bellenave et Saint-Bonnet.

(*Bibl. Nat.* Manuscrit français, n° 22.299.)

3° 1324 : — Jean d'Aubayrat, damoiseau. Moitié de la grande dîme de Boschet, paroisse de Deux-Chèzes.

Forez, 1324, reg. 490, p. 205.

(BÉTENCOURT, *Noms Féodaux.*)

4° 1351 : — Le mercredi avant Saint-Julien : Robert d'Aubayrat, damoiseau, Hôtel, motte, fossés, domaine et seigneurie d'Aubeyrat, et autres chevances.

(1) Arch. Nat. Série P. 457², p. 97, et 458².
(2) Château du Beyrat, commune de Bellenaves, Allier. « ... Ce château est « une forteresse à l'antique d'une grosseur et d'une élévation prodigieuses ; « beaucoup plus considérable, beaucoup mieux bâtie, et beaucoup plus « logeable que Montaigu-le-Blain. Le logement est même beau et commode : il n'y en a que trop, on s'y perd ; il y faudrait trente domestiques « pour être bien servi. » Lettre de M. du Buisson de Fognat. datée d'Aubeyrac, près Gannat, route d'Auvergne, le 19 août 1749. (Bibl. Nat. Dossiers Bleus, art. du Buysson, vol. 144, p. 71.

Chantelle, 1351, reg. 458, p. 93.

(BÉTENCOURT, *Noms Féodaux*, et manuscrit français, n° 22.299.)

5° 1357 : — 4 juin : Robert d'Aubayrat : dénombrement du lieu d'Aubayrat.

Chantelle, 1357, reg. 458, p. 150.

(BÉTENCOURT, *Noms Féodaux*, et manuscrit français, n° 22.299.)

6° 1391 : — Jean d'Aubayrat, damoiseau : même terre et seigneurie que celle tenue autrefois par Jean d'Aubeyrat, chevalier; ensemble droit d'usage en la forêt de Tronceon ; paroisses de Bellenave, Saint-Bonnet, Thison, Chezelles et autres.

Chantelle, reg. 458, p. 150.

(BÉTENCOURT, *Noms Féodaux*.)

7° 1394, 6 mai : Le bailli de Bourbonnais ordonne la main-levée au profit de Jean d'Aubayrat, écuyer, de la saisie mise par le sg$^r$ de Bellenave sur un pré sis en la prairie dudit lieu.

Original français sur parchemin, signé, jadis scellé. (Huillard-Bréholles et Lecoy de la Marche, *op. cit.*)

Les armoiries de la famille du Beyrat étaient : « *D'argent au lion de sable, et trois couronnes de gueules rangées en chef.* » (1).

Jean du Beyrat mentionné par les deux derniers articles ci-dessus, était le père de Alips du Beyrat, femme de Jacques d'Arçon. Elle était veuve en 1444. Deux pièces nous fixent sur son identité :

1444, 19 octobre : — Alix Boirat, veuve de Jacques de Montchoisy ; dénombrement du lieu du Boyrat.

(*Bibl. Nat.:* man. franç. n° 22.299.)

Un des titres de la série P. aux Archives Nationales, reproduit par Bétencourt dans ses *Noms Féodaux*, est plus précis encore :

1449 : — Alips du Boyrat, *jadis fille et à présent héritière de feu Jean du Boyrat, veuve de Jacques de Montchoisi, dit d'Arçon,* écuyer ; Fief, métairie et menus cens au territoire du Boyrat.

(Série P., Chantelle, 1449, reg. 458, p. 249, et reg. 469, p. 45.)

C'est ainsi que le fief du Beyrat est entré dans la famille d'Arçon, et fut, après la mort de leur mère, l'apanage du deuxième fils, l'aîné conservant celui d'Arçon.

--------

(1) Guillaume Revel. *Armorial du Bourbonnais* par DE SOULTRAIT et DE QUIRIELLE.

Jacques d'Arçon, *que nous voyons encore être appelé de Mont-choisi,* mourut avant 1444 (1) : il laiseait deux fils, *Guillaume, seigneur d'Arçon,* et *Berthon, seigneur du Beyrat.* Plusieurs titres les désignent. Ce sont d'abord les *Noms Féodaux,* qui nous donnent leur filiation et nous montrent qu'ils étaient seigneurs d'Arçon, de Mazières et du Beyrat :

1449, Octobre : Guillaume et Berthon d'Arçon, écuyers, enfans de feu Jacques d'Arçon, écuyer. Hôtels d'Arçon et de Mazières, domaine et seigneurie ; ensemble le bois appelé de Villène, dîmes, cens, surcens, tailles et autres devances ès villages de Villenau, Charmeul et autres.

Billy, Chantelle, etc., 1449, reg. 457, p. 97 ; reg. 459, p. 246, et reg. 469, p. 44.

(BÉTENCOURT, Noms Féodaux.)

Dom Bétencourt a résumé des titres de la série P ; ces titres étant très importants, nous allons les reproduire dans leurs parties essentielles :

14 octobre 1449 :

« Guillaume et Berthon d'Arçon, fils de Jacques, sg$^r$ d'Arçon
« et de Mazières, tiennent du duc de Bourbon à cause de son
« chastel de Rouchefort, led. hôtel de Mazières qui d'ancienneté
« est fortifié de tours et les murailles environnées de douves et
« fossés à l'entour avec ses aises, prés, orts, vergiers, granges,
« establerie, terres, cens... etc...

« *En ce n'est pas compris led. hostel d'Arçon qu'ilz tiennent en*
« *fief des Religieux Abbé et couvent d'Esbruelle, ensemble les*
« *terres et appartenances dud. Arçon ; et à cause de leurs dits*
« hôtels tiengnent et portent lesd. freres en fief de mond. sg$^r$ le
« duc a cause de son chastel de Roucheffort quatre prés dont l'un
« est au terroir de la Veaulce, alias du fief coste le pré de l'abbé
« d'Esbruelle appelé le pré de Mépuy d'autre part, et l'autre pré
« est assis au terroir du gas d'Arçon, esquelz deux prés... douze
« charretées de fun, et les autres deux assis au terroir de Champ-
« boirat... douze charretées. Item une escluze sur le rivage de

---

(1) Je ne serais pas étonné qu'il fût mort vers 1440, car dans une pièce concernant son fils Guillaume, en 1441, et citée plus loin, ce dernier est nommé avec la qualification de « personnellement establi Guillaume d'Arçon, « écuyer ».

« Syeulle appelée du gua, item une autre appellée de la naute
« sur led. rivage... et la pêche d'icelles à filés et autres engins...

« Item au village d'Arçon trois septiers émine et demi coppe
« froment de cens mesure de Chantelle que doivent Jehan Mar-
« queux deux coppes et demi, Jehan Vignalles émine ledit Vi-
« gnalles onze coppes, Jehan Baillet quinze coppes, Bonnet Chan-
« ceaulme cinq cartes, Taillebardon trois coppes, Jehan Boughon
« quarte, Martin Tricaudon quatorze coppes, Pierre Coglard qua-
« tre coppes... Item à Arçon, Esbruelle, Champbairat et Bègues
« dix sept septiers trois quart et coppe froment...

« Item leur est dehu à cause de leur dit lieu d'Arçon treize sep-
« tiers quarte trois coppes et demy froment, mesure de Charroux
« ès villages de Saint-Bonnet-de-Roucheffort, Vermat (1) et au-
« tres....

« Le tout valant vingt-cinq livres. »

14 octobre 1449.

(*Arch. Nat.*, Série P. 469¹, p. 44.)

Au dos de cette pièce se lit la mention suivante :

« Nommée de G^{mo} et Berthon d'Arçon des appartenances hos-
« tels d'Arçon et Mazières, et est *led. hostel d'Arçon vers Es-*
« *breule et n'est pas la Motte d'Arçon qui est vers Yzeure.* »

Les Seigneurs d'Arçon avaient en effet une terre près d'Yzeure
qu'ils gardèrent jusqu'en 1499 (2) (voir plus loin, à cette date).

Ainsi, le château d'Arçon était un fief relevant à cette époque
de l'abbaye d'Ebreuil. Malheureusement, comme le dit M. Gras-
soreille dans la préface de l'Inventaire sommaire des Archives
de l'Allier, Séries A et B, « les antiques chartriers des abbayes
« d'Ebreuil, de Cusset, de Saint-Menoux... ont disparu sans pres-
« que laisser de traces ». La Révolution a détruit ces titres
comme entachés de féodalité. Aussi, sur l'ancien château qui
dépendait primitivement du couvent d'Ebreuil (3), n'avons-nous

--------------------------------------------------

(1) Vermat, actuellement Vroumat hameau de la commune de Vicq.

(2) La Motte d'Arçon, près Yzeure, est déjà citée dans les noms féodaux,
antérieurement à cette date : « Guillaume des Bos (de Boscis), damoiseau,
« terre et seigneurie de Munez ; ensemble la Motte d'Arcon-lès-Yzeure ;
« cens et tailles à Vema. » Moulins, 1399, 1411, reg. 454, p. 189, 235. (BÉTEN-
COURT, *Noms Féodaux.*)

(3) Ce n'est qu'à partir du début du XVIIᵉ siècle que nous voyons le fief
d'Arçon relever directement de la couronne.

point de documents (1). Il n'en serait pas de même s'il avait relevé du duc de Bourbon : on en retrouverait la description et le
dénombrement aux Archives Nationales, dans la Série P (2).

Le second titre résumé par Dom Bétencourt est ainsi conçu :

« 1449, 10 octobre. A tous ceux... etc... Etienne Gort, secré-
« taire du duc de Bourbonnois et d'Auvergne... Personnellement
« establis n. h. Guillaume et Barthon d'Arçon, escuyers, frères
« germains, enffans et héritiers de feu Jacques d'Arçon escuyer,
« quand vivoit sg<sup>r</sup> des lieux d'Arçon et de Mazières... de leurs
« bons grés... etc... tenir et porter en fief et de fief les choses qui
« ensuivent de Mgr le Duc de Bourbonnois a cause de son chas-
« teau et chastellenie de Billy :

« La moitié par indivis des cens en deniers, froment, avoine,
« poullage (3) qui sont communs entre lesd. frères pour la moitié
« et les trois frères de Montjournaulx (4) pour l'autre moitié, que
« les nommés cy après doivent ès villages de Villenne, Char-
« meulh, Saint-Rémy et autres circonvoisins, etc...

« Item la moitié par indivis du bois appelé le boys de Vil-
« lenne, commun comme dit est, la tonte dud. bois se vend au
« bourg de Vingans vingt livres environ ;

« La moitié d'un disme, p<sup>sse</sup> de Charmeilh acensé chaque an-
« née à la messe de Billy ;

« Et sont lesd. choses communes entre lesd. d'Arçon et Mont-
« journaulx dont a été procès qui a duré bien quarante ans entre
« led. feu Jacques d'Arçon et les dits Montjournaulx ou leurs
« prédécesseurs...

--------

(1) Peut-être aux Archives de l'Allier, dans les onze liasses de la série H
provenant de l'abbaye d'Ebreuil, trouverait-on quelque chose sur Arçon.
En raison de mon éloignement de Moulins, je n'ai pu consulter ces titres.

(2) Cette série si riche en documents sur le Bourbonnais, n'est malheureusement pas assez explorée par les historiens de notre province, qui s'en
tiennent à l'ouvrage de Dom Bétencourt, où beaucoup de noms sont mal
lus et mal orthographiés ; de là une source d'erreurs. De plus dans ces
*Noms Féodaux*, l'analyse des pièces est tellement succincte que, pour un
travail documenté, il est absolument indispensable d'avoir recours au texte
intégral contenu dans la série P.

(3) Poulage : redevance, droit sur la volaille.

(4) De Montjournal, famille du Bourbonnais, porte « *de sable à trois fleurs*
« *de lys d'argent, écartelé d'argent au lion de sable* ». (Bibl. Nat. Pièces originales, vol. 2.027.)

« Le tout valant environ 70 sous par an. »

(Arch. Nat., Série P. 457², p. 97.)

Les deux frères avaient encore d'autres biens :

« 1449, 19 octobre : Guillaume et Berthon d'Arçon, frères,
« reconnaissent tenir en fief du duc de Bourbon, à cause d'Ussel,
« plusieurs cens et rentes ès villages de Salles, Leu et Ussel. »
Bibl. Nat. : man. franç., n° 22, 299 et Arch. Nat., Série P 469¹,
p. 74.)

Dans les Archives de l'Allier, Série A, 72, nous retrouvons pour
la troisième fois une mention de cens à Charroux :

« C'est le terrier de nobles hommes, Guillaume et Barthon
« d'Arçon, frères, écuyers, des cens et surcens qui leur sont deüs
« en la ville et franchise de Charroux (1449) (1). »

A partir de cette date, et dans les pièces suivantes, Barthon
d'Arçon est toujours qualifié de seigneur du Beyrat, fief qu'il tenait de sa mère, ce qui m'a fait dire plus haut qu'elle devait être
la dernière de sa lignée :

« 1459-1483 : — Archives de l'Allier, Série A, 74 : Terrier vieil
« de Rebillart des cens deüs à Monsgr le duc de Bourbonnois à
« cause de son grenier de la ville de Charroux pour venir à la
« descharge des cens que noble homme Berthon d'Arçon, écuyer,
« sgʳ du Beyrat, doibt ung chascun an à mondit seigneur le Duc,
« comme ayant cause de feu Rebilhart Cotin, jadis de ladite ville
« de Charroux, reçu J. de la Croix et Carrèle, notaires, en pré-
« sence de Guillaume Chastelart, dit Godon, procureur dudit
« Berthon d'Arçon, et commis quant ad ce (2). »

Un titre de l'ancienne maison ducale de Bourbon est plus ex-
plicite : non seulement il indique Berthon d'Arçon comme seigneur du Beyrat, mais il semble dire qu'il y habitait :

« 1479, 13 mai, Moulins : Accord entre le procureur du duc de
« Bourbon et Berthon d'Arson écuyer, seigneur du Boyrat, par
« lequel ledit d'Arson doit jouir de l'usage dans les forêts de
« Blomard, Tronceon, La Forêt-au-Comte, et la Brosse, selon ce
« que ses titres contiennent, à cause de sa maison de Boyrat, et

---

(1) Inventaire sommaire des Archives de l'Allier, rédigé par M. CHAZAUD.
(2) Id.

« *seulement pour chauffer et bâtir* ; et ce par l'ordonnance du
« maître des eaux et forêts et par la main de l'arpenteur, à seing
« de marteau et non autrement, ainsi que communément font et
« usent les autres usagiers du Bourbonnais. »
(Original sur parchemin, signé, jadis scellé (1).)

Les *Noms Féodaux* nous attestent la fidélité de ce document :
« 1479 : — Berthon d'Arçon (aussi d'Arson), écuyer, sg<sup>r</sup> du
« Boyrat. — Accord avec le duc de Bourbon sur le droit d'usage
« dans les forêts de la Brosse, de Tronceon et autres. »

(Chantelle, 1479, reg. 1356, p. 253.)

D'après la collection des Gozis (Archives de l'Allier, dossier
Arçon), Berthon d'Arçon aurait eu, entr'autres enfants, un fils
nommé Bertrand d'Arçon, marié en 1483, à Gabrielle du Buis-
son : d'où un fils Louis d'Arçon, *sg<sup>r</sup> de la Motte d'Arçon, à Vicq*,
qui épousa, le 5 mai 1506, Marie de Chouvigny. Nous le trouve-
rons donc, au cours de cette notice, à la II<sup>e</sup> partie, dans l'histoire
des seigneurs de la Motte d'Arçon (alias La Motte de Vicq).

Ce titre répété de seigneur du Beyrat donné à Berthon d'Arçon (2), et l'absence du titre de sg<sup>r</sup> d'Arçon, nous montre que la
branche des seigneurs d'Arçon fut continuée par son frère aîné
*Guillaume* qui, en 1447, était au service du comte d'Auvergne (3).
Deux pièces de la Bibliothèque Nationale le concernent : nous
allons les reproduire ici, car jusqu'à présent, elles n'ont été ci-
tées nulle part, et peuvent servir aux érudits du Bourbonnais et
de l'Auvergne :

« 1441, 18 août : A tous ceux qui ces présentes verront Mi-
« chiel Gaschier licentié en decret et bachellier en loy chancel-
« lier et tenant le scel réal establi à Montferrand en Auvergne
« salut (4). Savoir faisons que par devant nostre bien amé Es-

---

(1) HUILLARD-BRÉHOLLES et LECOY DE LA MARCHE, *op. cit.*
(2) Berthon d'Arçon était également sg<sup>r</sup> de Mazières, du chef paternel.
(3) En 1447, le comte d'Auvergne était Bertrand V, sg<sup>r</sup> de la Tour, comte
d'Auvergne et de Boulogne ; il mourut en 1461 : il était fils de Bertrand IV
de la Tour, et de Marie d'Auvergne. Sa femme était Jacquette du Peschin.
(4) En 1462, nous retrouvons encore « Michel Gaschier, licencié en decrets
« et bachelier en loix, étant alors garde et tenant le scel royal de la chan-
« cellerie de Montferrand en Auvergne. » (Bibl. Nat. Carrés d'Hozier, vol. 188,
dossier Chovigny, p. 114.)

« tienne Chervillon notaire juré de ladite chancellerie auquel
« nous avons commis nos forces et voix par ces présentes doir
« et recevoir les choses contenues esdites présentes. Establi per-
« sonnellement noble homme Guillaume d'Arson escuier lequel
« a congneu et confessé avoir eu et reçeu de honnorable homme
« et saige Pierre Maudonnier receveur au bas pays d'Auver-
« gne (1) de la porcion de l'aide de XXX$^m$ frans octroyez au Roi
« nostre sire par les gens des trois estas dudit bas et du haut pays
« d'Auvergne assemblez à Yssoire en janvier derrenier passé et
« VI$^m$ frans nagueres et paravant octroyez audit seigneur pour et
« au lieu des V sols qu'il avait ordonné estre levez sur chacune
« queue de vin du creu de ceste année, la somme de vingt livres
« tournois laquelle les gens d'église et nobles dudit bas pays
« d'Auvergne ont ordonné estre paiée, baillée et délivrée par
« ledit receveur des deniers de sa recepte mis sus oultre l'octroy
« principal dudit ayde pour les causes et ainsi qu'il est plus aplain
« contenu et déclairé es ordonnances et instructions faites par
« icelles gens d'église et nobles sur le fait dudit ayde. De la-
« quelle somme de XXX frans ledit escuier s'est tenu et tient pour
« content et bien paié dudit receveur et l'en a quicté et quicte
« par ces présentes et tous autres à qui quittance en appartient.
« Donné de ce soubz le contrescel dudit scel le dixhuictiesme
« jour d'aoust l'an mil CCCC quarante et ung. »

E. CHERVILLON.

Original sur parchemin. — *Bibl. Nat.* Pièces Originales, vol.
106. Dossier n° 2.214, pièce 3.

---

(1) Le 29 juin 1480, Louis XI envoyait aux conseillers du Parlement de
Paris, une lettre pour leur recommander un Pierre Maudonnier qui nous
parait être le même que celui-ci ; en voici les principaux passages : « Nos
« amez et feaulx, nostre chier et bien amé Pierre Maudonnier nous a dit et
« remonstré que puis naguieres il a été condempné par arrest de nostre
« court de Parlement envers Martin Roux en certaines grans sommes de
« deniers. ... Et, pour ce qu'il *est de noz bons et anciens serviteurs*, et que à
« ceste cause nous desirons son fait estre traicté en bonne faveur et justice.....
« Et tellement y faictes que ledit Maudonnier n'ait plus cause raisonnable
« de nous en faire plaintes, car nous sommes délibérez le porter et soustenir
« en son bon droit. »
Un Jean Maudonnier, de Riom, fils ou neveu de ce Pierre Maudonnier,
est également cité dans une lettre de Louis XI, en date du 28 avril 1465.
(Lettres de Louis XI, publiées par J. Vaesen et Et. Charavay.)

« 1447, 24 octobre : A tous ceulx qui ces presentes lettres ver-
« ront ou orront Guillaume Thoulousain, lieutenant général pour
« le Roy nostre Sire au bailliage de Montferrant et d'Usson, Pre-
« mier maistre des Requestes de l'ostel de Monseigneur le Dau-
« phin et gouverneur de la juridiction et justice temporelle de
« Clermont pour Révérend père en Dieu Monseigneur l'Evêque
« de Clermont, salut. Savoir faisons que par devant nostre amé
« et féal Denis de la Lande clerc notaire juré de ladite Court
« lequel quant a ouyr et recevoir le contenu en ces présentes
« pour et au lieu de nous, nous l'avons commis et commectons
« par ces présentes. Personnellement, Guillaume d'Arson es-
« cuier serviteur de Monsieur le comte de Boloigne et d'Auver-
« gne lequel de son bon gré et franche volonté a congneu et
« confessé avoir eu et receu de Pierre Maudonnier receveur au
« bas pays d'Auvergne de la porcion de l'ayde de XLVIII^m livres
« octroiés au Roy nostre Sire es moys de may et aoust mil
« CCCCXLIII en la ville de Riom la somme de quinze livres laquelle
« les gens d'Eglise et nobles dudit bas pays d'Auvergne ont or-
« donnée audit d'Arson estre paiée, baillée et délivrée par ledit
« Receveur des deniers de sa recepte mis sus oultre le principal
« dudit aide pour les causes et ainsi qu'il est plus a plain declairé
« es instructions et ordonnances par eulx faictes. De laquelle
« somme de XV l. t. ledit d'Arson s'est tenu et tient pour bien
« content et paié et en a quicté et quicte ledit Receveur et tous
« autres a qui quittance en appartient. Ce fut fait en la présence
« de Messire Guiot du Ruif abbé d'Arthonne, Jean d'Espernon
« et Pierre Meslier et donné en tesmoing de ce soubz le scel de
« ladite temporalité de Clermont le XXIIII^e jour d'octobre l'an
« mil CCCC quarante et sept. »

DE LA LANDES.

(Original sur parchemin. — *Bibl. Nat.* Pièces originales, vol.
106, dossier 2.214, p. 5.)

Toujours d'après les dossiers des Gozis aux Archives de l'Allier, Guillaume d'Arçon aurait épousé, vers 1430, Gabrielle de
la Motte (1). Ils eurent plusieurs enfants, dont *Jean d'Arçon* qua-

---

(1) De la Motte : nombreuses familles de ce nom. Peut-être était-elle de la
même origine que Antoine de la Mote, écuyer, marié à Louise de Chalus
qui, en 1454, donne le dénombrement de leur maison forte, terre et seigneurie de Mazeriet. (Gannat, 1454, BÉTENCOURT, *Noms Féodaux*.)

lifié d'abord d'écuyer, puis de « chevalier et seigneur dudit lieu d'Arçon ». Dès 1450, c'est-à-dire du vivant de son père, nous le trouvons comme écuyer et seigneur de la Motte (1). Ce Jean d'Arçon eut, comme son grand-oncle Hutin d'Arçon, une existence plutôt mouvementée et fort peu sédentaire. La paix ayant été faite entre les Armagnacs et les Bourguignons, il entra (sans doute en 1454, au moment du mariage d'Isabelle de Bourbon avec le comte de Charollais (2) au service du duc de Bourgogne Philippe-le-Bon, en qualité d'attaché à l'hôtel de ce prince et de maître d'hôtel du grand bâtard Antoine de Bourgogne. Après la mort de Philippe-le-Bon, son fils Charles-le-Téméraire le nomma son Pannetier.

Ce n'était pas un homme ordinaire que ce Jean d'Arçon. Georges Chastellain, dans ses « Mémoires sur la Cour de Bourgogne », nous trace de lui, en quelques lignes, un curieux portrait :

« Est vrai, dit-il, que en l'ostel de ce grant bastard de Bourgo-
« gne, premier chambrelent du duc Charles, avoit un escuyer
« *natif de Bourbonnois, et se nommoit Jean d'Arson*, homme
« très adroit et vaillant en armes, mès en autres endroits non
« pas de si grand pris ; et lui mist on sus qu'il estoit broulleur (3)
« et séditieux en son repaire. »

Charles-le-Téméraire ne voyant que ses qualités, c'est-à-dire le jugeant courageux et adroit, le chargea de missions délicates. Au début de novembre 1469, il l'envoya à Montils-les-Tours, auprès du roi Louis XI et du duc de Bourbon, pour essayer d'éviter une guerre paraissant imminente entre Philippe de Savoie et le duc de Bourbon, et tacher de terminer ce différend à l'amiable.

---

(1) BÉTENCOURT. *Noms Féodaux*, reg. 472, p. 116. — La Motte près Yzeure non loin du parc de Beaumanoir. Ce fut Jean d'Arçon qui plus tard, en 1496, vendit au duc de Bourbon les terres qu'il possédait à Yzeure. Il ne faut pas confondre la Motte d'Arçon près Yzeure, avec le château de la Motte d'Arçon, à Vicq, bâti postérieurement. (Voir année 1449, la note inscrite sur un aveu de la série P.)

(2) Isabelle de Bourbon, 2ᵉ femme de Charles le Téméraire, fille de Charles Iᵉʳ, duc de Bourbon et d'Agnès de Bourgogne. — Mariée le 30 octobre 1454, morte le 13 septembre 1465 ; d'où Marie de Bourgogne, femme de Maximilien d'Autriche.

(3) Brouilleur, synonyme de brouillon, pris dans le sens d'homme qui jette le trouble, le désordre.

Jean d'Arçon, comme nous le verrons par les lettres suivantes, réussit à arranger l'affaire, sans même avoir besoin de l'aide du Président du Parlement de Bourgogne qui lui avait été adjoint.

D'abord la fin d'une lettre de Louis XI au duc de Guienne, datée de Montils-les-Tours, le 12 novembre 1469, et lui annonçant l'arrivée de Jean d'Arçon :

« ... *Jehan d'Arson* est venu ycy et m'a apporté lettres de « Monseigneur de Bourgongne, lesquelles je vous envoie et la « responce que je lui ay faicte (1). »

Puis la lettre de Louis XI à Charles-le-Téméraire : le roi accuse réception de la lettre du duc apportée par Jean d'Arçon ; il lui fait part de son intention d'envoyer des délégués aux conférences à tenir à Pâques pour mettre fin au différend existant entre le duc de Bourbon et Philippe de Savoie, et proteste de son ignorance au sujet du bruit rapporté par Jean d'Arçon que le duc de Bourbon voulait faire la guerre à Philippe de Savoie :

« Au duc de Bourgogne

« Montils les Tours, 15 novembre 1649.

« De par le Roy,

« Très cher et très amé frère, nous avons receu les lettres que « nous avez escriptes par *Jehan d'Arson* faisans mencion que « désireriez bien l'appaisement du différent qui est entre noz « très chers et très amez frères le duc de Bourbon, d'une part, « et Phelippe de Savoye, d'autre, dont sommes bien joyeulx, « et aussi de nostre part le désirons tant que povons. Nostre dit « frère de Bourbon a ceste cause a prins journée à Pasques, et « y doit envoyer de ses gens, et si vous nous faictes savoir le « lieu, nous sommes contens d'y envoyer aussi des nostres, pour « essayer d'y trouver quelque bon appoinctement. Et au regard « de la créance que nous a dicte ledit *Jehan d'Arson*, c'est as- « savoir que nostre dit frère de Bourbon vouloit faire guerre au- «. dit Phelippe de Savoye, sceurement nous n'en oymes oncques « parler, ne n'y en a point d'apparance, ainsi que ledit Jehan « d'Arson l'a peu veoir, et quand l'eussions sceu, nous l'eussions

(1) Lettres de Louis XI, publiées par Joseph Vaesen et Etienne Charavay. Paris, 1890, tome IV.

« empesché. Très cher et très amé frère, s'aucune chose vous
« est par deça aggréable, en la nous faisant savoir nous la ferons
« de bon cuer. Donné aux Monltiz les Tours, le quinziesme jour
« de novembre.

Signé : « LOYS. »<br>
(et plus bas) : « BOURRÉ. »

« A nostre très chier et très amé frère le duc de Bourgoi-
« gne (1). »

Enfin la lettre du duc de Bourbon au duc de Bourgogne, dans
laquelle le duc de Bourbon dément toute intention de guerre contre Philippe de Savoie :

« Le duc de Bourbon au duc de Bourgogne<br>
« Montils les Tours, 15 novembre 1469.

« Mon très honoré seigneur, frère et cousin, je me recommande
« à vous, tant et de si bon cuer comme je puis. Et vous plaise
« savoir, mon très honoré seigneur, frère et cousin, que j'ay receu
« les lettres que vous a pleu m'escripre par *Jehan d'Arson*, vos-
« tre serviteur, porteur de cestes, faisans mémoire comme vous
« envoiez devers monseigneur le roy et moy ledit *Jehan d'Arson*,
« avec messire Jehan Joiart, chef de vostre conseil et president
« de vostre parlement de Bougoingne, pour entreprendre journée
« a besongner amiablement à la pacification de certains debatz
« et questions, estans entre mon cousin Phelippe de Savoie et
« moy, à cause du païs de Bresse. Mondit seigneur le Roy a sur
« ce pas renvoié ledit *d'Arson* et n'a pas voulu qu'il ait atendu
« ledit president pour ce que, de mon consentement, il a ordonné
« journée pour traictier amiablement en ceste matière, qui est en-
« treprinse huit jours après Pasques prochaines. Et s'il vous plai-
« soit envoier à ladicte journée aucuns de par vous pour ouyr des-
« ditz débatz, la chose n'en pourroit que mieulx valoir d'un costé
« ne d'autre. Et au regard de ce que m'escrivez que aucuns vous
« ont raporté que j'avoie volenté de procéder à l'encontre de
« mondit cousin sur ceste matiere par voie de guerre et de fait,
« je vous asseure, mon frère, que je n'y pensé oncques, ne n'euz
« volenté de le faire, ne mondit seigneur le roy ne m'en parla

----

(1) Lettres de Louis XI, publiées par Et. Charavay, tome IV.

« jamais. Je le vous escris volentiers afin que vous n'y aiez nulle
« mauvaise ymaginacion. Mon très honoré seigneur, frère et cou-
« sin, mandez et commendez moy vos bons plaisirs pour les
« acomplir de tout mon povoir, aidant Nostre Seigneur qui vous
« ait en sa saincte garde. Escript aux Motis les Tours, le XV<sup>e</sup> jour
« de novembre MCCCCLXIX,

« Voste humble frere et cousin,
« JEHAN.

« A mon très honoré seigneur, frère et cousin le duc de Bour-
« goingne, de Lotrich, de Brabant, etc. (1).

Jean d'Arçon rentra donc en Bourgogne, où, semblait-il, des
récompenses devaient l'attendre pour le succès de sa mission.
Mais voici où les choses se gâtent ! Pendant son séjour à la Cour
de France, Louis XI qui le connaissait depuis longtemps (2), lui
fit des propositions pour entrer à son service ; et comme Jean
d'Arçon s'empressait d'accepter, ne demandant que cela, car
« cestui Jehan d'Arson mesmes queroit « l'eslongue (3) de ce duc
« Charles et de soi retraire en France, sa propre marche... (4) »,
le roi, cherchant à faire d'une pierre deux coups, lui dit de retourner en Bourgogne et de détacher également du service du duc
quelques gentilshommes et, notamment, un seigneur de la parenté
naturelle de Charles-le-Téméraire, nommé Baudouin de Lille,
jeune bâtard de Bourgogne, dont il savait l'intimité avec Jean
d'Arçon. Jean d'Arçon accepta cette mission, mais pendant les
pourparlers, le duc Charles eut vent de ses propositions : il entra
dans une de ces violentes colères dont il était coutumier et déclara que Jean d'Arson, le bâtard Baudouin et un autre de ses
serviteurs, appelé Jean de Chassa (5) voulaient l'assassiner. Le

---

(1) Lettres de Louis XI, *op. cit.* Pièces justificatives, tome IV, p. 348.

(2) « Le roy accueillit fort devers ly ce Jehan d'Arson, car longuement par
« avant l'avoit assez cogneu et savoit comment il estoit assez fraile. »
G. CHASTELLAIN, *op cit.*

(3) Eslongue = éloignement.

(4) Marche = pays. — G. CHASTELLAIN, *op. cit.*

(5) Jean de Chassa, chambellan ordinaire du duc de Bourgogne, « gentil,
« galant, rude chevalier,... et avoit fait armes en Angleterre avec l'aisné
« bastard de Bourgogne. Mais estoit de petite chevance (fortune) et commune
« gentillesse (noblesse) du comté de Bourgongne, et de grand beubans (faste
« plus qu'à son appartenir, et dont la puissance ne povait porter le cous-
« tage ». (CHASTELLAIN, III<sup>e</sup> partie, CCLXXX.)

13 décembre 1470, il publia de Hesdin, une lettre, sorte de manifeste, pour exposer « *ubi et orbi* » que ces trois gentilshommes devaient attenter à sa vie et le faire mourir par « le glaive ou le venin ». Dom Plancher, dans son *Histoire de Bourgogne*, vol. IV, Preuves, page CCXCIX, nous donne le texte de ce manifeste, dont j'extrais les passages principaux : le duc s'exprime en ces termes :

« ... Comme nous eussions, environ à ung an envoié devers
« notre très cher et très amé frère et cousin le duc de Bourbon,
« qui lors estoit vers le roy, pour le fait de l'apaisement de cer-
« tain différend entre nostre dit frère et cousin d'une part, et
« nostre très cher et très amé cousin le comte de Bugey, sg<sup>r</sup> de
« Bresse, d'autre,, ung nommé *Jehan d'Arson*, lequel de long-
« temps avoit été nourri en l'ostel de nostre dit tres chier seigneur
« et père (que Dieu absolve), et depuis son trespas l'avions pour-
« veu en l'estat de nostre pannetier servant nostre bouche, et
« aussi estant maistre d'ostel de nostre très chier et feal chevalier
« et premier chambellan Messire Anthoine, bastart de Bourgon-
« gne (1), et gouverneur de la personne de messire Philippe, sei-
« gneur de Bevres, son filz (2), icelluy Jehan d'Arson, en lieu de
« nous faire service en la charge qu'il avoit de nous, print et
« accepta charge de conspirer et contracter avec messire Bau-
« duin, lors appellé bastard de Bourgongne (3), de nous tuer et
« faire morir par glaive ou par venin... » (Messire Bauduin se sen-
tant découvert) « se partit naguaires à l'aprez diner tard de cette
« nostre ville et ledit Jehan d'Arson lendemain bien matin, aprez
« lui et à tres grande haste en délaissant leurs gens, chevaux et
« bagues, comme fugitifs... et s'en sont aléz devers le Roy... »

---

(1) Antoine, dit le Grand Bâtard de Bourgogne, fils de Philippe le Bon et de Jeanne de Prelle, légitimé en janvier 1485, mort en 1504 ; chevalier de la Toison d'or et de Saint-Michel, premier chambellan de Charles le Téméraire.

(2) Philippe, fils d'Antoine grand Bâtard de Bourgogne et de Marie de la Viéville, sg<sup>r</sup> de Bevres (ou Beveren), de la Vère et de Flessingue, conseiller et chambellan de Maximilien d'Autriche, amiral et gouverneur de Flandre, gouverneur d'Artois, marié à Anne de Borselle.

(3) Baudoin, fils naturel de Philippe le Bon et de Catherine de Thieffries. Après cette accusation, il se réfugia à la cour de Louis XI. Bien qu'excepté par Charles le Téméraire du bénéfice de la trève de Soleure le 13 septembre 1475, il finit par se réconcilier avec lui, combattit à ses côtés à la bataille de Nancy, le 5 janvier 1477, et y fut fait prisonnier. Il mourut en 1508. (Lettres de Louis XI, *op. cit.*, tome IV, p. 221.

Telle est la version répandue par le Duc de Bourgogne : Jean d'Arçon, Baudouin de Bourgogne et Jean de Chassa ont voulu l'assassiner ! Cependant, ce n'est pas notre avis. Louis XI faisait tout son possible pour détacher du parti de son ennemi les hommes importants par leur naissance ou par leur talent. Deux ans plus tard, il emploiera la même tactique avec Philippe de Comines qui entra à son service en 1472. Quand il le voulait, la parole du Roi « estoit tant douce et vertueuse qu'elle endormoit, comme « la Seraine, tous ceux qui lui presentoient oreilles » (1). A cette remarquable dextérité de langage, Louis XI joignait, au dire de Comines lui-même, une autre et non moins puissante force d'attraction : de tous les princes, c'était celui « qui plus travailloit « à gaigner ung homme qui le povait servir ou qui luy povait « nuyre. Et ne se ennuyoit point à estre refusé une fois d'ung « homme qu'il pratiquoit à gaigner ; mais y continuoit, en luy « promettant largement, et donnant par effect argent et estat « qu'il congnoissoit qui lui plaisoit. » (COMINES, *Mémoires*, I, p. 83.) C'est ce qu'il fit avec Jean d'Arçon, le flattant, lui donnant de l'argent, lui faisant des cadeaux, et lui assurant en outre, s'il consentait à quitter le service du Téméraire pour le sien, la même position à la cour de France que celle qu'il occupait à la cour de Bourgogne (2). Mais il ne fut nullement question d'assassinat. Rien, dans la vie du Bâtard Baudouin, n'autorise à le croire capable d'avoir voulu tuer son frère (3) ; s'il en avait été ainsi, il est probable qu'ils ne se seraient pas réconciliés quelques années plus tard, et que Baudouin n'aurait pas très vaillamment combattu aux côtés du duc à la bataille de Nancy. Comines, qui parle de cet incident, dit simplement ceci : « Luy (Charles le Téméraire)

---

(1) Molinet, II, 61.

(2) « Le roy hardiment s'en descouvrit à Jehan d'Arson, lui remonstrant « comment il estoit de son royaulme et son subject, et qu'en ly se devoit « mieux fier qu'en ung estrangé, et lui aussi estoit tenu de voloir son bien « et de son royaulme devant nul autre... Ce furent ici les argumens et les « couleurs du roy, dont il persuada ce Jehan d'Arson... Si pleut moult la « parole du roy audit d'Arson. » (*Chroniques des ducs de Bourgogne* par G. CHASTELLAIN.)

(3) Voici d'ailleurs le jugement porté sur lui par G. Chastellain : « Ung « assez jeune autre bastard de Bourgoigne, nommé messire Baudewyn de « Lille,.... fier durement et de grant cuer, coi et couvert de courage, mais poi-« gnant et aspre en parolle. » (G. CHASTELLAIN, *op. cit.*, III⁰ partie, CCLXXXI.).

« estant en Hollande, fut adverty par le duc Jehan de Bourbon
« que de brief la guerre lui seroit commencée, tant en Bourgon-
« gne que en Picardie, et que le Roy y avoit de grans intelligen-
« ces, et aussi dans sa maison. Ledict duc fut bien esbahy de ces
« nouvelles. Par quoy incontinent passa la mer, et tira en Arthois,
« et tout droit à Hesdin. La entra en plusieurs suspections, tant
« de ses serviteurs, comme des traictez que on menoit en ces vil-
« les... Incontinent partirent de sa maison aucuns de ses servi-
« teurs, qui se tournèrent au service du Roy, comme le bastard
« Baudouin et aultres (1). »

Parmi les autres se trouvait Jean d'Arçon ; les *Anciennes Chroniques d'Angleterre*, de Jean de Wavrin, nous disent comment
s'effectua ce départ : « Le XX^e jour de novembre ou dit an LXX,
« le duc de Bourgogne estant à Hesdin, messire Bauduin, bas-
« tard de Bourgongne, son frère, se partit soudainement de l'os-
« tel du duc et s'en alla en France devers le roy, lui III^e seule-
« ment, portant ung arbalète comme pour aler traire aux bestes
« sauvages : ce qu'il faisoit souvent et voulentiers. *Le lendemain
« au matin, se partit aussy de Hesdin ung gentilhomme de l'ostel
« du duc, nommé Jehan d'Arson*, panetier du duc de Bourgon-
« gne et maistre d'ostel de messire Anthoine, bastard de Bour-
« gongne, et gouverneur de messire Philippe, son fils. *Cestuy
« d'Arson estoit natif de Bourbonnoys*, et estoit très bien en la
« grace du duc de Bourgongne. » (*Anchiennes cronicques d'Engleterre*, par Jehan de Wavrin, tome III, p. 50, annotées et publiées par M^lle Dupont.)

Rien n'est donc moins prouvé que cette prétendue tentative
d'assassinat, et là-dessus, nous citerons, à l'appui de notre thèse,
l'opinion de M. J. Quicherat : « ...Nous avons, dit-il, sur cette
« affaire, deux lettres du bâtard Baudouin et de Jean de Chassa,
« où ils se défendent d'avoir jamais pensé au crime qu'on leur
« impute. En bonne critique, il est difficile d'admettre autre
« chose qu'un acte de défection, interprété par le Duc selon ce
« que lui suggérait sa colère, et aussi selon le désir extrême qu'il
« avait d'établir, aux yeux de l'Europe, que Louis XI complotait
« sa mort. » (Chronique des règnes de Charles VII et de Louis XI,

---

(1) COMINES, vol 1^er, p. 213.

par Thomas Basin, évêque de Lisieux, publiées et annotées par
J. Quicherat.) C'est également l'avis de M. Legeay, dans son
*Histoire de Louis XI* : après avoir raconté cet incident, il ajoute :
« Le Duc ne recueillit que de la confusion de cette accusation
toute dénuée de preuves. (1) »

Comme nous venons de le voir par la lettre de Charles le Téméraire et par les *Anciennes Chroniques d'Angleterre*, Jean d'Arçon passa dès lors au service de Louis XI qui le nomma son maître d'hôtel, fonction qu'il occupait à la Cour de Bourgogne.

Au commencement de l'année 1471, la guerre ayant repris
entre la France et la Bourgogne, Jean d'Arçon « vaillant en
armes » ne se confina pas dans ses attributions à la Cour qui devaient être simplement honorifiques, et avec son inséparable
Baudouin, il se rendit sur le champ des hostilités.

Dès le début, le duc de Bourgogne s'empara de Picquigny ;
de son côté, le connétable de Saint-Pol, commandant les troupes
du Roi de France, prit Saint-Quentin. Les *Anciennes Chroniques
d'Angleterre*, de Jean de Wavrin, nous font connaître que Jean
d'Arçon était au nombre des combattants rangés sous la bannière
du comte de Saint-Pol :

« 1471. Fin février et début de mars : ...Et adonc, le dit Duc
« (de Bourgogne) estant à Picquigny, issirent de Saint-Quentin
« environ V^m François, tous à cheval ; de laquelle compaignie es-
« toient les principaulz, le connestable (2), le sire de Cursot (3),
« le sire de Cran (4), Joachim Rohault, marissal de France (5),
« avec lesquelz estoient le seigneur de Poix, Jehan d'Arson, et
« Jehan de May bourgeois d'Amiens. Et si estoient aussy Bau-
« duin, bastard de Bourguoigne, le seigneur de Renty (6), et plu-
« sieurs autres des pays du duc Charles, lesquelz tirèrent vers Ba-
« pausmes jusques à Croisilles, séant à trois lyeues près d'Arras,
« prendant et ravissant tout ce qu'ils povoient trouver de biens

---

(1) Urbain LEGEAY : *Histoire de Louis XI*, tome II, p. 38.
(2) Louis de Luxembourg, comte de Saint-Pol, Connétable de France.
(3) Gilbert de Chabannes, sg^r de Curton, chambellan du duc de Berry,
mort en 1493.
(4) Georges de la Trémoille, sg^r de Craon, mort en 1481.
(5) Joachim Rouault, sg^r de Boismenart, maréchal de France.
(6) Philippe de Croy, sg^r de Renty, mort en 1511.

« et d'hommes, auz champz et villages. Entre les autres, le con-
« nestable, le sg$^r$ de Cursot, Baulduin le bastard et aulcuns autres
« s'en allèrent jusques à Bappausmes, où le connestable manda
« à Jehan de Longueval cappitaine de la ville... et le somma
« qu'il lui rendist cette ville ou nom du roy de France. »

Jehan de Longueval refusa, « puis adrescha sa parolle à Bau-
« duin, bastard de Bourguoigne, duquel il avoit autreffois, au
« tempz passé, mené les gens d'armes, disant qu'il avoit fait et
« faisoit tres mal comme bien povait scavoir ; et tant en dist qu'il
« fist le bastard plourer ». (1)

Cette guerre devait être courte : une trêve fut signée le 10 avril
1471, et Jean d'Arçon revint auprès du Roi. Celui-ci qui appré-
ciait les qualités de subtilité de Jean d'Arçon le chargea de diverses ambassades qui demandaient du tact, de l'adresse, et où
souvent n'avaient pas réussi les précédents diplomates. Nous savons par les lettres de Louis XI que Jean d'Arçon fut envoyé auprès de Ferdinand d'Aragon, roi de Naples, à la fin de 1474 :

« Au duc de Milan.

« Mitry en France (2), 1$^{er}$ décembre 1474.

« Mon frere, je me recommande à vous tant comme je puys.
« J'ai reçu voz lectres, et, au regard de ce que dictes que n'avez
« riens sceu de l'alée de mon maistre d'ostel *Jehan d'Arçon*, que
« j'ay envoié devers le roy don Ferrand (3), mon frere, mon amy,
« je ne luy ay envoié si non pour le mercier des beaulx chevaulx
« qu'il m'a envoiez, et aussi pour lui faire response des choses
« que messire Thomas Taquin (4) m'a dictes de par lui, lesquelles
« je diray à maistre Christofle, votre secretaire pour le vous faire
« savoir. Et n'aiez point d'ymaginacion sur cela, car il n'y est
« point alé pour chose qui vous touche. Et adieu mon frère. Es-
« cript à Mitry en France, le premier jour de decembre. »

(Signé) « Loys »<br>(et plus bas) « J. Mesme »

--------

(1) *Anchiennes cronicques d'Engleterre*, par Jean DE WAVRIN, tome III,
p. 66 et s.

(2) Mitry, dans le canton de Claye, arrd$^t$ de Meaux (Seine-et-Marne).

(3) Ferdinand d'Aragon, roi de Naples et de Sicile.

(4) Thomas Taquin, chevalier, conseiller et chambellan du roi : dans une
lettre à Ferdinand d'Aragon, en date du 31 janvier 1475, Louis XI appelle
Thomas Taquin « carum et dilectum amicum nostrum Thomam Taquin. »

« A nostre tres cher et tres amé frere et cousin le duc de Milan. »

Dans cette lettre au duc de Milan, le roi se justifie, en termes vagues, de l'envoi de Jean d'Arçon auprès du roi de Naples, car le duc en avait pris ombrage. Mais Louis XI ne dit pas toute la vérité au duc, quand il lui raconte que le voyage à Naples de son maître d'hôtel avait pour but de remercier Ferdinand d'Aragon des beaux chevaux qu'il lui avait envoyés. La mission de Jehan d'Arçon n'était pas aussi futile que cela ; elle était autrement sérieuse et grave : il s'agissait encore de faire échec à la politique de Charles le Téméraire, en mariant le dauphin Charles avec Béatrix d'Aragon, fille du roi de Naples (1).

Le manuscrit français n° 3.884 de la Bibliothèque Nationale contient les « Instructions baillées à Jean d'Arson, maistre d'hos-« tel du Roy, envoyé par le Roy Loys XI à Ferdinand d'Arra-« gon roi de Naples et de Sicille, touchant le mariage de Charles, « dauphin, fils dudit Roy Loys, et de Beatrix d'Arragon, fille « dudit roi de Sicille ». Ce document est précieux : en premier lieu il nous instruit d'une négociation dont les historiens de Louis XI ne paraissent pas avoir eu connaissance ; Comines n'en parle pas. Puis il montre l'entière confiance que le Roi devait avoir en l'esprit souple et discret de Jean d'Arçon pour lui confier une mission secrète d'une si haute importance ; ensuite il nous étale les qualités de finesse, d'habileté et d'intelligence de ce roi-diplomate. Tout est prévu dans ces ordres, et tout est mis en œuvre pour que l'ambassade réussisse. D'abord Jean d'Arçon devra complimenter le roi de Sicile, le flatter, lui dire qu'il est le plus sage, le plus vaillant, le plus vertueux des princes de la chrétienté ; que le roi de France regardera cette alliance comme un honneur, et qu'il la préfère à tous les partis imaginables : Jean d'Arçon devra aussi exciter le roi de Sicile contre Charles-le-Téméraire en lui rappelant insidieusement le projet que le duc de Bourgogne avait de marier sa fille au duc de Calabre, ennemi mortel de Ferdinand d'Aragon.

_______

(1) Louis XI caressait d'ailleurs cette idée depuis au moins un an et demi, car dans une lettre du 19 juin 1473, il proposait à Laurent de Médicis, de se faire l'intermédiaire de ce projet de mariage. Des pourparlers avaient déjà été engagés à ce sujet par les frères Thomas et Antoine Taquin.

Il y a bien contre ce mariage un gros obstacle, c'est l'âge du dauphin (il n'avait que quatre ans !), de onze ans plus jeune que la fiancée. Louis XI, qui se rend compte de cette difficulté, fait tout son possible pour l'aplanir : il triche légèrement sur l'âge du dauphin, il se déclare heureux de cette disproportion d'âge, et peu s'en faut qu'il ne la regarde comme un avantage ! Enfin vient la question d'argent : là, les instructions deviennent d'une subtilité amusante ; Jean d'Arçon devra tirer du roi de Sicile le plus qu'il pourra, sans toutefois être tellement exigeant que le mariage ne se rompe ; en un mot, il devra le tondre de près, sans cependant l'écorcher et le faire trop crier : c'est là une question de doigté dont Louis XI se remet entièrement à Jean d'Arçon. Mais où le roi insiste surtout, c'est pour que l'argent soit versé de suite ; voilà l'essentiel ! Le mariage se fera après... s'il se fait ? Certes, les instructions verbales données par Louis XI, lors de la dernière entrevue précédant le départ pour Naples de Jean d'Arçon, ont dû être bien curieuses, lorsque, en tête à tête, le roi développa toute sa pensée à son rusé compère, en lui remettant l'espèce de memento que voici :

« Instruction à Jehan d'Arsson, escuier, con<sup>er</sup> et maistre d'ostel « du Roy de ce que le Roy nostre Sire luy a chargé faire et be- « soigner devers le roy de Secille Don Ferrand.

« Premierement apres la presentation des lettres faite audit sei- « gneur Roy de Secille et les salutations accoustumées, luy dira « que le Roy nostre dit seigneur a veu les premiers articles ac- « cordez par Messire Thomas Taquin, et secondement a oy ce « que Anthoine Taquin luy a dit touchant le desir que ledit Roy « de Secille a de avoir bonne et vraye amitié avecques le Roy « nostre dit seigneur, et principalement touchant le mariage de « Madame Beatrix sa fille avecques Mons<sup>r</sup> le Dauphin, dont le « Roy le remercie tant affectueusement et de si tres bon cueur « que faire se peut et de sa part a tres grant desir et voulenté « audit mariage, ainsi que dit sera cy apres.

« Item dira comme l'année passée quand ledit Messire Tho- « mas Taquin vint pour le fait dudit mariage il y avoit aucunes « difficultez tant a cause de l'aliance du Duc de Bourgogne que « autrement. Surquoy ledit seigneur Roy de Secille a dit audit « Anthoine Taquin et pareillement a Philippe Guerin qu'il n'a-

« voit alliance ne traité avec le duc de Bourgongne ne aultre
« quelconque qui l'empeschat de marier ses enfans ou bon luy
« sembleroit, et qu'il avoit bien sceu que le duc de Bourgongne
« avait accordé de marier sa fille au feu Duc Nicolas qui se
« disoit Duc de Calabre et estoit son ennemy capital. Parquoy
« icellui seigneur Roy de Secille pouvit licitement marier ma
« Dame sa fille en France, ou ailleurs la ou bon luy semblera.

« Item et mesmement que en faisant ledit tracté de mariage,
« le Roy ne luy demandoit lettres ne autres escriptures, par quoy
« on peust noter que ledit seigneur Roy de Secille contrevinst
« aux alliances qu'il avoit au dit Duc de Bourgongne, ne que en
« ce il fist chose constre son honneur.

« Item et depuis la venüe dudit Anthoine Taquin ont encores
« resté deux autres difficultez, la premiere pour la difference de
« l'aage de ma Dame Beatrix qui a quatorze ou quinze ans avec
« Monseigneur le Daulphin qui n'a que cinq ans (1). La seconde
« touchant le douaire (2) pour ce que le Roy l'avoit remis a la
« voulenté dudit seigneur Roy de Secille ; et il dit qu'il ne voul-
« droit point bailler ma Dame sa fille sans bon et honneste
« douaire, et veult que le Roy declare la somme qu'il donnera
« pour icelluy.

« Item et quant au point de l'aage, ledit Jehan d'Arsson re-
« monstrera audit seigneur Roy de Secille, que le Roy s'obligera
« pour luy et mondit seigneur le Daulphin a la seureté dudit
« mariage en toutes les plus fortes manières qu'on pourra advi-
« ser. Et pour ce que par dela ils sont pres de Rome, en con-
« cluant la matière pourront les parties d'une part et d'autre
« avoir de nostre saint pere le Pape et du saint siege apostolique
« toutes les lettres, auctorisations, liens, obligations et autres cho-
« ses qu'on pourra adviser estre necessaires pour la seureté dudit
« mariage.

---

(1) Cet âge n'est pas tout à fait exact. Comme nous venons de le voir par
la lettre de Louis XI au duc de Milan, la mission de Jean d'Arçon est de
septembre ou d'octobre 1474. Or le Dauphin étant né le 30 juin 1470, il était
bien entré dans sa cinquième année, mais n'avait en réalité que quatre ans
et trois mois.

(2) Le mot douaire est pris ici dans le sens de dot, ce qui est assez fré-
quent à cette époque. La suite de l'instruction nous prouvera qu'il s'agit
bien de la dot.

« Item et touchant ledit douaire, ledit Jean D'Arsson sentira
« tout bellement et par bonne maniere combien ledit seigneur
« Roy de Secille vouldroit donner a ma dite Dame sa fille, et es-
« sayera gracieusement ce qu'il en pourra tirer ; toutefois il ne
« se essayera point d'en tirer somme que ledit Roy de Secille
« ne vouldroit accorder, mais par bons et honnestes termes en
« tirera le plus qu'il pourra sans tendre a monter si hault que
« par ce deust ensuir la rupture de la matière.

« Item et touchant ledit douaire, mettra peine par bons et
« honnestes termes, que le tout ou la plus part fust avancé ou
« délivré au Roy le plus tost que faire se pourroit, et que ce soit
« dedans le mois de mars prochain venant, afin qu'il s'en peust
« aider en ses affaires qui seront pour l'accroissement de mes
« dis seigneur et Dame leurs enfans dont le mariage se traicte.

« Item se le dit seigneur Roy de Secille demandoit avoir seurté
« du recouvrement des deniers qu'il auroit baillez ou cas que par
« mort de l'une des parties ou autrement, que Dieu ne veuille,
« ledit mariage ne se peut accomplir, ledit Jehan d'Arsson ac-
« cordera que le Roy soit obligé à la dite restitution tant et si
« avant qu'on peust faire en tel cas.

« Item dira au seigneur Roy de Secille, que pour ce qu'il est
« sage, vaillant et le plus vertueux Prince qu'on sache aujour-
« d'huy entre les chrestiens, le Roy nostre dit seigneur requiert
« plus et desire son alliance que de nul autre. Et combien que
« ma Dame sa fille ne soit d'aage semblable a mon dit seigneur
« le Daulphin, toutefois il en aime mieulx le mariage que de
« quelsconques autres, afin de monstrer audit seigneur Roy de
« Secille l'amour qu'il a et desire avoir a luy, et que il veult mieux
« laisser tous les autres partis de filles d'autres grans Roys et
« Princes qu'on luy offre de divers lieux de Chrestienté, et en
« prendre de luy une de disconvenient aage, que de prendre la
« fille de quelque autre Roy ou Prince qui soit ou monde de
« aage competant.

« Item sur ce point de l'aage dira que le Roy nostre Sire a sa
« consideration, que de tant que ma dite Dame Beatrix est plus
« en aage, de tant quant mondit seigneur le Daulphin y soit par-
« venu, ils seront plus prets de avoir lignée, qui est la chose du
« monde que les dis seigneurs Roys leurs peres doivent plus de-

« sirer tant pour veoir leur posterité future que pour plus seu-
« rement conjoindre l'amour, l'affinité de lignage et consangui-
« nité de leurs deux royaumes et maisons.

« Item dira et remonstrera que ledit mariage se peut faire par
« espousailles, et par parolles de present avec ma dite Dame
« Beatrix, et en concluant ledit mariage y avoir povoir expres de
« y obliger le Roy et mon dit seigneur le Daulphin a le tenir
« ainsi que dessus est dit. Et veult et entend le Roy que ledit
« Jehan d'Arsson approuche toutes lesdites matieres proches de
« les conclurre.

« Item et quant il les aura ainsi amenées tout doucement, dira
« audit seigneur Roy de Secille qu'il est bien decent pour la con-
« clusion desdites matieres que le Roy envoye devers luy grans
« et honnestes personnages, afin que une si grant et honneste
« matière se puisse honnestement conclure ainsi qu'il appartient ;
« mais aussi le Roy n'y vouldroit point une grant embaxade que
« les matieres ne feussent toutes disposées a finalle conclusion,
« autrement quant la grant ambaxade du Roy seroit allée par
« dela et il seurvenoit rompture es matieres, ceulx qui y seroient
« alléz s'en pourroient retourner en grant confusion et leur seroit
« grand deshonneur d'estre allé pour lesdites matieres, et qu'il
« ne s'en fust ensuy bonne conclusion.

« Item et si tost qu'il aura approuché lesdites matières, les met-
« tront, coucheront les gens et commis dudit Roy de Secille et
« ledit Jehan d'Arsson par articles et cappitulations et les reppu-
« teront et tiendront de chascun cousté comme chose faite et
« conclute. Et s'il y entrevenoit quelque petite difficulté qui ne
« peust pas estre cause de rompture, pourra bien remettre cela
« a la venüe des dis Ambaxadeurs, et incontinant s'en retournera
« a toute diligence devers le Roy, et apportera tout ce qu'il aura
« abesoigné, et prendra jour et lieu certains et determinez aus-
« quels le Roy envoyera ses dis Ambaxadeurs pour la perfection,
« accomplissement et finalle conclusion desdites matières (1). »

Malgré ces instructions et les talents de diplomate de Jean
d'Arçon, le mariage projeté ne put se conclure : en 1476, Béatrix
d'Aragon épousa Mathias Corvin, roi de Hongrie.

(1) Bibl. Nat., manuscrit français n° 3.884.

Jean d'Arçon n'en continua pas moins à jouir de la faveur de Louis XI : en 1477, après la bataille de Nancy, il fut envoyé vers le duc de Lorraine, vainqueur de Charles-le-Téméraire ; il est de retour à Péronne, près du Roi, dans les premiers jours de février, porteur de lettres écrites par le duc de Lorraine à Louis XI, et, le 5 février, le roi répondit au duc pour lui en accuser réception (1).

L'estime que Louis XI avait pour Jean d'Arçon se manifestait également d'une façon plus positive ; dès 1471, il était inscrit sur le rôle des pensionnaires du Roi pour une somme annuelle de 1.200 livres tournois (2). Par les deux reçus ci-joints, dont l'un est revêtu de sa signature, mais dont malheureusement le sceau a disparu, nous verrons qu'en 1481 et 1483, Jean d'Arçon touchait toujours la dite pension, et qu'en 1483, il cumulait les titres de Conseiller et de Maître d'Hôtel du Roi, avec celui de capitaine de Soissons :

1481. — « Je, Jehan d'Arson, escuier, et maistre d'ostel du Roy
« nostre sire, confesse avoir eu et receu de Michel Tainthurier (3),
« conseiller dudit seigneur, Trésorier et Receveur général de
« Languedoc, Lyonnoiz Fourestz et Beaujoloiz, la somme de
« douze cens livres tournois a moy ordonnée par le Roy nostre
« dit seigneur sur les dites finances pour ma pension et entretie-
« nement au service dudit Seigneur durant ceste présente année
« commencée le premier jour d'octobre derenier passé. De la-
« quelle somme de XII° livres tournois je suis content et bien païé.
« Et en ay quicté et quicte ledit trésorier et tous autres. En tes-
« moing de ce j'ay signée ces presentes de ma main et scellée

---

(1) Lettres de Louis XI, *op. cit.*

(2) Bibliothèque Nationale, manuscrit français n° 2.900.

(3) Michel Le Tainturier, C^ller du roi, trésorier et receveur général des finances aux pays de Languedoc, Lyonnais, Forez et Beaujolais. Il cessa d'exercer ces fonctions après la mort de Louis XI, et, dans un procès qu'il eut alors avec François de Genas au Parlement de Paris, on le voit le 5 juillet 1485, présenter ses excuses de ce qu'il est resté « en la ville de « Montpellier parce qu'il est vieil et ancien, de l'âge, LXX ans environ et « aussi rompu par le bas, tellement qu'il luy semble qu'il ne pourroit venir « a pié ne à cheval, sans danger de sa personne au jour à luy assigné à « comparoir en personne à la court ». — Lettres de Louis XI, *op. cit.*, t. VIII, p. 121.)

« du scel de mes armes le XII<sup>e</sup> jour de mars l'an mil CCCC quatre
« vings et ung.

« Jeh. Darson. »

Original sur parchemin, signé, jadis scellé (*Bibl. Nat.* Pièces
Originales, vol. 106).

1483. — « En la presence de moy Estienne Petit (1) notaire et
« secretaire du Roy nostre sire, Jehan d'Arson escuier Conseiller
« et Maistre d'ostel du Roy nostre sire et cappitaine de Soissons
« a confessé avoir eu et receu de Michel Tainturier Conseiller
« dudit Seigneur, Trésorier et receveur général de ses finances
« ès païs de Languedoc, Lyonnois, Forestz et Beaujoloys la
« somme de douze cens livres tournois a lui ordonnée par ledit
« seigneur sur lesdites finances pour sa pension de l'année com-
« mençant le premier jour d'octobre l'an mil CCCC quatre vings
« et deux. De laquelle somme de XII<sup>e</sup> livres ledit Jehan d'Arson
« s'est tenu et tient pour content et bien païé et en a quicté et
« quicte ledit tresorier et tous autres. Tesmoing mon seing ma-
« nuel cy mis à sa requête le XX<sup>e</sup> jour d'avril mil CCCC quatre
« vings et trois après Pasques.

« E. Petit. »

Original sur parchemin. *Bibliothèque Nationale.* Pièces Originales, vol. 106.

Après le décès de Louis XI, Jehan d'Arçon a dû revenir dans
sa seigneurie d'Arçon et s'occuper d'accroître ses possessions autour de Vicq. En 1496, son père étant mort, il est intitulé chevalier, seigneur dudit lieu d'Arçon, et échangea avec le duc de
Bourbon certains cens dépendant du parc de Beaumanoir (2),
contre d'autres cens situés dans la chatellenie de Chantelle. Déjà,
depuis plusieurs années, le duc de Bourbon agrandissait son parc
de Beaumanoir par différentes acquisitions faites près du chemin
allant de Moulins à Chevagnes : le 21 septembre 1493, il ache-

---

(1) « Estienne Petit, notaire et secrétaire du Roy, contrerolleur de la thé-
« saurerie ou recepte generale des finances de Languedoc », fils d'Etienne
Petit qui fut sous Charles VII, trésorier et receveur général du Languedoc. (Lettre de Louis XI, *op. cit.*)

(2) Beaumanoir, près Moulins. Les sgr<sup>s</sup> d'Arçon avaient en effet une terre
près d'Yzeure, appelé La Mothe (voir plus haut, année 1449) ; ils ne paraissent plus en être propriétaires après la fin du XV<sup>e</sup> siècle.

tait de la famille de Brinon (1) la maison, terre et domaine de Beaumanoir moyennant une rente de quinze livres tournois ; puis il fit d'autres achats, en 1494 du sg<sup>r</sup> de Demoret, en 1495 du sg<sup>r</sup> de Canillac, et en 1496 de Jean d'Arçon. Avec ce dernier, ce fut, à proprement parler, un échange : le duc, par l'intermédiaire de Jean de Chauvelet, licencié en lois, procureur du domaine de M<sup>gr</sup> le Duc, et Jean d'Arçon, chevalier, sg<sup>r</sup> dudit lieu, maistre d'hôtel du roi, comparaissant par M<sup>tre</sup> Jean Genetz, bachelier en décret, son procureur, convinrent d'échanger divers cens se trouvant près du village de Montauzon en la paroisse d'Yzeure, et appartenant audit Jean d'Arçon, contre divers cens sur certains héritages sis en la chatellenie de Chantelle, aux terroirs de Vignolles et de Sussat, et appartenant au duc de Bourbon. Cet accord, passé le 17 septembre 1496, fut ratifié à Moulins le 1<sup>er</sup> février 1498 (2).

Jean d'Arçon vivait encore en 1504 ; à cette date, Anne de Vienne, dame de Veauce, lui acheta le tiers de la seigneurie de Veauce provenant des Saint-Julien, et acquis par le vendeur de Louis de Saint-Julien (3). Il dut mourir peu d'années après.

Il semble que Jean d'Arçon ait eu deux sœurs et un frère, qui sont :

1° Une première sœur, Louise d'Arçon, mariée en 1458 à Guillaume du Buysson (Arch. de l'Allier, collection des Gozis, dossier Arçon) ;

2° Une autre sœur appelée Jeanne, mariée à N... de Beaucaire ; car, en 1506, les *Noms Féodaux* nous donnent l'indication suivante :

Jeanne d'Arçon et Marguerite de Beaucaire sa fille ; fief et seigneurie de Chastenay. Chantelle, 1506, reg. 453, pièce 91 (4).

---

(1) De Brinon, originaires de Paris : en Bourbonnais et en Normandie ; armoiries : *d'azur au chevron d'or accompagné en pointe d'un croissant d'argent, au chef denché du second émail.* (DE QUIRIELLE, *Armorial du Bourbonnais.*) Cette famille est encore de nos jours représentée à Moulins.

(2) Archives Nat., série P. 1.369<sup>1</sup>, n° 1.728.

(3) *Bulletin de la Société d'Emulation du Bourbonnais*, tome X, 1902, p. 208, communication du commandant du Broc de Segange.

(4). L'original de la série P que j'ai consulté ne nous donne aucune indication complémentaire soit sur le nom de son père, soit sur le prénom de son mari.

Ce renseignement est confirmé par le manuscrit n° 22.299 (Fonds français de la Bibl. Nat.), sous la forme suivante :

15 juin 1506 : Jeanne d'Arçon ayant l'administration de ses enfants : hommage de la sg<sup>rie</sup> de Chastenay, mouvant de la sg<sup>rie</sup> de Chantelle.

3° Un frère, Jacques d'Arçon, qui fut, de 1477 à 1499 (1), abbé de Notre-Dame de Saint-Eloi Fontaine, près de Chauny (Aisne). Ce monastère est évidemment bien loin du Bourbonnais, mais il faut se rappeler que le frère de l'abbé, Jean d'Arçon, était capitaine de Soissons, c'est-à-dire dans la même région. Si d'ailleurs nous avions un doute sur la parenté de l'abbé avec les d'Arçon du Bourbonnais, il serait bien vite dissipé grâce à un parchemin orné d'un sceau magnifique de l'abbé, conservé dans les archives de la ville de Chauny et reproduit dans le Bulletin de la Société Académique de Chauny, tome III, 1888-1891. Cette pièce concerne les biens des pauvres de Chauny, et porte la date du 13 juin 1481 : c'est un échange de terres passé entre M<sup>re</sup> Jacques d'Arson, abbé de l'église et monastère Notre-Dame de Saint-Eloy-Fontaine, de l'ordre de Saint-Augustin, au diocèse de Noyon, et « Honnourables hommes et saiges les maire et juréz « de la ville de Chauny, souverains gouverneurs et administra- « teurs des biens, cens, rentes, revenues, possessions et hérita- « ges appartenant aux povres dudit Chauny ».

A ce parchemin sont encore pendants, par double queue, le sceau avec contre-sceau de l'abbé d'Arson, et celui du monastère de Saint-Eloy-Fontaine. Ces empreintes sont en cire verte : sur le sceau et le contre-sceau de Jacques d'Arson se trouvent ses armoiries, et ce sont bien celles de la famille d'Arson du Bourbonnais : sur le champ se détache nettement un chevron accompagné de trois étoiles à *six* raies (comme les Montchoisy et Hutin d'Arçon), les deux étoiles en chef sommées d'un lambel,

------

(1) *Bulletin de la Société historique de Soissons*, tome, XIII 1859. — *Gallia Christiana*, tome IX, p 1128 : « Jacobus d'Arson laceram abbatiam nactus « est anno 1477. Ejus assensu cœnobium S. Crucis translatum est anno 1486 « ex pago de Condran in urbem Calniacum. Quid fit autem cœnobium illud « Sanctæ Crucis prorsus ignoramus. — Johannès Caufourier sedebat anno 1500.

brisure de cadet (voir la figure ci-contre). Autour du sceau, on lit
la légende suivante :

SIGILLU - DOMINI - JACOB - (A)BBATIS - SANCTI - ELIGII - FONT -
*(Sigillum domini Jacobi Abbatis Sancti Eligii Fontis)*

CO : / SIGILLU - JOBI - ABB - D' - SON
*(Contra sigillum Jacobi Abbatis d'Arson)*

Sceau et contre-sceau de l'abbé d'Arçon

Les pièces originales de
la Bibliothèque Nationale
nous donnent encore un
reçu concernant ce Jac-
ques d'Arçon :

« Par devant moy Jehan
« de Bethencourt tabellion
« royal demourant à Chau-
« ny, comparut Reverend
« Pere en Dieu Monsieur
« Jacques d'Arson abbé de
« l'église et monastère de
« Notre-Dame de Saint E-
« loy Fontaine et recon-
« gneu avoir eu et receu de
« Loys de Vaulevrier escuier receveur dudit Chauny ung muy
« de blé qui estoit deü a ladite eglise pour ung ang commençant
« au jour Saint Jehan Baptiste mil CCCC quatre vings et unze
« includ, et finissant la veille dudit jour Saint Jehan Baptiste mil
« CCCCIIII^x et douze exclud a cause de ung muy de blé de rente
« que ladite eglise a droit de prendre chascun an sur le molin
« de Condrein dont il s'est tenu pour bien content et en a quicté
« et promest acquiter ledit receveur et tous autres. Fait le der-
« nier jour de juing l'an mil IIII^e quatre vings et douze : (signé)
« Bethencourt. (Original sur parchemin, Pièces Originales, vol.
« 106, dos. 2.213). »

L'abbé d'Arçon est mort en 1499 ; en 1500 son successeur
comme abbé de Saint-Eloy-Fontaine est M^re Jean Caufourier.

Jean d'Arçon (j'ignore le nom de sa femme) n'eut que deux
filles :

1° Marguerite d'Arçon, mariée en premières noces à Antoine de Villelume, écuyer, seigneur du Graveron (1), et en secondes noces à Eustache de Monestay (2), qui lui-même était veuf de Gabrielle de Saint-Haon. Le contrat de ce deuxième mariage fut passé par devant Joly, notaire royal en la sénéchaussée de Bourbonnais, le 19 juin 1514. Marguerite d'Arçon y est indiquée comme fille de messire Jean d'Arçon, chevalier seigneur dudit lieu et de Chastellus, mais malheureusement pour nous, ce contrat ne nous donne pas le nom de la mère (3). Marguerite d'Arson vécut longtemps à Gênes, en Italie, dont son second mari était gouverneur pour le roi de France (4).

2° Autre Marguerite d'Arçon, qui était l'aînée, mariée le 6 mars 1499 à Annet de Laudan, et qui eut en dot la seigneurie d'Arçon.

Voici donc la terre d'Arçon qui passe de la primitive famille des Montchoisy d'Arçon, dont les armoiries étaient « *d'azur au chevron componé d'or et de gueules, accompagné de trois étoiles d'or* » (5), pour aller dans la famille de Laudan, qui désormais s'appellera d'Arçon de Laudan, ou même simplement d'Arçon, comme cela est arrivé précédemment pour les Montchoisy. Nous verrons d'ailleurs plus loin, lors du contrat de mariage de Jeanne d'Arson de Laudan avec Gabriel de Marcellanges, en 1632, combien les Laudan tenaient à leur nom d'Arçon, puisqu'ils imposèrent à l'aîné des enfants mâles des Marcellanges, et par ordre de primogéniture, de porter d'abord le nom d'Arçon avant celui de Marcellanges.

---

(1) De Villelume, sg<sup>rs</sup> de la Roche-Othon, et du Graveron près Bellenaves. Cet Antoine de Villelume nous est connu par plusieurs pièces émanant des Archives de l'Allier, série D. 108, et par les Noms Féodaux, Chantelle, 1505, reg. 452, p. 112. Les armoiries de cette famille étaient : *d'azur à dix besants d'argent posés 4, 3, 2 et 1.*

(2) De Monestay : *d'argent à la bande de sable chargée de 2 étoiles d'or.*

(3) Bibl. Nat., Dossiers Bleus, vol. 453. Pièces originales, vol. 1.995. Ce ne sont que des copies incomplètes de ce contrat.

(4) Arles, 19 septembre 1533 : Lettres de naturalité, permission de tester et de tenir des bénéfices dans le royaume, octroyées à Octavien, Bayard, Elise et Claude de Monestay, enfants de feu Eustache de Monestay, s<sup>r</sup> de Forges, et de Marguerite d'Arson, nés à Gênes, alors que le dit s<sup>r</sup> de Forges gardait le château de ladite ville pour le roi de France. (*Catalogue des actes de François I<sup>er</sup>*, vol. 2.)

(5) D'après les sceaux que nous possédons, ceux de Hutin d'Arçon et de l'abbé Jacques d'Arçon, ces étoiles étaient à six raies.

# CHAPITRE II

## Les Laudan d'Arçon

Les Laudan ou Lodan étaient d'origine auvergnate. Leurs armoiries se composaient d'*une bande d'or sur champ d'azur, à la bordure engreslée de gueules*. Annet de Laudan, seigneur de Beaumont et de Chaumely, le nouveau seigneur d'Arçon, était fils d'Antoine de Laudan, seigneur de Cropières, et de Jeanne d'Aureille, sœur du fameux capitaine Rigaud d'Aureille.

Annet de Laudan s'était marié une première fois, le 12 mars 1490, avec Michelle de La Fayette. Devenu veuf, il épousa, le 6 mars 1499, Marguerite d'Arson (1) : ce mariage avait dû être fait par l'intermédiaire d'un de ses oncles, Louis de Laudan, qui était prieur de Saint-James de Gannat, et fut appelé à la rédaction de la coutume du Bourbonnais en 1493 (2). Mais le cabinet de d'Hozier ne nous donne que la filiation de Jean de Laudan, fils du premier lit, marié en 1517 à Anne de Montdières, et auteur de la branche des barons de Domaize ; il est muet sur la descendance du second mariage d'Annet de Laudan avec Marguerite d'Arson. Nous allons tâcher d'y suppléer par d'autres pièces (3).

(1) Bib. Nat. Cabinet d'Hozier, vol. 214.

(2) BOUILLET, *Nobiliaire d'Auvergne*. — Annet de Laudan avait aussi un frère, Antoine de Laudan, qui testa le 20 novembre 1507, et nomma pour son héritier Annet, son frère (Cab. d'Hoz.) — *Id.*, J.-B. PEIGUES, Histoire de Gannat, *Tablettes Historiques de l'Auvergne*, tome II.

(3) Dans le *Bulletin de la Société d'Emulation du Bourbonnais*, (nov.-déc. 1923, p. 522, note 2, notre confrère M. Tiersonnier dit que l'alliance survenue *en 1460* d'Antoine Barrin avec Marie de Laudan, *fille de Claude de Laudan, sg' d'Arson et de Vaudot*, gouverneur du château de Naves, et de Nicole de Vauvray ou de Vaudray) est peu vraisemblable, « vu la haute situation nobiliaire des Laudan, et la bourgeoisie notoire des Barrin à cette époque ». Je partage tout à fait l'avis de M. Tiersonnier, et je me permets de lui apporter quelques arguments probants basés sur des faits authentiques :

Le nom du successeur d'Annet de Laudan d'Arçon nous est fourni par les Archives de l'Allier, Titres de famille, Série E, 350. Nous y constatons, en 1545-1548, des « Cens et rentes dües chas- « cun an à puissant sg<sup>r</sup> Joachim de Bellenave, sg<sup>r</sup> dudit lieu, par « *Balthazar d'Arçon, écuyer, sg<sup>r</sup> dudit lieu* » (1). Voilà un des fils d'Annet de Laudan et de Marguerite d'Arçon, et le nouveau pro- priétaire du château d'Arçon. Ce titre des Archives de l'Allier n'est pas unique : Balthazar d'Arçon est également cité par M. Bouillet dans son *Nobiliaire d'Auvergne*, où il l'indique comme étant aussi seigneur de Chastelus. Or, nous avons déjà vu ce titre de sg<sup>r</sup> de Chastelus, porté par son grand-père maternel « Messire « Jean d'Arçon, chevalier, sg<sup>r</sup> dudit lieu et de Chastelus » : (c'est ainsi qu'il est désigné dans le contrat de mariage de sa fille Mar- guerite avec Eustache de Monestay, mentionné plus haut).

Nous croyons à Balthazar d'Arçon deux frères :

-------------------------------------------------

1° En 1460, les Laudan n'étaient pas sg<sup>rs</sup> d'Arçon ; ils ne le furent qu'à *partir de 1499*, par suite du mariage d'Annet de Laudan avec Marguerite d'Arçon, fille de Jean d'Arçon-Montchoisy, *seigneur dudit Arçon* ;

2° En 1460, les Laudan n'étaient pas encore seigneurs de Vaudot ; ce fief était alors entre les mains de Louis Soulas, écuyer sg<sup>r</sup> de Vaudot ; après sa mort, cette terre passa à son neveu Henry Soulas, écuyer, sg<sup>r</sup> de Vaudot qui, en 1474, soutint un long procès avec messire Louis Le Long, Prieur de Broût. Le fief de Vaudot ne devint la propriété des Laudan d'Arçon qu'en- viron cent ans plus tard, vers la fin du XVI<sup>e</sup> siècle.

Les deux particularités que je viens de citer étaient certainement ignorées de l'auteur du faux contrat de mariage d'Antoine Barrin avec Marie de Laudan, contrat qui me paraît avoir été fabriqué au XVII<sup>e</sup> siècle, et dont l'o- riginal ne fut jamais produit. D'Hozier ne s'y est pas laissé tromper. J'ai vu deux copies de ce soi-disant contrat, dont l'une (quoique collationnée par Gentilz, notaire à Tours) porte, écrite de la main de d'Hozier, la mention suivante : « Voir l'original », ce qu'il mettait sur tous les actes douteux ; sur l'autre copie, d'Hozier est encore plus catégorique, il a inscrit le mot « faux ». (Carrés d'Hozier, vol. 63, dossier Barrin, pages 90 et 91.)

J'ajoute que, dans les contrats de mariage des Laudan qui suivent, nous ne voyons nullement les Barrin cités parmi les parents du futur.

(1) « Noble Baltazar d'Arson, escuier, seigneur dudit lieu, a confessé « debvoir au S<sup>r</sup> de Bellenaves trois septiers de froment, mesure de Char- « roux pour raison d'un molin... prés, fossés, cours d'eau appartenant audit « molin, assis en la paroisse de Vic sur la rivière de la Veaulce, appelé le mo- « lin de Chamboirat, tenant à la rivière de Veaulce d'orient... etc... » (Arch. de l'Allier. Série E. 350, p. 228).

1° Georges d'Arçon de Laudan, qui fut chanoine comte de Brioude de 1545 à 1599 (1) ;

2° Jacques d'Arçon, gentilhomme de la vénerie de François I<sup>er</sup>. A plusieurs reprises, le roi le combla de cadeaux : à Anet, le 28 avril 1531, il lui fit don d'une somme de 300 écus à prendre sur les ventes d'offices et autres parties casuelles (2). Le 25 août 1534, autre don à Jacques d'Arson, gentilhomme de sa vénerie, de la somme de 1.500 livres à prendre sur la recette des exploits et amendes du Parlement de Toulouse (3). Le 13 octobre 1534, lettres ordonnant que Jacques d'Arson, gentilhomme de la vénerie, jouira de la somme de 1.500 livres intégralement, suivant le don qui lui en a été fait le 25 août précédent, nonobstant la réduction de moitié ordonnée par la Chambre des Comptes (4). A Moulins, au mois de mars 1538 (1537, nouv. style), le roi *attribue à Jacques d'Arson*, l'un des gentilshommes de sa vénerie, *tous les biens qui appartinrent à feu Claude Bouyer, de Charroux*, échus au roi par confiscation, suivant la sentence du samedi avant la mi-carême 1537 (nouv. st.) « condamnant ledit Bouyer à être pendu pour ses démérites (5) ». Enfin, quoique non datés, suit une série de présents qui attestent que Jacques d'Arçon avait toujours la faveur du monarque :

Don à Jacques d'Arson, gentilhomme de la vénerie, de 500 livres par an sur les mines du Nivernais pendant quinze ans (6) ;

Mandement à la Chambre des Comptes et aux trésoriers à Paris de faire payer Jacques d'Arson (alias d'Arçon), l'un des gentilshommes de la vénerie, de la somme de 7.500 livres tournois en quinze années, soit pour chacune 500 livres, à commencer au I<sup>er</sup> janvier 1532 (nouv. st.) dont le Roi lui a fait don sur le revenu du droit lui appartenant sur les mines du Nivernais, par les mains des maître et garde des dites mines ou autres qui seront à ce

---

(1) *Chronologie du ci-devant chapitre de Saint-Julien de Brioude*, par DAUTEL et CHAVANAT. Paris, 1805. — BOUILLET, *Nobiliaire d'Auvergne*.

(2) *Catalogue des Actes de François I<sup>er</sup>*, tome II.

(3) *Id.*, tome II.

(4) *Id.*, tome II.

(5) *Id*, tome III. — François I<sup>er</sup> séjourna cette année-là à Moulins du 7 février au 16 mars.

(6) *Id*, tome VII.

commis, nonobstant que ladite partie ne soit inscrite chaque année sur l'état général des finances (1) ;

Don à Arson (alias d'Arçon) de la somme de 200 écus soleil sur les offices de mesureur du grenier à sel de Montereau-fault-Yonne, vacant par le décès de Jean Dupré, et de sergent royal en la sénéchaussée d'Anjou, vacant par le décès de Guillaume Le Couturier (2) ;

Don à Jacques d'Arson, gentilhomme de la vénerie du Roi, de la somme de 200 écus soleil, sur l'office de greffier ordinaire de la ville de Lyon, vacant par le décès de François Faure (3).

C'est tout ce que j'ai pu savoir sur ce Jacques d'Arçon.

Balthazar d'Arçon, sg<sup>r</sup> d'Arçon, son frère aîné, eut entr'autres enfants :

1° Jean d'Arçon de Laudan, qui suit :

2° Antoine de Laudan d'Arçon, qui était chanoine, comte de Brioude, en 1583 (4) ;

3° Gabriel de Laudan, sg<sup>r</sup> du Beyrat, nommé dans le contrat de mariage de son frère Jean. Ce Gabriel de Laudan fut l'auteur de la branche des Laudan, seigneurs du Beyrat. Il eut au moins deux fils: 1° Jean de Laudan, s<sup>r</sup> du Beyrat, marié vers 1580 à Bénigne d'Alexandre de Rouzat ; et 2° François de Laudan du Beyrat, qui eut trois enfants, savoir : 1° Gilbert de Laudan ; 2° Jeanne de Laudan, mariée à Philippe de la Rivière, s<sup>r</sup> de la Chomette ; 3° Thomasse de Laudan, mariée à Amyet de Fontis, s<sup>r</sup> du Rondier. En 1618, François de Laudan du Beyrat, pressé par de nombreux créanciers, fut obligé de vendre le château du Beyrat ; et quelques années plus tard, ce fief fut acquis par la famille du Buisson, qui en demeura propriétaire pendant le XVII<sup>e</sup> et le XVIII<sup>e</sup> siècle. (Bibl. Nat., Pièces originales, vol. 553, dossier du Buisson, p. 15).

Jean d'Arçon de Laudan, sg<sup>r</sup> d'Arçon, épousa, le 22 mars 1555, Jeanne de Reclaines, fille de défunt Bertrand de Reclaines, écuyer, sg<sup>r</sup> de la Chaise et de Bègues, et de demoiselle Jacquette

---

(1) *Catalogue des Actes de François I<sup>er</sup>*, tome VII.
(2) *Id.*
(3) *Id.*
(4) *Chronologie du ci-devant chapitre de Saint-Julien de Brioude*, op. cit.

de la Villatelle (1): le contrat fut passé à Cognat, par devant
M⁰ Pierre Sabatier, notaire royal au duché de Bourbonnais, résidant à Gannat. En voici les passages principaux : Son père étant
mort, la fiancée est assistée de Gilbert de Reclaisnes, son frère
aîné, écuyer, sg' de la Chèze et de Bègues, et de Claude de Reclaisnes aussi son frère, écuyer. En faveur de ce mariage, la demoiselle Jacquette de la Villatelle, mère de la future, et son frère
aîné, Gilbert de Reclaines, lui constituent en dot la somme de
1.500 livres ; savoir 600 livres pour ses droits paternels, et 900 livres pour ses droits maternels, auxquels la dite demoiselle renonce, se réservant néanmoins la partie qui pourrait lui revenir
dans la succession de Jacques de Villatelle, son oncle, au cas
qu'il vînt à décéder après ladite demoiselle Jacquette de Villatelle, sa mère. Ledit futur accorde à la dite future épouse des.
bagues et des joyaux au jour de ses noces au plaisir et volonté
d'elle, suivant son état ; plus un augment de la somme de 500 livres pour lui servir de douaire, et son habitation dans l'une de
ses maisons, garnie de meubles et ustensiles. Le contrat fut passé
en présence de Jacques de Cellerier, écuyer, sg' de Vodot et de
Sauzet, de Charles de Cellerier, s' de Santes, de M⁰ Sébastien
Millet, licencié ès-lois, lieutenant général de Gannat, parents de
la future ; de nobles hommes Gabriel de Laudan, s' du Beyrat,
Antoine de Chiroux, s' de Besilhat, Jean de Givreuil, s' de la
Prosle, Maître Bertrand Martin, lieutenant de Bellenaves, et Jean
de la Roche, écuyer, parents dudit futur ; Jean Menudel, écuyer,
seigneur de Bompré, contrôleur ordinaire des guerres, étant alors
garde du scel des pays et duché de Bourbonnais (2).

Cette dot de 1500 livres ne fut payée que quelques années plus
tard ; noble homme Jehan de Laudan, écuyer, sg' d'Arçon, et
demoiselle Jeanne de Reclaines, sa femme, donnèrent quittance
le 8 octobre 1561, devant Martial Faulchier, notaire royal, à da-

_______________

(1) De Reclaines ou  Reclesnes : *d'or à trois chevrons de  sable surmontés
de deux croix patées de même.* — De la Villatelle : *d'or au chevron de gueules
accompagné de trois vols d'azur.* Dans le d'Hozier (Bourbonnais, p. 219),
Joseph Marien de Mayet, écuyer, s' de la Villatelle, porte : *d'or à deux chevrons de gueules accompagnés de deux demi-vols abaissés d'azur.*

(2) Cabinet d'Hozier, vol. 374 ; Chérin, vol. 169. — Cabinet d'Hozier,
vol. 286.

moiselle Jacquette de la Villatelle, veuve de feu noble homme Bertrand de Reclaines, écuyer, sg' de la Chaise et de Bègues, absente, noble homme Gilbert de Reclaines, écuyer, son fils, pour elle acpetant, de la somme de 1.000 livres, en déduction de celle de 1.500 livres promise en dot à ladite damoiselle Jeanne de Reclaines dans son contrat de mariage avec ledit s' de Laudan, reçu Sabatier, notaire, le 22 mars 1555. *Cette quittance passée audit lieu d'Arçon*, signée M. Faulchier. (Grosse en parchemin à laquelle est attachée une autre quittance du 24 février 1563, de 500 livres, pour le reliquat de ladite dot, recue Faulchier, notaire.) (Chérin, vol. 169).

C'est à cette époque (le 4 avril 1566) que Charles IX et Catherine de Médicis passèrent au pied du château d'Arçon en se rendant d'Ebreuil à Chantelle. Le groupe royal était composé du Roi, de la Reine-Mère, d'Henri, duc d'Anjou (le futur Henri III) et du duc d'Alençon ; ils avaient dîné à l'abbaye d'Ebreuil et allèrent coucher au château de Chantelle (1).

Les Carrés de d'Hozier nous signalent deux transactions faites par Jean de Laudan : l'une le 29 août 1568, avec Maître Pierre de Rousset (2), cet acte signé Maussat, notaire royal ; l'autre, le 15 février 1580, avec le seigneur de Praloube, cet acte signé Carrel et du Tot, notaires royaux. Il est nommé dans le contrat de mariage de son beau-frère Claude de Reclaines, écuyer, sg' de Lyonne (3), avec demoiselle Anne Reynaut, le 12 mai 1573. (Carrés d'Hozier, vol. 529).

Jean de Laudan, sg' d'Arçon, et Jeanne de Reclaines, eurent au moins deux enfants :

1° François d'Arçon de Laudan, qui suit ;

2° Antoine de Laudan, s' de Montclard, marié à Marguerite de l'Ormé (ou de Lormet) ; le 14 mai 1601, ils se firent une donation mutuelle au profit du survivant (4).

---

(1) *Recueil des voyages du roi Charles IX*, par Abel JOUAN, 1566

(2) Probablement le même qui, d'après l'abbé Boudant, fut, en 1593, capitaine d'Ebreuil.

(3) Château de Lyonne, près Cognat. Par acte passé devant M° Faulchier, notaire, Claude de Reclaines avait acquis la terre de Lyonne de messire Jean de La Fayette, le 15 décembre 1565. (Nouv. d'Hoz., 280.)

(4) Archives de l'Allier, B. 735. — Dans les registres paroissiaux de Vicq

François d'Arçon de Laudan, sg<sup>r</sup> d'Arçon, épousa le 22 février 1599, Anne Le Long, fille de Messire Antoine Le Long, écuyer, sg<sup>r</sup> de Chenillat (1), et de Jeanne de Maumigny, en présence de Messire François de Bonay, écuyer, sg<sup>r</sup> de Vaumas, gentilhomme ordinaire de la Chambre du Roi, Lieutenant de cent hommes d'armes sous la charge de Monseigneur de la Guiche, et de Messire Louis de Rollat, écuyer, sg<sup>r</sup> de Brugheas et de Marsac. Ledit contrat signé Jollet, notaire royal, et insinué en la sénéchaussée du Bourbonnais, à Moulins (2).

François de Laudan, écuyer, sg<sup>r</sup> d'Arçon, est cité le 12 mai 1606, dans le contrat de mariage de son cousin-germain François de Reclaines (fils de Claude de Reclaines et de Anne Reynaut), demeurant à Lyonne, paroisse de Cognat, avec Anne de Vichy (3).

Il existe un acte de foi et hommage fait au Roi, le 18 mars 1624, au bureau des Finances de la généralité de Bourbonnais, par Messire François de Laudan, écuyer, sg<sup>r</sup> d'Arçon, pour raison de la *haute, moyenne et basse justice* de sa seigneurie dudit Arçon (4) : François de Laudan avait acquis la justice d'Arçon le 28 septembre 1623, de Pierre Chartier, écuyer, s<sup>r</sup> de Rouvignac, baron de Rochefort (5), par devant Maîtres Gilbert Delaire et Gilbert Rouher, notaires royaux. Cet hommage au Roi sera rendu par les successeurs de François de Laudan, en 1669, 1699 et 1717, ainsi que le dénombrement de la seigneurie d'Arçon, qui est le complément de l'hommage de 1699, et que nous relaterons en entier à cette date (6).

François d'Arçon de Laudan, qui, dans l'acte de mariage de sa

le nom est écrit « Marguerite de Lormet ». Cette Marguerite de l'Ormé ou de Lormet, pourrait bien être la fille de noble Gilbert de Lormet, qui, en 1590, était seigneur dudit lieu, paroisse de Valignat. (Carrés d'Hozier, vol. 188, dossier Chauvigny, p. 162.)

(1) Le Long : *d'azur au chevron d'or accompagné de trois étoiles d'argent.*

(2) Bibl. Nat., carrés d'Hozier, vol. 374.

(3) *Id.*, vol. 529.

(4) *Id.*, vol. 374.

(5) Jeanne Chartier, fille de ce Pierre Chartier de Rouvignac, chevalier, baron de Rochefort et de Combronde, épousa, après contrat passé en décembre 1631, messire Jean du Ligondès, chevalier, sg<sup>r</sup> dudit lieu et de la Chapelaude (Arch. de l'Allier, B. 739.) Depuis cette date, le château de Rochefort n'est pas sorti de la famille du Ligondès.

(6) Arch. Nat., série P. 475(<sup>6</sup>), n° 280. — Voir plus loin, année 1699.

fille aînée, est qualifié de « Chevalier de l'Ordre du Roi » (1), et Anne Le Long, son épouse, n'eurent pas d'héritier mâle, mais cinq filles :

1° Jeanne d'Arçon de Laudan, mariée en 1632 à Gabriel de Marcelanges, qui continuera la série des seigneurs d'Arçon ;

2° Jacqueline d'Arçon de Laudan, mariée le 20 juin 1633 à Jean Lebel, sg<sup>r</sup> de la Vauvre (2). Aux Archives de l'Allier (Série D. 102), dans un terrier du Prieuré de Chantelle (1675-1683), Jacqueline d'Arçon de Laudan, veuve de Jean Lebel, écuyer, s<sup>r</sup> de la Vauvre, accuse des reconnaissances de cens sur des héritages, sis à la Vauvre ;

3° Anne d'Arçon de Laudan, mariée à Blaise de Cistel, sg<sup>r</sup> de Chabannes (3) ;

4° Marie d'Arçon de Laudan, religieuse à La Vaudieu, diocèse de Saint-Flour ;

5° Marthe d'Arçon de Laudan, également religieuse.


# CHAPITRE III

## Les Marcelanges d'Arçon

Les Marcelanges (ou Marcellanges), nouveaux seigneurs d'Arçon, appartenaient à une très ancienne famille qui a pris son nom d'une terre située en Bourbonnais, près de Jaligny ; elle est connue depuis Hugues de Marcelanges, damoiseau, surnommé Man-

---

(1) On appelait « chevaliers *de* l'Ordre du Roi » les personnages qui étaient chevaliers de Saint-Michel ; et comme il a toujours été d'usage de donner aux gentilshommes le collier de cet ordre avant de les recevoir chevaliers du Saint-Esprit, on les qualifiait après cette seconde collation « chevaliers des Ordres du Roi ».

(2) Lebel : *de gueules à la fasce d'argent, accompagnée de trois pieds de griffon d'or.* (Dossiers Bleus, vol. 80.)

(3) De Cistel, famille d'Auvergne : *de gueules à trois lions d'or, au chef d'or emmanché d'azur à trois pointes, chargée chacune d'une fleur de lys d'or.* (Bibl. Nat. : Pièces originales, vol. 766 ; cabinet d'Hozier, vol. 95.)

taillé, qui mourut avant le mois d'août 1339, laissant deux fils, Perrin et Jean. Leurs armoiries étaient « *d'or, à un lion de sable* « *couronné, lampassé et armé de gueules* » ; supports, un guerrier et un ange ; devise : « *Marte comite, angelo duce* » ; couronne d'étoiles ; légende : « *cœlo aurea* ».

Gabriel de Marcelanges était fils de Renaut de Marcelanges et de Jeanne de Girard, demeurant au château de la Grange, paroisse de Cossaye en Nivernais. Son père et sa mère étant tous les deux décédés, il habitait chez son frère aîné, Louis de Marcelanges, au château de la Grange. Le 5 février 1632, il épousa Jeanne d'Arçon de Laudan, fille de Messire François d'Arçon, dit de Laudan, et de feue Anne Le Long (1). Le contrat avait été signé la veille au château d'Arçon : il est trop important pour que nous ne le citions pas en entier :

« Contrat de mariage de Gabriel de Marcellanges (*sic*), écuyer,
« demeurant au château de la Grange, paroisse de Cossaye, dio-
« cèse et pays de Nivernois, fils de défunts Renaud de Marcellan-
« ges, chevalier, sg<sup>r</sup> de la Grange, et de dame Jeanne de Girard
« de Passy ; accordé le 4 février 1632 avec damoiselle Jeanne
« d'Arson de Laudan, fille de Messire François d'Arson, dit de
« Laudan, chevalier de l'Ordre du Roy, sg<sup>r</sup> d'Arson et Vodot (2),
« demeurant en son lieu et seigneurie d'Arson, paroisse de Vic,
« pays de Bourbonnois, et de défunte damoiselle Anne Le Long,
« ses père et mère ;

« Par lequel contrat, Louis de Marcellanges, chevalier, sg<sup>r</sup> de
« la Grange et autres, ses seigneuries, frère aîné du futur, demeu-
« rant en sa maison de la Grange, promet payer audit futur, son
« frère, la somme de neuf mille livres, dont six mille lui avoit été
« constituée par le contrat de mariage dudit Louis de Marcellan-
« ges de la Grange par ladite défunte Dame Jeanne de Girard,
« leur mère ;

--------

(1) La Chesnaye des Bois le prétend veuf d'Edmée de Rossignac, mais c'est une erreur ; il l'a confondu avec son frère aîné Louis de Marcelanges sg<sup>r</sup> de la Grange.

(2) Vaudot ou Vodot, actuellement domaine de la commune de Vicq. — Arçon et Vaudot formaient primitivement deux seigneuries voisines mais distinctes, mentionnées toutes les deux dans l'ouvrage de Nicolaï, en 1569. Réunies par les Laudan à la fin du XVI<sup>e</sup> siècle, elles ne cesseront, jusqu'à la Révolution, d'appartenir au même seigneur.

« Et ledit seigneur d'Arson, en faveur de ce mariage donne à
« ladite damoiselle Jeanne d'Arson de Laudan, sa fille, tous ses
« biens meubles et immeubles dont il se réserve l'usufruit sa vie
« durant, sur lequel les futurs et damoiselles Jacqueline et Anne
« d'Arson de Laudan ses autres filles devaient être nourris et en-
« tretenus, s'obligeant le dit sg<sup>r</sup> d'Arson de faire professe à ses
« frais Marie d'Arson, sa fille, religieuse à La Vaudieu, *et après*
« *le décès dudit sg<sup>r</sup> d'Arson*, lesdits futurs chargés de payer les
« pensions qu'il avait promises à Marthe et Marie d'Arson, ses
« filles religieuses, conformément aux contrats de profession et
« noviciat. En cas d'incompatibilité, ledit seigneur d'Arson dé-
« laisse auxdits futurs la jouissance et possession du lieu et sei-
« gneurie de Vodot ; et pour éviter partage en sa maison, il dotte
« lesdites Jacqueline et Anne, ses filles, de la somme de six mille
« livres chacune, payable lors de leur mariage, duquel appanage
« lesdites Jacqueline et Anne d'Arson, de l'avis des S<sup>rs</sup> des Fou-
« gis, de Thoury et de la Chaize (1), leur oncle et parens, elles se
« sont tenues pour bien appanées, et renoncent au profit de ladite
« future leur sœur, à la succession future dudit sg<sup>r</sup> d'Arson, leur
« père, et à celle échue de ladite Anne Le Long, leur mère.

« *Il fut expressément convenu que, s'il y avoit des enfans mâles*
« *de ce mariage, le premier d'iceux prendroit le nom d'Arson le*
« *premier, et celui de Marcelanges après, et s'appelleroit Arson*
« *Marcelanges, et du premier au second, etc. ; néanmoins il fut*
« *accordé que si le premier fils de ce mariage venant à se marier,*
« *avoit des enfans, et qu'il eut des frères, en ce cas ses dits frères*
« *ne seroient tenus de prendre autre nom que celui de Marce-*
« *langes.*

« Le douaire de la future est de 200 livres, en cas qu'il n'y eut
« point d'enfans, et s'il y en avoit et qu'elle ne convolât en secon-
« des noces, il ne sera que de 150 livres.

« Ce contrat passé audit lieu et seigneurie d'Arson, paroisse de
« Vic, en présence de Messire Louis de Rollat, sieur de Thoury,
« Puiguilhon et la Pouge ; de Messire François Le Long, cheva-
« lier, seigneur des Fougis ; de François de Reclènes, écuyer, sei-

-----

(1) Le Long, s<sup>r</sup> des Fougis ; Rollat, s<sup>r</sup> de Thoury ; Reclesnes, s<sup>r</sup> de la
Chaise.

« gneur de la Chaise et de Bègues ; d'Anne des Gentilz, cheva-
« lier, sgʳ d'Aglan et de Montjournal ; et de Maître Claude de
« Vaux, receveur dudit sʳ de Thoury, et devant Gilbert Rouher,
« notaire royal, tabellion garde-notte et contrôleur héréditaire-
« ment juré sous le scel royal establi et ordonné pour le Roy aux
« contrats de la chancellerie du pays et duché de Bourbonnois ;
« Jean Bolain (*sic*), avocat en Parlement, étant alors garde et te-
« nant ledit scel (1). »

A la suite est une quittance donnée le 28 septembre 1634 par
Jean Le Bel, écuyer, sʳ de la Vauvre et damoiselle Jacqueline de
Laudan d'Arson, sa femme, de la somme de 6.400 livres qu'ils
avaient reçu tant alors que cy-devant (2), de Gabriel de Marcellanges, écuyer, sieur d'Arson, et qui leur était dûe suivant le contrat de mariage ci-dessus. Cette quittance passée à Chantelle,
maison de noble Jacques Perraud (?) conseiller et élu pour le roi
en l'élection de Gannat, en présence de Pierre de Louan, écuyer,
sʳ de la Jolyvette, paroisse de Fleuriel, et devant J. Bougarel,
notaire royal (3).

François d'Arson de Laudan, mourut peu de temps après le mariage de sa fille aînée, Jeanne ; conformément au contrat de mariage que nous venons de rapporter, noble Gabriel de Marcelanges, sgʳ d'Arson, et damoiselle Jeanne d'Arson de Laudan, sa
femme, par acte signé Boyer, notaire à la Vaudieu, en date du
8 septembre 1633, constituèrent une dot à damoiselle Marie de
Laudan d'Arson, leur sœur, religieuse à La Vaudieu, diocèse de
Saint-Flour (4).

Comme nous venons de le voir, ce contrat contenait l'obligation pour les Marcelanges de donner d'abord le nom de d'Arçon
à leur fils aîné, qui s'appellerait ainsi d'Arçon de Marcelanges :

-------

(1) Bibl. Nat., Carrés d'Hozier, vol. 410.
(2) Un premier acompte de 3.500 livres avait été versé le 30 décembre
1633: « Personnellement establi Jehan Le Bel, escuier, et à son octorité
« damoiselle Jacqueline d'Arson de Laudan, sa femme, lesquels ont confessé
« avoir heü et receü de Gabriel de Marselange, escuier, sieur dudit lieu,
« présent, la somme de trois mil cinq cens livres... De laquelle somme ledit
« sʳ Le Bel et sa ditte femme en tiennent quicte ledit sʳ de Marselange. Fait
« et passé à la Vaulvre, maison dudit sʳ Le Bel, le vingtiesme jour de
« Décembre mil six cent trente trois... etc. » (Carrés d'Hozier, vol. 79.)
(3) Carrés d'Hozier, vol. 410.
(4) Nouveau d'Hozier, vol. 223.

ce qui était très normal, car la famille d'Arçon était éteinte à cette époque, aussi bien dans la branche aînée que dans la branche cadette depuis la mort de Louis d'Arçon, sg<sup>r</sup> de la' Mothe-d'Arçon, époux de Marie de Chauvigny. Cette obligation ne fut tenue que pour le fils de Gabriel de Marcelanges et de Jeanne d'Arçon de Laudan ; dès la seconde génération, et contrairement au désir de François de Laudan, les Marcelanges s'affranchirent de cette clause du contrat.

En 1633, un an après ce mariage naissait un fils : son acte de baptême le nomme Louis d'Arson de Marcelanges, fils de Gabriel de Marcelanges et de Jeanne de Laudan : son parrain fut Louis de Marcelanges, sg<sup>r</sup> de la Grange, frère de son père, et la marraine Jacqueline de Laudan, sœur de sa mère (1).

Gabriel de Marcelanges, écuyer, demeurant en la paroisse de Vicq, élection de Gannat, fut maintenu dans sa noblesse par les commissaires du Roi, députés pour le régalement des tailles en la généralité de Moulins : cet extrait du rôle desdits commissaires, daté de Nevers, le 23 avril 1635, et signé Lefebvre de Caumartin et Brisacier.

Gabriel de Marcelanges n'eut qu'un fils, Louis, car il mourut jeune (en 1636 ou 1637) ; sa veuve se remaria peu de temps après avec Joseph de la Salle, écuyer, dont elle eut deux filles : l'aînée, Jeanne de la Salle, épousa, en 1656, Marcelin de Salvert, sg<sup>r</sup> de la Mothe d'Arçon ; elle reparaîtra dans la deuxième partie de cet ouvrage, au chapitre consacré aux sg<sup>rs</sup> de la Mothe d'Arçon : la cadette, Gabrielle de la Salle, fut religieuse à Gannat.

Damoiselle Jeanne d'Arçon de Laudan, veuve en premières noces de Gabriel de Marcelanges, écuyer, sg<sup>r</sup> d'Arçon et de Vaudot, et en secondes noces de Joseph de la Salle, écuyer, en son nom et comme tutrice de Louis d'Arçon de Marcelanges, son fils, produisit les titres de noblesse de la maison de Marcelanges devant les commissaires députés, en exécution de la déclaration du Roi du dernier décembre 1656. Ces premiers titres sont : « celui « du pénultième octobre 1387, celui de 1395, celui de 1404, etc. « — Il est dit dans cet inventaire que l'ancien château de Marce-

---

(1) Registres paroissiaux de Vicq (Allier); acte communiqué par M. l'abbé Dugay, curé de Vicq.

« langes, dont ils tirent leur nom, est près de Jaligny ; qu'étant
« tombé en ruines par vétusté, il a été rétabli par damoiselle
« Claude de Marcèlanges, dame dudit lieu, et parachevé par le
« sgr de Maule (*sic*) son fils, de sorte qu'il est à présent l'une des
« plus belles maisons du Bourbonnais (1), où il y a des titres de
« plus de 500 ans, auxquels ils n'ont voulu avoir recours, se con-
« tentant de ceux qu'ils ont trouvés dans la maison de la Grange
« en Nivernois (2) ; qu'ils ont possédé du bien seigneurial en
« Bourbonnois et Nivernois en plus de soixante paroisses..., etc...
« (CHÉRIN, vol. 129.) »

Louis d'Arçon de Marcelanges, né en 1633 au château d'Arçon, fils unique de Gabriel de Marcelanges et de Jeanne d'Arçon
de Laudan, passa toute sa jeunesse au château d'Arçon, où il fut
élevé avec ses deux sœurs utérines, Jeanne et Gabrielle de la
Salle. En 1656, le 21 novembre, il assista au contrat de mariage
de sa sœur, Jeanne de la Salle, avec Marcelin de Salvert (3), contrat passé au château d'Arçon. A l'âge de 27 ans, il épousa damoiselle Madeleine de Saint-Hilaire, fille de messire Mathias de Saint-
Hilaire, chevalier, sgr dudit lieu, de Bouis, Bouain, Clavelière,
Bachière, Le Méclef, comte du Saint-Empire, et de dame Madeleine de Troussebois demeurant en leur dite seigneurie de Saint-
Hilaire (4).

Dans le contrat, en date du 25 octobre 1660, Louis d'Arçon de
Marcelanges est dit seigneur d'Arçon et de Vaudot, demeurant
audit Arçon, paroisse de Vic. En faveur de ce mariage, ladite
damoiselle d'Arçon donne audit futur, son fils, par donation entre

---

(1) « Avec ses énormes tours, ses multiples et élégants détails, le château
« de Marcellanges est assurément une des belles constructions de notre
« pays. » (AUBERT DE LA FAIGE, *Les Fiefs du Bourbonnais.*)

(2) Nous avons vu plus haut, qu'avant son mariage, Gabriel de Marcelanges habitait au château de la Grange, resté la propriété de son frère
aîné.

(3) Voir la IIe partie.

(4) Mathias de Saint-Hilaire, comte du Saint-Empire romain ; sa mère
Marie de Zernovitz était allemande. — Il était, en 1630, mari de Gilberte de
Thianges, et vers 1642 on lui trouve pour femme Madeleine de Troussebois,
qui en devint veuve en 1682 ; il avait alors environ 80 ans. (*La noblesse militaire du Bourbonnais sous Louis XIV*, par le commandant DU BROC DE
SEGANGE.) — Les armoiries de cette famille étaient : *d'or à trois fers de
piques renversés de sable.* (Nouv. d'Hozier, vol. 223.)

vifs, les maisons, terres et seigneuries d'Arçon et Vaudot avec leurs appartenances, soit *justice haute, moyenne et basse*, etc., et l'institue son seul et universel héritier.

Ledit seig^r de Saint-Hilaire constitue en dot à ladite damoiselle sa fille, la somme de quinze mille livres, moyennant quoi elle renonce aux successions de ses dits père et mère au profit de ses frères germains ; il est stipulé qu'en cas de prédécès du futur, elle aurait son habitation pendant sa viduité dans la maison et château d'Arçon, et douée de 600 livres de douaire par an s'il n'y avait pas d'enfants de ce mariage, et de 200 livres s'il y en avait : lequel douaire audit cas d'enfant demeurerait éteint pendant le convol à autres noces.

Ce contrat fut passé en la ville de Chantelle-le-Château, par devant Antoine Paulmyer, notaire royal au bourg et paroisse de Buxière-en-Bourbonnais, en présence de Messire François de Rollat, sg^r de Marzat, de messire Maximilien de la Mer, sg^r de Matha ; de messire Louis de Chambon, sg^r des Ternes ; de messire Marcelin de Salvert, sg^r du Lut ; de messire Jean de Breschard, sg^r de Virlobier, Esclayne et Séron ; de messire Claude de la Souche, chevalier, sg^r de la Brosse et Pravier ; de messire Antoine de Saint-Hilaire, sg^r du Coudreau et de Gennetines; de messire de la Roche, sg^r du Monceau ; de messire Claude de Bron, écuyer, sg^r de Bernuy et de Ponlung. Il fut ratifié le 27 dudit mois d'octobre 1660, par ladite dame Madeleine de Troussebois, épouse de Messire Mathias de Saint-Hilaire, et par damoiselle Madeleine de Saint-Hilaire. L'acte de cette ratification passé en la seigneurie de Saint-Hilaire, paroisse dudit Saint-Hilaire, en présence de Jean Bouer, greffier de la justice dudit Saint-Hilaire, et reçu par ledit Paulmyer, notaire (1).

Le mariage de Louis d'Arçon de Marcelanges et de Madeleine de Saint-Hilaire, fut célébré le 9 novembre 1660, dans l'église de Saint-Hilaire (2).

Dans un rapport sur la noblesse du Bourbonnais, dressé en 1664, et dont l'auteur paraît être l'intendant de Pomereu, on trouve la note suivante sur Louis d'Arçon de Marcelanges :

(1) Carrés d'Hozier, vol. 410.
(2) Archives de l'Allier, série E. suppl. 54.

« Marcelange, seigneur d'Arson, est homme de naissance qui
« a du cœur, des amis et du crédit parmi la noblesse ; il a près de
« 3.000 livres de rente (1). »

Une ordonnance rendue à Moulins, le 30 mars 1667, par Henry
Lambert d'Herbigny, Intendant de Moulins, donna acte à Louis
de Marcelanges d'Arçon, écuyer, demeurant à Arçon, paroisse
de Vicq, élection de Gannat, de la production de ses titres de
noblesse, et le maintint comme noble d'ancienne race (2).

Le 26 novembre 1669, il fit hommage au Roi, devant le bureau
des domaines à Moulins, de sa seigneurie d'Arçon, assise en la
paroisse de Vicq, et mouvante de la châtellenie de Chantelle ;
laquelle seigneurie lui était échue par la mort de dam^{lle} Jeanne
d'Arçon de Laudan, sa mère (3).

Louis d'Arçon de Marcelanges et Madeleine de Saint-Hilaire
eurent seize enfants, dix garçons et six filles, savoir :

1° Esmé, qui suit et continua la série des seigneurs d'Arçon ;

2° Marcelin de Marcelanges, né au château d'Arçon, et baptisé
le 24 octobre 1668, dans l'église de Vicq ; son parrain fut messire Marcelin de Salvert, écuyer, sg^r du Lut, oncle paternel par
alliance ; sa marraine, Jacqueline de Laudan, épouse du S^r de la
Vauvre. En 1685, il fit ses preuves de noblesse pour sa réception
dans l'Ordre de Malte au Grand Prieuré d'Auvergne. Le procès-
verbal en fut fait « en la ville d'Esbreulle, au Logis de Charles
« Delagoutte, où pendoit pour enseigne La Croix Blanche, le
« 18 octobre 1685, par frère Claude de Montagnac La Refeul-
« lière (4), commandeur de Leureuil, chevalier de l'Ordre de
« Saint-Jean de Jérusalem, et frère Jacques de Pagnac, chevalier
« dudit ordre, Commandeur de Chambéry, commissaires à ce dé-
« putés... Ce procès-verbal rédigé et reçu par Maître Gilbert Sou-
« lier, notaire royal dudit Esbreulle. Les témoins y déposans
« sont : Messire François de Beaufort Canillac, chevalier, sg^r de
« Moriac, âgé de 55 ans ou environ ; messire Louis du Ligohdès,
« chevalier, sg^r dudit lieu, Rochefort et autres places, demeurant

--------

(1) Publié par M. R. de Quirielle dans les *Annales Bourbonnaises*, année 1889, tome III, p. 348.
(2) Nouveau d'Hozier, vol. 223, et Carrés d'Hozier, vol. 410.
(3) Nouveau d'Hozier, vol. 223.
(4) L'Arfeuillière.

« au château de Rochefort, paroisse de Saint-Bonnet, âgé d'envi-
« ron 54 ans ; messire Gilbert de Chouvigny de Blot, chevalier,
« sg<sup>r</sup> de Saint-Agoulin, demeurant alors en la ville d'Esbreulle,
« âgé d'environ 65 ans, et messire Gaspard de la Mer, chevalier,
« sg<sup>r</sup> de Matha, Saint-Quentin, Langlard, etc., âgé d'environ
« 60 ans, demeurant en son château audit Saint-Quentin, paroisse
« dudit lieu, diocèze de Clermont, province d'Auvergne, dans les
« limites dudit Grand Prieuré d'Auvergne... »

Ensuite est l'Enquête secrète faite par les dits commissaires, le
23 octobre 1685, au « bourg et paroisse de Saint-Quentin, distant
« de demi-lieue de la ville d'Esbreulle, chez Jean Vérillon, hoste
« dudit lieu ; dans laquelle les témoins appelés sont : Maître Jac-
« ques Culhat, bourgeois, habitant de la ville d'Esbreulle, âgé de
« 64 ans ; Marcel Aymé de la Roche, bourgeois, habitant de la-
« dite paroisse de Saint-Quentin, âgé d'environ 80 ans ; Maître
« Pierre Martinet, habitant de la paroisse de Vicq, âgé d'environ
« 50 ans, et Maître Paquet Bérier, marchand-apoticaire dudit Es-
« breulle, âgé de 50 ans environ... »

Puis c'est le rapport fait à Lyon, le 12 novembre 1685, « par les
« commissaires députés de la vénérable Assemblée pour recevoir
« les dites preuves ; lesquels certifièrent à son Eminence, à son
« sacré conseil et à Messieurs de la Vénérable Langue d'Auver-
« gne, les avoir examinées et trouvées bonnes et valables suivant
« leurs us et coutumes. Cet acte signé : le chevalier de Saint-
« Georges, le chevalier de Jumilhac, et plus bas, F. A. Severt,
« sous-secrétaire, et scellé.

« Ledit Marcelin de Marcelanges a depuis fait ses caravanes en
« l'année 1686 ; il estoit avec le battalion de Malthe au siège de
« Navarrin de Modon, et de Napoli de Romanie, et en 1687, il
« estoit au siège de Castelnove situé dans la Dalmatie, dans le
« le golphe de Venise, entre la République de Raguse et la ville
« de Cattaro, et y fut blessé d'un coup de mousquet dans l'es-
« paule droicte, en attaquant les retranchemens des ennemis.
« M. le Commandeur de Meschatin commandoit le battalion de
« Malthe, sous le commandement de M. d'Herbestein, général
« des galères de Malthe, et M. de Cornaro estant généralissime de
« l'armée vénitienne. (1) »

---

(1) Nouveau d'Hozier, vol. 410, p. 93 et 95.

J'ignore la date et le lieu de décès dudit Marcelin de Marcelanges (1).

3° Jacques de Marcelanges, bénédictin, prieur de Chantenay, né à Moulins, chez ses grands-parents maternels, le 27 janvier 1670 (2). En 1700, il fut parrain, à Vicq, d'un des enfants de son frère aîné Esmé. Je pense que c'est à lui que fait allusion Dom Jacques Boyer, religieux bénédictin de Saint-Maur, quand, dans la relation de son voyage dans les diocèses de Clermont, Bourges et Autun, il écrit ceci : « 1711, 18 mars.... Après dîner, je fus par « monts et par vaux coucher à Menat, ou M. de Thianges qui en « est Prieur, me reçut parfaitement bien... Nous fîmes une colla- « tion magnifique en communauté. M. d'Arson de Marcellanges « en est dépositaire ; *il a aussi un frère qui a beaucoup de reli-* « *gion...* » (*Journal de Voyage de Dom Jacques Boyer*, publié par Ant. Vernière ; Clermont-Ferrand, 1886.)

4° Louis de Marcelanges, né à Moulins, baptisé le 7 février 1671, dans l'église Saint-Jean de cette ville (3). Capitaine d'infanterie, il porta le nom de chevalier de Vaudot. Vers 1700, il se retira chez son frère Esmé, à Arçon, où il fut en 1702 le parrain de sa fille Blanche-Marie. Le 18 novembre 1704, il épousa à Vicq, Marguerite de Girard, veuve de Jean d'Allemagne, sieur de la Colombière, habitant Aubiat (4).

5° Mathias de Marcelanges, capitaine d'infanterie, tué à la bataille de Malplaquet, en 1709.

6° Claude de Marcelanges, né au château d'Arçon et baptisé à Vicq, le 25 septembre 1673. Il entra dans les ordres et ses lettres de tonsure lui furent données le 6 mars 1693, par l'évêque de Cler-

-----

(1) Il ne faut pas confondre ledit Marcelin, avec son cousin du Nivernais, Antoine de Marcelanges, commandeur de l'ordre de Malte, qui fut nommé capitaine de galère en 1713.

(2) Baptisé le 28 janvier en l'église Saint-Jean, annexe de Saint-Bonnet de Moulins. Arch. de l'Allier, série E. suppl<sup>t</sup>, n° 705.

(3) Arch. de l'Allier, série E. suppl<sup>t</sup>, n° 705.

(4) Registres paroissiaux de Vicq : renseignement communiqué par M. l'abbé Dugay, curé de Vicq. — D'Allemagne, famille d'Auvergne ; armoiries : *de gueules, au chevron d'or accompagné de deux hermines d'argent en chef, et d'une palme de même en pointe.* Aux archives du Puy-de-Dôme (serie C. 1496), se trouve un arrêt du Conseil d'Etat du 26 juillet 1672, maintenant en leur noblesse François d'Allemaigne, s<sup>r</sup> de la Vernière, et Jean d'Allemaigne, s<sup>r</sup> de la Colombière, frères.

mont. En 1698, lors du mariage d'Esmé, son frère aîné, il est dit chanoine du Chapitre de Thiers, et, par le contrat dudit mariage, il institua son frère son seul et unique héritier. Le 14 août 1704, « il a été pourvu d'un canoniquat comté et prébende noble en « l'église de Brioude, vacant par la désertion de messire Jean-« Claude du Croc. » Le procès-verbal fut dressé par Hugues de Colonges, prévôt, Jean de la Richardie, Claude-Eymond du Chéry, Hugues de Pons de Talande, Joseph d'Ouradour d'Autezat, François du Croizet, Claude-Gaspard de la Richardie et Antoine de Rochefort d'Ally, tous chanoines comtes de Brioude. Les témoins déposant dans ce procès-verbal sont : Claude du Chéry, écuyer, s<sup>r</sup> de Champgaraud, âgé d'environ 56 ans ; Roch du Puy, écuyer, sg<sup>r</sup> de Rousson, âgé d'environ 32 ans ; Pierre de la Rocque, écuyer, âgé de 58 ans, et François de Mialet, écuyer, sg<sup>r</sup> de Chazelle, âgé de 33 ans. Le tout signé Crosmarie, secrétaire du chapitre (1).

Claude de Marcelanges a dû mourir à Brioude, dans le courant du XVIII<sup>e</sup> siècle.

7° Martin de Marcelanges, capucin.

8° Dominique de Marcelanges, capitaine d'infanterie, tué à la bataille de Cassano, en 1705.

9° Jean de Marcelanges, Page du Grand Maître de Malte, décédé à Moulins, le 25 avril 1681, et inhumé dais l'église Saint-Jean de cette ville.

10° Ignace de Marcelanges, bénédictin, Prieur de Saint-Germain-des-Fossés, de Bellenaves et d'Outray (2). Le 25 juin 1734, il assista dans le château de Pontlung, paroisse d'Ygrande, au contrat de mariage de son neveu Louis de Marcelanges avec d<sup>lle</sup> Marie-Charlotte de Bron, comme fondé de la procuration de son frère aîné, Esmé de Marcelanges, père du futur : cette procuration donnée le 18 juin 1734, au château d'Arçon, et reçue par Martinet et Juge, notaires royaux en la ville d'Ebreuil. Il fut également présent à la cérémonie religieuse célébrée dans l'église d'Ygrande et signa sur les registres paroissiaux. Dom Ignace de

_______

(1) Carrés d'Hozier, vol. 410.

(2) Il était né à Moulins, le 28 mai 1681, et fut baptisé le lendemain, en l'église Saint-Jean (Arch. de l'Allier, série E. suppl., 708).

Marcelanges résidait tantôt à Saint-Germain-des-Fossés, tantôt à Bellenaves, où, le 19 décembre 1740, il fut parrain d'une cloche. Il mourut en 1764, à Saint-Germain-des-Fossés : son corps repose dans le chœur de l'église.

11° Julienne de Marcellanges, née à Moulins, le 13 mars 1665, baptisée le 14 dans l'église Saint-Jean.

12° Marthe de Marcellanges, née à Moulins, baptisée le 11 mars 1666 en l'église Saint-Jean : religieuse à Charroux.

13° Jeanne de Marcellanges, religieuse à La Ferté.

14° Marie de Marcellanges, religieuse à La Vaudieu.

15° Madeleine de Marcellanges, née le 3 février 1675, au château d'Arçon, baptisée le 4 février, dans l'église de Vicq. Elle fit ses preuves de noblesse pour entrer à Saint-Cyr le 28 août 1686, et elle y est morte le 5 mars 1689.

16° Procule de Marcellanges, née au château d'Arçon, le 27 janvier 1680, baptisée le 28, dans l'église de Vicq. Reçue à Saint-Cyr, comme sa sœur Madeleine, elle en était sortie en 1704. Elle mourut sans alliance avant le 25 juin 1734, date du mariage de son neveu Louis de Marcelanges, qui était son légataire universel. (Voir plus loin à cette date).

Madeleine de Saint-Hilaire, mère de tous ces enfants, mourut en 1682 ou 1683, et « par sentence rendue le dernier Décembre « 1683, Henry Bollacre, c<sup>ller</sup> du Roy, lieutenant général enques- « teur et commissaire examinateur en la sénéchaussée de Bour- « bonnois et siège présidial de Moulins, confirma Louis de Mar- « sellange, écuyer, sieur d'Arson, en la charge de tuteur légi- « time des enfans mineurs qu'il avait eu de son mariage avec « dame Madelène de St-Hillaire, sa femme, alors décédée. Et « ce, de l'avis de Jacques Eléonore d'Alexandre de Roussat, « écuyer, sieur de Dandelot, de Jean Le Bel, écuyer, sieur de la « Vauvre, et de Marcelin de Salvert, écuyer, sg<sup>r</sup> du Lut, parens « paternels des dits mineurs, *n'y en ayant aucun autre dans la* « *province du côté paternel* (1) ; d'Esmé de S<sup>t</sup> Hillaire, écuyer, « sg<sup>r</sup> dudit lieu ; d'Antoine de S<sup>t</sup> Hillaire, écuyer, sg<sup>r</sup> de la Salle; « de Louis de S<sup>t</sup> Hillaire, écuyer, s<sup>r</sup> de Maltaverne, et de Hen-

---

(1) Donc les Barrin n'avaient aucune parenté avec le Laudan d'Arçon, ce qui confirme ma précédente note.

« ry-Robert Mareschal, écuyer, s<sup>r</sup> de Franchesse, parens mater-
« nels desdits mineurs. (Carrés d'Hozier, vol. 410.)

Louis de Marcelange, écuyer, sg<sup>r</sup> d'Arçon, fut maintenu dans
sa noblesse par jugement de M. Le Vayer, Intendant du Bourbonnais, du 9 avril 1698, sur le vu de celui de M. d'Herbigny. Il
mourut en 1721, âgé d'environ 88 ans. Son successeur comme
seigneur d'Arçon a été son fils aîné Esmé.

Esmé, Aimé ou Edmé de Marcelanges (on trouve son prénom
écrit de ces trois manières), naquit à Arçon le 23 août 1662, et
fut baptisé le 28 dans l'église Saint-Maurice de Vicq.

En 1681, le 31 juillet, il est parrain d'un de ses petits cousins,
Aimé de Saint-Hilaire, fils d'autre Aimé et de Françoise-Louise
de Reugny ; la marraine était sa sœur, Marthe de Marcelanges (1).

Il fut nommé Lieutenant au régiment de Champagne, le 22
mai 1684 ; mais le 24 juillet de la même année, il passait avec
son grade au régiment d'infanterie de La Fère (2), et le 23 mars
1687, il fut promu capitaine dans le même régiment. (Commission de capitaine d'une compagnie dans le régiment d'infanterie
de La Fère, vacante par l'abandonnement du capitaine Spretz,
donnée par Sa Majesté à Versailles, le 23<sup>e</sup> mars 1687, à son cher
et bien amé le capitaine Marcelange, en considération de ses
services. Cette commission signée Louis, et plus bas : Par le
Roy, Le Tellier, et scellée. — Carrés d'Hozier, vol. 410.)

Le 10 mars 1691, il devient Lieutenant en la C<sup>ie</sup> Colonelle dudit régiment, et le 12 octobre 1694, il est nommé Major du rég<sup>t</sup>
de La Fère (3).

Esmé de Marcelanges épousa le 30 septembre 1698, en la chapelle du château de Fourchaud, Marie-Catherine Moretz, fille
de feu Charles Moretz, conseiller du Roy, Elu en l'élection de
Senlis, et de Catherine Guénaud (sic) (4). Le contrat avait été
signé la veille au château de Fourchaud, où la fiancée habitait

---

(1) Registres paroissiaux de Saint-Hilaire, Archives de l'Allier, série E.
suppl., 55.
(2) Chérin, vol. 129.
(3) Chérin, vol. 129.
(4) Registres paroissiaux de la commune de Besson : Archives de l'Allier,
série E. supplément.

une partie de l'année, chez sa sœur aînée, Blanche Moretz, mariée en 1683 à Gilbert Hugon, écuyer, sg<sup>r</sup> de Fourchaud. Il fut rédigé par Clerc, notaire royal à Moulins, en présence de Marcelin de Salvert, écuyer, sg<sup>r</sup> du Lut et de la Mothe d'Arçon, et de Louis Renaud, s<sup>r</sup> des Brandons.

Ce contrat nous renseigne sur la fortune de d<sup>lle</sup> Marie-Catherine Moretz (1) ; la future « procédant sous l'autorité de noble « Jean Faulconnier, c<sup>ller</sup> du Roy et son avocat en la sénéchaus-« sée de Bourbonnois et siège présidial de Moulins, en vertu de « la procuration de ladite date Guénot (sic), sa mère, passée de-« vant Guérin et de Saint-Leu, notaires audit Senlis, le 12 juin « précédent ; la future et ledit s<sup>r</sup> Faulconnier étant alors au châ-« teau de Fourchaud, paroisse de Besson. La future se constitue « tous les biens qui lui étaient échus par les donations qui lui « avaient été faites par les Sieur et Dame Guénot, ses oncle et « tante, ensemble la somme de 1.500 livres par elle reçue comp-« tant de Gilbert Hugon, écuyer, sg<sup>r</sup> dudit Fourchaud, pour de-« meurer quitte envers ladite future de sa part des sommes re-« çues par ledit sieur de Fourchaud en déduction de ce qui était « dû à ladite future par les Religieux de la Communauté de S<sup>t</sup> « Nicolas d'Assy-les-Senlis, ainsi qu'à ses sœurs, à cause de la « donation qui leur avait été faite par leurs dits oncle et tante ; « desquels biens ensemble des sommes de 10.000 livres d'une « part et 1.980 livres d'autre part, le tiers devait entrer dans la « communauté.

« Et en faveur de ce mariage, ledit s<sup>r</sup> Faulconnier, en vertu « de ladite procuration de ladite dame Guénot, institue ladite « future héritière de tous les biens de la dame sa mère, con-« jointement et par égale portion avec dame Blanche Moretz, « épouse dudit s<sup>r</sup> de Fourchaud, et damoiselles Charlotte et Hé-« lène Moretz, ses sœurs. Plus ledit s<sup>r</sup> Faulconnier comme « fondé de la procurfation de m<sup>re</sup> Jean Guénot, prestre, curé de « l'église de Charonne, oncle de la future, passée devant de « Beauvais et son confrère, notaires à Paris, le 17 juillet précé-« dent, donne à ladite future, par donation entre vifs, la somme

_______________

(1) Moretz : *d'azur, à une bande d'argent.* (Cab. d'Hozier, vol. 225 et manuscrit français 32,108.)

« de 110 livres d'augmentation de gages, avec le principal de
« 1.980 livres, payés par ledit s^r Guénot curé, en l'acquit dudit
« feu s^r Moretz, père d'icelle future, lequel était obligé de le-
« ver lesdits gages à cause de son dit état et office d'Elu, en
« exécution de l'édit du mois de novembre 1689...

« Plus ledit s^r Faulconnier, au nom de dame Elisabeth Gué-
« not, demeurant à Paris, en sa maison rue de Richelieu, pa-
« roisse S^t Eustache, veuve de M^re Pierre Hugon, chevalier,
« sg^r de Givry et de Pousy, Ecuyer de Sa Majesté et Maître
« d'Hotel ordinaire de feue Madame la Dauphine, en vertu de
« sa procuration passée devant ledit de Beauvais et son con-
« frère, notaires à Paris, le 20 dudit mois de juillet précédent,
« fait donation entre vifs à ladite future, sa nièce, de la somme
« de 10.000 livres.

« En même faveur de ce mariage, Messire Louis de Marce-
« langes, chevalier, sg^r d'Arçon et de Vaudot, donne par do-
« nation entre vifs audit futur, son fils aîné, ses terres et sei-
« gneuries d'Arson et de Vaudot, comme aussi tous ses autres
« biens meubles et immeubles, à la charge par le futur de payer
« à chacun de ses frères et sœurs leur droit de légitime sur les-
« dits biens, et aussi à chacun d'eux la somme de 1.150 livres
« à quoy se montaient leurs droits successifs maternels, distrac-
« tion faite des sommes qui avaient été payées par ledit sg^r de
« Marcelange père, tant pour l'établissement de ses filles dans
« des communatutés religieuses, que pour les frais faits pour le
« droit de passage du sieur Marcelin de Marcelange, son fils,
« chevalier de l'Ordre de Saint-Jean de Jérusalem ; et en outre
« de payer, après le décès de son dit père, 150 livres de pension
« viagère audit s^r chevalier, laquelle demeureroit éteinte lors-
« qu'il serait pourvu d'une commanderie ; comme aussi de con-
« tinuer les pensions qui avaient été constituées à ses frères et
« sœurs religieux, et de payer encore au s^r Barrin, commandant
« du rég^t de la milice, la somme de mille livres en l'acquit dudit
« s^r de Marcelange, son père, lequel fait cession à son dit fils
« de la somme de 2.000 livres qui restait à payer par le sg^r de
« Sainct Hilaire de celle de 15.000 livres qui avait été constituée
« en dot à ladite défunte dame Madelène de Sainct-Hilaire, sa
« mère.

« Et M^re Claude de Marcelange, chanoine du chapitre de
« Thiers, frère du futur, institue icelui futur, son seul et uni-
« versel héritier de tous ses biens et par exprès de tous ceux qui
« lui étaient échus par le décès de ladite dame de S^t Hilaire, leur
« mère ; au moyen de quoi ledit futur demeurait déchargé du
« payement de la susdite somme de 1.150 livres, à laquelle
« avait été fixée sa portion héréditaire. » (Carrés d'Hozier, vol.
410.)

(Suivent les procurations.)

Voici donc Edmé (ou Esmé) de Marcelanges marié à Marie-
Catherine Moretz. Par son contrat de mariage, son père lui
ayant donné les seigneuries d'Arçon et de Vaudot, il en rendit
l'hommage au Roi en la Chambre du Domaine du Bourbonnais,
à Moulins, le 21 août 1699, entre les mains de Jacques Vernin,
c^ller du Roy, Premier Conseiller et Commissaire examinateur en
la Chambre du Domaine du Bourbonnais, Lieutenant particulier criminel et assesseur civil en la sénéchaussée de Bourbonnais et siègle présidial de Moulins. L'acte indique que lesdites
seigneuries sont situées en la paroisse de Vicq et mouvantes en
fief de Sa Majesté à cause de son duché de Bourbonnais, chatellenie de Chantelle : « pour raison desquelles il désiroit faire
« la foy et hommage : nous requiert le vouloir recevoir à faire
« icelle ; adhérant à laquelle réquisition, assisté du Procureur du
« et de nostre greffier, nous nous sommes avec ledit seigneur de
« Marcelanges transporté au devant de la grande et principalle
« porte du chasteau de ceste ville de Moulins, principal manoir
« de Sa Majesté en ce Duché de Bourbonnois, où estant, ledit
« seigneur de Marcelange ayant posé son espée et ésperons,
« teste nue et à genoux, a baisé le verrouil de ladite porte en
« signe de foy et hommage, telle que la doibt le vassal à son
« seigneur, promis et juré par serment presté de ne faire faux
« aveu et de garder les articles de fidélité tant anciens que nou-
« veaux, dont nous avons donné acte : et ce requérant le Procu-
« reur du Roy, ordonnons que ledit seigneur de Marcelanges
« fournira son dénombrement dans le temps de la coutume. Et
« a signé avec nous, le Procureur du Roy et nostre greffier :

« Marselange Darson, Vernin, Alaroze, Procureur du Roy, De-
« gobertière, greffier. » (1).

En conséquence, le 11 mai 1700, Edme de Marcelanges fit
l'aveu et le dénombrement de ses seigneuries d'Arçon et de
Vaudot :

« Premièrement : La maison et seigneurie noble d'Arson con-
« cistant en deux corps de logis tous batis de pierre, couverts à
« thuille, avec ses cuvages, boulangerie, escurie, caves, greniers,
« double court, courtillages, chapelle, avec la basse-court, gran-
« ges, vacheries, colombier, garesne. Avec la justice haute
« moyenne et basse sur icelle seigneurie tout ainsy qu'elle se
« conciste et comporte, et tout ainsy que ladite justice a esté
« acquize par François de Laudant, escuyer, seigneur d'Arson,
« avec ses charois de courvées que tailles focales, ensemble les
« devoirs de cens dans l'enclos de ladite justice qui se com-
« mence au ponteix (2) et du ponteix au long du ruisseau de la
« Veausse jusques à une haye faisant limitte entre le pré dudit
« sieur d'Arsson et celluy du sieur du Chastelard, appelé le pré
« Dimanche, tirant tout au long de ladite haye et les prés dudit
« sieur ci-dessus nommé, dans laquelle haye de plant vif y a plu-
« sieurs arbres, et de ladite haye au grand chemin tendant d'Es-
« breulle à Charroux et lequel chemin joint au marest du jon-
« chier (3), ledit chemin montant jusques au Vic qui va de Lafont
« grandpessaire au caré de la grange de la mestairie du sieur de
« Rochefort à la voye appellée la voye de Champagne tirant dans
« le territoire du champ des quartiers, et dilec allant au tertre des
« petits Bouix (4) et à la terre de Magdeleine Chevaline, femme
« de Guillaume Gast de Naves, et dudit tertre des petits Bouix
« au tertre de la chastellène, tirant de long en long aux terres
« dudit sieur d'Arson devers le territoire des quartiers et joint
« aux terres de Louis Mandet, Martin Quarte, les héritiers Henry
« Brissot, Jacques Royet, Blaise Quarte et dudit sieur d'Arson,
« lesquelles terres sont dans le territoire du champ Mazerier jus-
« tice dudit Rochefort et au tertre du court charrot, au-dessous

(1) Archives Nationales. Série P. 475⁶, p. 249.
(2) Ponteix ou Pontet = petit pont.
(3) Jonchiers = endroit couvert de joncs.
(4) Bouix ou Bouis, buis.

« duquel tertre y a un gros noyer, au grand chemin vis-à-vis du-
« dit tertre à la Veausse et au ponteix ; laquelle justice susditte
« a été acquize de Pierre Charetier, escuyer, sieur de Rouvi-
« gnac, baron de Rochefort, le vingt huit septembre MV$^c$ vingt
« trois (1623), par devant Gilbert de Laire et Gilbert Rouher no-
« taires royaux : de laquelle justice la foy et hommage a esté ren-
« due au Roy nostre Sire par François de Laudant, escuyer, sg$^r$
« d'Arsson, ensemble de tous droits qui dépendant d'icelle, soit
« charois courvées que taille focalle et de certains debvoirs de
« cens acquis avec ladite justice le dix huit mars MV$^c$ vingt qua-
« tre, le tout dans la paroisse de Vic. Dans l'enclos de la sus-
« dite justice est scittuée la maison noble d'Arsson susdite, avec
« ses appartenances et dépendances y desnommées, contenant
« deux septerées de terre ou environ, joignant de soleil levant
« les places dudit Arsson, de midy la petite garesne cy après
« confinée, de soleil couché par la grande garesne, et de nuit
« une terre appelée La Champagne : plus une vigne contenant
« soixante œuvres de vigne ou environ, joignant la grande ga-
« resne de lad. seigneurie d'Arson de soleil levé, de midy joi-
« gnant la terre appelée du fié appartenant audit seigneur, de
« soleil couché les vignes de Pierre Dubois une haye entre deux,
« et du côté va du village d'Arson à Vic : dans laquelle vigne
« le dixme appartient entièrement audit seigneur, d'Arson.

« Plus le grand domaine d'Arsson concistant en maison,
« grange, vacherie, establerie, court, courtillage, le tout couvert
« à thuile, environné de murailles, jardin, chenevière, contenant
« en tout six quartellées ou environ, joignant de soleil levé la
« maison des mineurs de Gaspart Quarte, de midy le chemin qui
« va du village d'Arson à Vic, et de toutes autres parts les ter-
« res de Champagne appartenant audit seigneur d'Arsson.

« Plus lesdites terres de Champagne contenant soixante sep-
« terées ou environ, joignant de soleil levé la mestérie susdite,
« de midy le chemin tendant d'Arsson à Vic, de nuit les terres
« de M$^{re}$ Etienne Guérinon, d'autre part les terres dudit seigneur,
« desquelles terres le dixme appartient audit seigneur à cause
« de sa seigneurie d'Arsson.

« Plus les cens et devoirs seigneuriaux à lui dehuz en vertu
« de son terrier par vertu de commission de Sa Majesté du trois

« avril 1628, donnée à Paris, signée par le Conseil, de Longueil,
« et scellée aux armes du Roy en cire jaune. »

Pour abréger, nous nous contenterons de donner les noms des
principaux censitaires :

1° Au village d'Arson : Pierre Rouher, Michel Quarte, Anne
Baudoux, veuve de Michel Faure, Jacques Rouher, Michel Faure,
Antoine et Pierre Chanselme (1), Noël Chanselme, Pierre Dubois
et Peyronnet ;

2° Au village des Radurons : François Chanselme, Chastillon,
et Jeanne Cuissard veuve de feu Gervais Chanselme ;

3° Au village de Gravière, paroisse de Vicq : Georges Boisset,
Louis Boisset, Pierre Chanselme, Michel Bazol, Martin Roy ;

4° Aux villages des Sénaret et des Barriots, paroisse de Vicq :
Antoine Peyronnet tonnelier, Blaise Buvat, Jean Lante ;

5° Au village des Guérignons, paroisse de Vicq : Antoine
Guérignon ;

6° Au village du Luc, paroisse de Vicq : Antoine Pègues, Antoine Coulon, fils à Gaspard François Coulon ;

7° Au village de Chamboirat, paroisse d'Ebreuil : Annet Re-
verdon, Antoine Roux et Claude Dubreuil ;

8° A Ebreuil : Michel Courtin, Pierre Périer, Gilbert Baudoux,
charpentier, Peyronnelle Rabusson ;

9° Au Village du Murat, paroisse de Sussat : Paul Fleury,
Paul, Henri et Jean Langel ;

10° à Sussat : François Dubanay, dit Tavelle.

A la suite de ce dénombrement d'Arçon se trouve celui de la
seigneurie de Veaudot :

« Premièrement la maison et lieu noble de Veaudot concistant
« en maison deux chambres basses, deux chambres hautes, cave,
« grenier, le tout couvert à thuile, grange, cuvage, establerie,
« cour, courtillage, colombier, jardin, chenevière, le tout joignant
« et tenant avec une pièce de terre appellée le mas de Veaudot,
« contenant le tout ensemble cinquante septerées de terre ou

---

(1) Nous pouvons suivre la déformation de ce nom propre à travers les
âges : il est orthographié Chanceaulme en 1449, dans l'aveu de Guillaume
d'Arçon ; il est devenu Chanselme en 1700, et de nos jours il s'écrit San-
celme. — De même le nom de Quarte s'écrit actuellement Carte.

« environ, le tout de la paroisse de Vic, joignant de soleil levé
« le grand chemin tendant de Chantelle à Esbreulle, de midy le
« chemin tendant de Charroux à Gravière.

« Plus un moulin appellé communément le moulin de Veaudot
« avec bief, arrière bief, avec le jardin et deux chenevières con-
« tenant en tout deux cepterées de terre ou environ, joignant
« d'Orient au chemin d'Arson, de midy à une terre appelée
« Champ Gazet cy après confinée appartenant aud. seigneur,
« de soleil couché et nuit au marest appellé marest de Vic.

« Plus une pièce de terre appellée Champ Gazet contenant
« huit septcrées de terre ou environ, joignant de soleil levé la
« rivière de Veausse, de midy le marest appelé Gihaume, de
« soleil couché et de nuit le marest de Vic.

« Plus une autre pièce de terre appellée Torquandon conte-
« nant dix septerées de terre ou environ, joignant de soleil levé
« le grand chemin de Chantelle à Esbreulle, de midy la rivière
« de la Veausse, de soleil couché lad. rivière et de nuit le quart
« de Saux.

« Plus un dixme appellé communément le dixme de Veaudot
« qui se lève dans la paroisse de Vic et partie dans la paroisse
« de Sussat, et dans un quanton de la justice de Rochefort, le-
« quel dixme se partage avec le seigneur Abbé d'Esbreulle et
« peut valoir par communes années quarante cinq sestiers de
« bled, my partis à la part dudit seigneur d'Arson, mesure d'Es-
« breulle, tenant le chemin commun d'Esbreulle à Chantelle de
« jour et partie de midy, un autre grand chemin allant de Cha-
« roux à Vermat (1), de Vermat aux Bariaux (2) à la pierre Saint-
« Denis, d'icelle au village des Robins, aux Morissardes (3) et
« de là au vinoble des Graves, de nuit, et des Graves aux prey-
« nards à une fontaine appellée la fontaine du poinsson.

« Fait au chasteau d'Arson le unze may mil sept cent, après
« midy.

Signé : « Edmé de Marselange d'Arson, Juge, notaire royal,
Dubosquet, notaire. » (4).

---

(1) Actuellement Vroumat, hameau de la commune de Vicq.
(2) Les Barriaux, hameau de la commune de Vicq.
(3) Probablement les Moulissards, hameau de la commune de Vicq.
(4) Arch. Nationales, série P. 475⁶, nᵒˢ 279 et 280.

Grâce à ces deux dénombrements conservés aux Archives Nationales, dans la série P, nous savons très exactement de quoi se composaient ces deux seigneuries d'Arçon et de Veaudot.

Mais le fief de Vaudot relevait de la baronie de Veauce (1) : en 1705, Edmé de Marcelanges refusant de rendre foi et hommage au baron de Veauce, celui-ci l'assigna devant la Chambre du Domaine du Bourbonnais pour l'obliger à remplir ce devoir envers lui : le 3 septembre 1705, la Chambre rendit une sentence contradictoire, déclarant que le fief de Vaudot relèvait immédiatement de la baronie de Veauce, et il s'ensuivit qu'Edmé de Marcelanges rendit ce devoir (2).

Aussi, dans l'hommage fait au Roi (à cause de son avènement à la couronne), au château de Moulins le 19 février 1717, entre les mains de Claude Guérin, écuyer, sg$^r$ de Chermon, conseiller du Roi, Président et Lieutenant général en la Chambre du Domaine du Bourbonnais, Edmé de Marcelange ne parle plus que du fief et de la seigneurie du village d'Arçon, situé en la paroisse de Vicq, et mouvant de Sa Majesté à cause de son Duché de Bourbonnais, châtellenie de Chantelle : cet hommage signé Guérin de Chermon, Alaroze, Marselange d'Arson et Guichard. (Carrés d'Hozier, vol. 410.)

Esmé de Marcelanges et Marie-Catherine Moretz eurent dix enfants, mais quatre moururent très jeunes ; ces dix enfants sont :

1$^o$ Louis de Marcelanges, né en 1699, qui continuera la lignée des seigneurs d'Arçon ;

2$^o$ Jacques (II) de Marcelanges, né et baptisé à Vicq en 1700 : le parrain fut son oncle paternel Jacques de Marcelanges, Prieur

--------

(1) Archives de l'Allier, B. 747.

(2) Je ne fais que reproduire ici un passage de l'*Histoire de la baronnie de Veauce*, par M. PEIGUES ; la même phrase se trouve dans la Généalogie de la maison de Cadier de Veauce (*Revue historique de la noblesse*, par DE MARTRES, Paris, 1847). — Dans son *Histoire de la baronnie de Veauce*, M. Peigues dit encore qu'en 1699, « Edme de Marcelanges, écuyer, sg$^r$ d'Ar-« çon et de Vaudot, produisit un mémoire dans un procès qu'il intenta à « l'abbé d'Ebreuil au sujet de dimes que celui-ci refusait de lui livrer ; il y « relate des aveux et dénombrements donnés pour ces mêmes dimes au « baron de Veauce. » M. Peigues ne nous donnant aucune référence, je n'ai pu contrôler ces faits, et voir de quelles dimes il s'agissait.

de Chantenay (1). Ce Jacques (II) de Marcelanges dût mourir en bas-âge ;

3° Joseph de Marcelanges ; il ne vivait plus en 1734, quand son frère Louis s'est marié : il ne nous est connu que par une note du cabinet de d'Hozier, vol. 225.

4° Blanche Marie de Marcelanges, baptisée à Vicq le 16 mars 1702 ; le parrain fut son oncle paternel Louis de Marcelanges de Vaudot, et sa marraine sa tante maternelle Blanche Marie Moretz (2) ; je ne sais qu'elle fut la destinée de cette Blanche Marie.

5° Claude de Marcelanges. De même que son frère Joseph, il ne nous est connu que par une note du cabinet de d'Hozier (vol. 225) : il ne vivait plus en 1734, lors du mariage de Louis, son frère aîné.

6° Esmé de Marcelanges. En 1734, il était lieutenant au régiment de Picardie ; par le contrat de mariage de son frère Louis, il lui est attribué un apanage de 6.000 livres ; j'ignore la date de sa mort.

7° Ignace (II) de Marcelanges, bénédictin. En 1734, lors du mariage de son frère Louis, il est indiqué comme étant alors chantre de l'abbaye de Menat, et ses parents lui constituèrent une rente annuelle de 200 livres, jusqu'à ce qu'il fut pourvu d'un autre bénéfice de même valeur. Quelques années plus tard, son oncle Dom Ignace (Ier) de Marcelange, sgr Prieur de Saint-Germain-des-Fossés, de Bellenaves et d'Outray, obtint qu'il fut désigné pour lui succéder dans les prieurés de Saint-Germain-des-Fossés et de Bellenaves. Dom Ignace II quitta alors l'abbaye de Menat et vint habiter à Bellenaves. Le 3 décembre 1759, à l'ouverture du jubilé accordé par Clément XIII, à l'occasion de son avènement au trône pontifical, Dom Ignace célébra la messe dans l'église de Bellenaves. Le 26 avril 1761, il assista au mariage de maître Gilbert Rouher et de Françoise de Laplanche, et le 30 janvier 1762, il fut le parrain d'Ignace Charles Rouher,

-------

(1) Registres parois. de Vicq ; note communiquée par M. l'abbé Dugay, curé de Vicq.

(2) Reg. parois. de Vicq ; note communiquée par M. l'abbé Dugay, curé de Vicq.

fils des précédents, avec pour marraine sa belle-sœur M^{me} Charlotte-Marie de Bron, veuve de Louis de Marcelanges, sg^r d'Arçon, son frère aîné. Le 28 février 1764, il est présent au mariage d'Ignace de Laplanche avec Françoise Mazerolles ; le 12 août 1766, il est parrain d'une cloche à Bellenaves, et la marraine est encore sa belle-sœur Charlotte-Marie de Bron. Enfin, le 20 novembre 1769, il signait à Cusset au contrat de mariage de Messire Jean-Baptiste Chardon du Thermeau, inspecteur général des domaines du Roi en la généralité de Moulins, avec demoiselle Antoinette du Saray (1). Dans tous ces actes, il est qualifié d'Abbé Seigneur Prieur de Saint-Germain-des-Fossés et de Bellenaves.

Dom Ignace II de Marcelanges mourut à Saint-Germain-des-Fossés en 1790 ; il a été enterré dans le cimetière de la paroisse (2).

8° Marcelin de Marcelanges, né en 1709. Lors du contrat de mariage de son frère aîné Louis, il reçut comme son frère Esmé un apanage de 6.000 livres. Plus tard, le 20 septembre 1756, quand son neveu Edme-Philippe de Marcelanges épousa M^{lle} du Ligondès, son frère aîné Louis, père du futur, imposa à ce dernier « de nourrir, entretenir et faire servir Messire Marcelin de « Marcelange, son oncle, frère dudit sg^r son père, jusqu'à son « décès ». Marcelin de Marcelanges mourut le 22 avril 1769, âgé de 60 ans (3).

9° Pierre de Marcelanges né en 1713. Avec ses frères Esmé et Marcellin, il est mentionné dans le contrat de son frère Louis, et, comme eux, il reçut un apanage de 6.000 livres. Ainsi que son frère Esmé, il servit dans le régiment de Picardie, et y devint capitaine ; mais probablement à la suite de blessures, il quitta le service pendant la guerre de Sept Ans et se retira auprès de son frère à Arçon. Le 15 mars 1745, il y eut un accord entre Messire Louis de Marcelanges, chevalier, seigneur d'Arçon, fils et héritier institué de défunt Messire Esmé de Marcelanges et de dame Marie-Catherine Moretz, ses père et mère, demeurant en son

---

(1) Voir sur ce mariage l'article de M. Ph. Tiersonnier, dans le *Bulletin de la Société d'Emulation du Bourbonnais*, nouvelle série, tome V, 1897.

(2) *Le Pèlerinage de Notre-Dame de Saint-Germain-des-Fossés*, par le chanoine BRILLAUD. (Moulins, 1878.)

(3) Renseignement communiqué par M. l'abbé Dugay, curé de Vicq.

château d'Arçon, paroisse de Vicq, et Messire Pierre de Marcelanges, chevalier, capitaine au régiment de Picardie, son frère germain, étant alors audit château d'Arçon ; par lequel accord ledit Pierre de Marcelanges, moyennant 300 livres de pension viagère, se départ au profit dudit Louis de Marcelanges, son frère aîné, de tout le droit de légitime à lui faite par ledit S' Esmé de Marcelanges et ladite dame Moretz, ses père et mère, dans le contrat de mariage dudit Louis de Marcelanges avec dame Marie-Charlotte de Bron, devant Fallier, notaire royal à Bourbon-l'Archambault. Cet acte passé au château dudit Arçon, en présence de Messire Antoine Marien de Lhospital, écuyer, sg' de la Baume, et de M⁰ Gilbert de Neufville, châtelain du Chastelard, habitants de la ville d'Ebreuil, et reçu par Martinet notaire royal, fut insinué audit Ebreuil le 15 mai suivant. (Carrés d'Hozier, vol. 410.)

Trois ans après, en 1748, Pierre de Marcelanges, âgé de 35 ans, ancien capitaine dans le régiment de Picardie, décédait au château d'Arçon ; il fut inhumé dans la chapelle Saint-Jean de l'église de Vicq (1).

10° Procule de Marcelanges, née en 1705, religieuse professe au monastère de Notre-Dame de Gannat.

Louis de Marcelanges d'Arçon, l'aîné de ces dix enfants, et qui deviendra plus tard seigneur d'Arçon, a été baptisé à Vicq, le 27 juin 1699 (2). Au mois d'avril 1716, il fut reçu Page de la Grande Ecurie du Roi, sous le commandement du comte d'Armagmagnac, grand Ecuyer de France.

Par contrat en date du 25 juin 1734, il épousa Marie-Charlotte de Bron (3) ; voici cet acte auquel nous avons fait souvent allusion dans les pages précédentes :

« Contrat de mariage de Messire Louis de Marselanges, cheva-

-------

(1) Renseignement fourni par M l'abbé Dugay, curé de Vicq.

(2) Son parrain fut messire Louis de Marcelanges d'Arson, son grand-père, et sa marraine, dame Elisabeth Quénot, veuve de M'⁰ Pierre Hugon, s' de Givry.

(3) De Bron : *d'or, à un chevron de gueules, accompagné de trois perroquets de sinople, 2 en chef et 1 en pointe.* (Bibl. Nat., manuscrit français, n° 32.993.

« lier, sg<sup>r</sup> d'Arson, fils aîné de Messire Edmé de Marselanges,
« chevalier, sg<sup>r</sup> dudit Arson et autres lieux, et de dame Marie-
« Catherine Moret, son épouse, demeurans en leur maison d'Ar-
« son, paroisse de Vic, province de Bourbonnais, assisté de Mes-
« sire Ignace de Marselange (1), prêtre, seigneur et Prieur de
« Saint Germain des Fossés, de Bellenaves et d'Outray, demeu-
« rant audit Saint Germain, et de Messire Charles de Trousse-
« bois, chevalier, sg<sup>r</sup> de Beaumont, le Breuil, Pringy et autres
« ses terres et seigneuries, demeurant en sa maison de Beau-
« mont, paroisse d'Agonges, comme fondés de procuration des
« dits seigneur et dame de Marselanges, passée le 18 juin 1734,
« devant Martinet et son confrère notaires royaux à Ebreuil ;
« accordé le 25 juin 1734 avec Marie-Charlotte de Bron, damoi-
« selle, fille de Messire Philippe de Bron, chevalier, sg<sup>r</sup> de Pon-
« lung, veuf de dame Jeanne-Marie Mercier, mère de ladite
« future demeurante avec son père en leur maison de Ponlung,
« paroisse d'Ygrande.

« En faveur duquel mariage, lesdits seigneurs de Marselanges,
« abbé, et de Troussebois, en vertu de ladite procuration, insti-
« tuent ledit futur seul et universel héritier de tous les biens
« desdits seigneur et dame d'Arson, ses père et mère, sous l'apa-
« nage qu'ils font à Messire Esmé de Marselange, leur second
« fils, lieutenant au régiment de Picardie, de la somme de 6.000
« livres ; comme aussi de payer, savoir : à Messire Marcelin de
« Marselange leur troisième fils, pareille somme de 6.000 livres ;
« à Messire Pierre de Marselanges, leur quatrième fils, sembla-
« ble somme de 6.000 livres ; à Ignace de Marselanges leur autre
« fils, chantre de l'abbaye de Menat, la somme de 200 livres
« de pension viagère, jusques à ce qu'il seroit pourvu d'un autre
« bénéfice de même valeur de 200 livres ; et à dame Procule
« de Marselange, religieuse professe au monastère de Notre-
« Dame de Gannat la somme de 60 livres aussi de pension via-
« gère pour acquitter le legs à elle fait par défunte damoiselle
« Procule de Marselange, sa tante, de laquelle ledit futur étoit
« donataire universel.

« Et en attendant la future succession du survivant de ses dits

---

(1) Dom Ignace 1<sup>er</sup> de Marcelanges, oncle du futur.

« père et mère, ils lui délaissent en toute propriété la terre et
« seigneurie de Saint-Miont, le domaine des Biquards (1) dépen-
« dant de la terre d'Arson. et le contrat de constitution de rente
« de 3.000 livres de principal dûe par Antoine Mosnier Chap-
« pelle bourgeois de la paroisse de Saint-Gal ; lesdits immeubles
« cy-dessus délaissés situés ès paroisses de St Miont et Ebreuilles.

« En même faveur de ce mariage, ledit seigneur de Bron ins-
« titue ladite future, sa fille, son héritière universelle ; et comme
« lesdits futurs devoient faire leur demeure en la compagnie du-
« dit sg[r] de Bron, il fut convenu, en cas d'incompatibilité, qu'il
« délaisseroit en toute propriété à sa dite fille cinq domaines si-
« tués ès paroisses d'Ygrande et Saint Plaisir à lui appartenant,
« appelés de la Croux, les deux de la Madelaine, Champ-Crix et
« le Cric, avec les dîxmes et terriers dépendant de ladite sei-
« gneurie de Ponlung (2).

« Ce contrat passé audit château de Ponlung, en présence de
« Messire Hercule de Ligondais, chevalier, sg[r] de Rochefort,
« lieutenant de cavalerie au régiment de Sassenage ; de Messire
« François de Bron, chevalier profès de l'Ordre de Saint-Jean
« de Jérusalem, oncle paternel de la future ; de Messire Gilbert
« de Bron, chevalier, sg[r] de la Grelière, son cousin-germain ; de
« Messire Charles-Mathias de Saire, chevalier, sg[r] de la Forest
« d'Ygrande; de messire Jacques de la Roche, chevalier, sg[r] de
« Gatelière, cousin germain de ladite future; de Mre Pierre Fey-
« deau, chevalier, sg[r] de Mirbaud et de Demoux, son oncle ; et
« Gilbert Farjonnel, écuyer, sg[r] de Moircelet, conseiller du Roy, et
« son Procureur en la sénéchaussée et siège présidial de Moulins,
« son cousin germain; demeurans lesdits témoins audit Rochefort,
« paroisse de Saint-Bonnet, à Moulins et à Ygrande, et devant
« Fallier, notaire royal en Bourbonnais, résidant en la ville de
« Bourbon-l'Archambault.

« Suit la procuration donnée le 18 juin 1734 au château d'Ar-
« son, et reçue par Martinet et Juge notaires royaux en la ville

---

(1) Ou des Bignards.

(2) Une étude sur Pontlung se trouve dans les *Annales Bourbonnaises*,
tome III, 1889.

« d'Ebreuille, restée en la puissance dudit Fallier, notaire
« royal (1). »

Le mariage religieux fut célébré le 26 juin en l'église d'Ygrande,
en présence du père de la future, de M$^{res}$ Ignace de Marcelanges, Pierre de Marcelanges, et des témoins nommés au contrat (2).

Après le décès de son père, Louis de Marcelanges obtint le
19 novembre 1746 des lettres de chancellerie pour faire établir
un nouveau terrier d'Arçon (3).

De son mariage avec Marie-Charlotte de Bron, il eut trois enfants :

1° Edme-Philippe, qui sera plus tard sg$^r$ d'Arçon ;

2° François de Marcelanges, né le 10 avril 1741, et baptisé le
13 avril à Ygrande ; il mourut le 10 août de la même année, et
fut inhumé dans la chapelle Saint-Jean de l'église d'Ygrande ;

3° François-Louis de Marcelanges, né le 30 juillet 1742, et
baptisé le 1$^{er}$ août en l'église d'Ygrande (4). Par le contrat de
mariage de son frère aîné, du 20 septembre 1756, il lui fut attribué une somme de 4.000 livres pour lui tenir lieu de sa légitime
paternelle et maternelle, ou s'il le préférait une pension viagère
de 400 livres. Je ne sais ce qu'advint par la suite ce François-
Louis de Marcelanges, et j'ignore la date de sa mort.

Louis de Marcelanges et Marie-Charlotte de Bron habitèrent
tantôt à Ponlung, paroisse d'Ygrande, tantôt à Arçon. Après le
mariage de leur fils aîné, laissant Arçon aux nouveaux époux,
ils se fixèrent à Bellenaves. Selon une note transmise par M.
l'abbé Dugay, curé de Vicq, leur maison serait celle occupée
dernièrement par l'école libre de Bellenaves. C'est là que mourut Louis de Marcelanges le 9 mars 1761, dans sa 62$^e$ année. Son
corps fut transporté à Vicq le lendemain pour y être inhumé
dans la chapelle Saint-Jean, tombeau de ses ancêtres, près de

---

(1) Carrés d'Hozier, vol. 410.

(2) Registres paroissiaux d'Ygrande ; Archives de l'Allier, série E. supplément.

(3) Chérin, vol. 129.

(4) Registres paroissiaux d'Ygrande ; Archives de l'Allier, série E supplément.

son frère Pierre qui y reposait déjà depuis 13 ans. Marie-Charlotte de Bron ne décéda qu'en 1780, âgée d'environ 65 ans.

Edme-Philippe de Marcelanges, leur fils aîné, naquit au château d'Arçon le 12 décembre 1737 ; il a été baptisé dans l'église de Vicq le 16 décembre. Son parrain fut Messire Philippe de Bron, son grand-père maternel, et sa marraine dame Marie-Catherine Moretz, dame dudit Arçon, sa grand'mère paternelle (1).

Suivant l'exemple de son père, il fit ses preuves au mois de mai 1752 pour être élevé Page du Roi dans la Grande Ecurie, sous le commandement du comte de Brionne, grand écuyer de France. Au sortir des Pages, il fut pourvu d'une lieutenance dans le régiment d'Escars-cavalerie, et le 20 septembre 1756, par contrat passé au château de Rochefort, il épousait M^lle Jeanne du Ligondès (2). Les Carrés de d'Hozier nous donnent le texte de cet acte :

« Du 20 septembre 1756, Contrat de mariage de Messire Edme-
« Philippe de Marcellange, chevalier, lieutenant au régiment
« d'Escars-Cavallerie, fils de Messire Louis de Marcellange, che-
« valier, sg^r d'Arçon, Vaudot, Ponlung, la Madelaine, et autres,
« ses places, demeurant en son château d'Arçon, paroisse de
« Vic, et de dame Marie-Charlotte de Bron, son épouse, ladite
« dame stipulante par M^re Ignace de Marcellange, sg^r Prieur de
« Saint Germain des Fossés, y demeurant, fondé de sa procura-
« tion passée devant Chartier, notaire en la ville de Charroux
« en Bourbonnois, le 30 juillet 1756 ; accordé le 20 septembre
« 1756 avec damoiselle Jeanne du Ligondès, dame du Mazeau
« et autres lieux, fille de défunt haut et puissant seigneur Claude-
« François du Ligondès, chevalier, sg^r de Rochefort, Rouzat,
« Montgon, Bègues et autres, ses places, chevalier de l'Ordre
« royal et militaire de Saint-Louis, lieutenant-colonel du régi-
« ment de Maugiron-Cavallerie (3), et de dame Antoinette du
« Ligondès, sa veuve, dame de la Garde, demeurante en son
« château de Rochefort, paroisse de Saint-Bonnet.

---

(1) Bibliothèque Nationale, manuscrit français, n° 32.108.

(2) Du Ligondès, sg^r de Rochefort ; armoiries : *d'azur, semé de molettes d'éperon d'or, au lion de même brochant sur le tout.* — Dans certains actes, M^lle du Ligondès porte les prénoms de Jeanne-Charlotte.

(3) Régiment de Maugiron cavalerie, ex régiment de Sassenage.

« En faveur duquel mariage les père et mère dudit futur l'ins-
« tituent leur seul et unique héritier de tous leurs biens présens
« et à venir, à la charge par ledit futur de payer à Claude-Fran-
« çois de Marcellange, leur fils puisné, son frère germain, la
« somme de 4.000 livres une fois payée, si mieux n'aimoit ledit
« Claude-Louis de Marcellange (1) recevoir de son dit frère qua-
« tre cent livres de rente viagère sa vie durant, pour luy tenir
« lieu de sa légitime paternelle et maternelle à laquelle ils le
« réduisent ; à la charge aussi par ledit futur de payer à chacun
« de ses dits père et mère une somme de 400 livres de pension
« viagère tant qu'ils trouveroient bon de faire leur demeure avec
« luy, et en cas d'incompatibilité, celle de 600 livres aussi via-
« gère. Après le décès desquels ledit Claude-Louis de Marcel-
« lange, s'il étoit en majorité, pourroit faire le choix ou des 4.000
« livres ou des 400 livres de pension viagère.

« A la charge aussi par ledit futur de nourrir et entretenir et
« faire servir Messire Marcelin de Marcellange, son oncle, frère
« dudit seigneur son père, jusqu'à son décès ; et sous la réserve
« par lesdits père et mère d'une somme de 10.000 livres.

« Et ladite damoiselle future, sous l'autorité de ladite dame
« sa mère, se constitue les biens à elle échus, à quelque titre que
« se puisse être, et ladite dame sa mère la dotte de tous ses
« biens et de la somme de 3.000 livres. Et attendu que sur les
« biens échus à ladite demoiselle future par le décès de son dit
« père, ladite dame sa mère avoit des droits, pour éviter toutes
« discussions à ce sujet, elle offre à ladite future sa fille de luy
« assurer pour une fois payée et sans retour, la somme de 5.000
« livres pour luy tenir lieu de sa part avec ses autres frères et
« sœurs de leurs biens paternels, aux conditions que laditte de-
« moiselle ne pourroit exiger les dits 5.000 livres de principal
« qu'après le décès de laditte dame sa mère, et six mois après
« l'établissement par mariage de Messire Gaspard du Ligondès,
« frère aîné de la ditte future.

« Et en outre la ditte future se constitue la somme de 3.000
« livres que luy devoit ledit seigneur Louis de Marcellange, père
« dudit futur.

---

(1) Dans cet acte, François-Louis de Marcellange est appelé soit Claude-
François, soit Claude-Louis.

« Ce contrat passé au château de Rochefort, paroisse de St-
« Bonnet, devant Poulain et ledit Chartier qui en retint la mi-
« nute, notaires royaux résidens en la ville de Charroux en
« Bourbonnois. En présence de haut et puissant seigneur Louis-
« Joseph, marquis d'Allaigre, prince d'Orange, Mestre de camp
« de cavallerie, ancien exempt des Gardes du Corps du Roy,
« Chevalier de l'Ordre royal et militaire de Saint-Louis, sg<sup>r</sup> de
« Barron, Villard, Villeneuve et autres lieux, oncle paternel de
« laditte damoiselle future, demeurant ordinairement à Paris ;
« de Messire Gilbert Michel, comte de Chouvigny de Blot, de-
« meurant en ladite paroisse de Saint-Bonnet de Rochefort, de
« Messire Jacques-François-Paul Aldonce de Sadde, abbé de
« l'abbaye royalle d'Esbreuille, Aumônier du Roy, demeurant
« en la ville et paroisse d'Esbreuille, et de Maistre Jacques de
« Laire, procureur d'office en la chastellenie de Saint-Bonnet
« de Rochefort (1). »

La cérémonie religieuse eut lieu le lendemain 21 septembre,
dans la chapelle du château de Rochefort, où le mariage fut
béni par Messire Jacques Guérignon, prêtre-chapelain de l'hôpi-
tal d'Aigueperse (2).

Quelque temps après, Edme-Philippe de Marcellanges fut
nommé Cornette de nouvelle création en la Compagnie de Cla-
very de Soupes, dans le régiment de Mestre de Camp Général
des Dragons, par brevet du 1<sup>er</sup> février 1757 (3) : il abandonna dé-
finitivement la carrière militaire en 1762 (4).

Le jeune ménage s'installa au château d'Arçon ; c'est là que
naquirent leurs cinq enfants :

1° Louise-Anne-Antoinette de Marcellanges, née à Arçon, le
20 juillet 1757, baptisée le 22 dans l'église Saint-Maurice de Vicq:
le parrain fut son grand-père paternel Louis de Marcelanges, et
la marraine dame Anne-Antoinette du Ligondès, sa grand-mère
maternelle. Le 3 novembre 1773, elle fut marraine d'une cloche à Bellenaves, mais représentée à la cérémonie par sa grand'-

_________________

(1) Carrés d'Hozier, vol. 410.
(2) Renseignement dû à l'obligeance de M. Ph. Tiersonnier.
(3) Chérin, vol. 129.
(4) Archives du ministère de la guerre ; registres du contrôle, et carton
du régiment d'Escars

mère, Madame de Marcelanges, née de Bron. En 1778, elle épousa Gilbert-Annet de la Saigne, marquis de Saint-Georges, seigneur d'Abrest près Vichy, né le 10 septembre 1750, fils de Silvain-Alexis, et de Marie-Madeleine de la Souche (1). Le contrat fut passé par devant Juge, notaire à Ebreuil, le 26 juillet 1778.

2° Marie-Charlotte-Gasparde de Marcelanges, née le 6 août 1759, baptisée à Vicq, le 7 ; elle eut pour parrain son oncle maternel, Messire Gaspard du Ligondès, écuyer, comte de Rochefort, enseigne de vaisseau, et pour marraine sa grand'mère paternelle, Charlotte de Bron, épouse de Messire Louis de Marcelanges. Cette petite fille est morte le 23 avril 1760, sur la paroisse de Saint-Bonnet-de-Rochefort, où elle devait être en nourrice, et fut inhumée le 24, en l'église de Saint-Bonnet-de-Rochefort, « dans le tombeau de ses ancêtres » (maternels).

3° Françoise-Charlotte de Marcelanges, née le 18 février 1761. D'abord ondoyée à la maison paternelle, les cérémonies supplémentaires du baptême n'ont été faites que le 13 novembre 1761 : le parrain fut l'abbé Ignace II de Marcelanges, seigneur Prieur de Saint-Germain-des-Fossés et de Saint-Martin de Bellenaves ; la marraine fut sa grand'mère Charlotte de Bron. Ladite Françoise-Charlotte est morte trois jour après et fut inhumée en l'église de Vicq, dans la chapelle des Marcelanges.

4° Marc-Antoine de Marcelanges, né le 12 avril 1762, baptisé à Vicq, le 13. Le parrain fut Jean Artaud, au lieu et place de Messire Marc-Antoine de Bonnay, seigneur de la Grange-Cossaye, chevalier de l'ordre militaire de Saint-Louis (2) ; la marraine, Jeanne Jalon, au lieu et place de dame Elisabeth de

---

(1) Carrés d'Hozier, vol. 566. — Les armoiries de cette famille sont : *Ecartelé : aux 1 et 4, de sable au lion d'argent armé, lampassé et couronné de gueules ; aux 2 et 3 d'argent, à la croix de gueules.* Tenants : à dextre un sauvage ; à senestre un lion.

(2) Marc-Antoine de Bonnay, Cte de Bonnay, capitaine au régiment de Quercy-infanterie, chevalier de l'Ordre royal et militaire de Saint-Louis, avait épousé par contrat du 9 janvier 1747, Françoise-Gabrielle de Marcelanges, fille d'Edme de Marcelanges, chevalier, sgr de la Grange-Cossaye (branche aînée des Marcelanges restée en Nivernais) et d'Anne-Marie-Elisabeth de la Mouilly. (*Hist. des Pairs de France*, par DE COURCELLES.)

Lyonne (1). épouse de Messire du Ligondès, chevalier, seigneur de Rochefort (2).

5° Joseph-Yves de Marcelanges, né le 19 avril 1763, baptisé à Vicq, le 21. Le parrain fut « haut et puissant seigneur Joseph-« Yves, marquis d'Alègre, prince d'Orange, chevalier de l'ordre « de Saint-Louis, seigneur de Barron, Villars, Villeneuve, etc. ; « la marraine, demoiselle Hyacinthe de Salvert ». Ledit enfant est mort quelques semaines après et fut enterré dans l'église de Vicq (3).

Edme-Philippe de Marcelanges, père de ces enfants, vivait avec sa femme dans son château d'Arçon, qu'il ne songeait pas à quitter, s'occupant de ses terres, chassant avec ses voisins et amis, quand un affreux malheur s'abattit sur cette famille. La jeune Madame de Marcelanges mourut le 10 juin 1764. L'enterrement eut lieu le lendemain, en l'église de Vicq : après la cérémonie funèbre, on descendit le cercueil de Madame de Marcelanges dans le caveau de la chapelle Saint-Jean, où reposaient déjà deux de ses enfants ; puis, dans le grésillement des cierges, parmi la vapeur des encensoirs et les plaintes des chants liturgiques, la lourde dalle retomba sur la tombe, ensevelissant pour toujours le peu de bonheur qu'Edme-Philippe de Marcelanges avait eu et devait avoir sur cette terre.

La douleur du mari fut profonde ; quelques mois après, confiant sa fille aînée et son fils (les deux seuls enfants qui lui restaient) à leurs grands parents, quittant la demeure ancestrale, renonçant au monde, à l'âge de 28 ans il entrait en religion. En 1765, il fut reçu chevalier de justice dans l'Ordre de Malte pour la Langue d'Auvergne, et en 1772 eut la commanderie de grâce (4) de Charrière en Limousin (5) et celle de Champtouin

--------

(1) Elisabeth de Reclaines, dame de Lyonne.

(2) Carrés d'Hozier, vol. 410.

(3) Registres paroissiaux de Vicq ; renseignement communiqué par M. l'abbé Dugay, curé de Vicq.

(4) Outre les commanderies magistrales, il y en avait d'autres appelées « de justice » ou « de grâce », selon la manière dont on les obtenait.

(5) Charrière, diocèse de Limoges, ressort de Montmorillon, à 8 lieues de Limoges, à 2 de Bourganeuf, consiste en une église, un château, étangs, prés, terres, bois, métairie, moulin. Membres : 1° Saint-Maurice ; 2° Chau-

dans le Velay (1). (CHÉRIN, vol. 129.) De plus, son oncle, Dom Ignace II de Marcelanges avait obtenu qu'Edme-Philippe lui succédât comme Seigneur-Prieur de Saint-Martin de Bellenaves et de Saint-Germain-des-Fossés. Au sujet de ce dernier bénéfice, pour satisfaire à l'Indult du Pape (2), il dut, dans un acte notarié, en date du 12 octobre 1770, déclarer : 1° que le Prieuré de Saint-Germain était de l'ordre de Saint-Benoît, congrégation de Cluny, et ne dépendait en aucune manière de l'Ordre de Saint-Jean de Jérusalem ; 2° que, s'il le retenait en sa possession, malgré sa profession dans l'Ordre de Malte, ce n'était qu'en vertu d'une permission spéciale du Souverain Pontife (3).

Entre temps, son parent Marc-Antoine de Bonnay, seigneur de la Grange-Cossaye, chevalier de l'Ordre royal et militaire de Saint-Louis, avait été nommé « Curateur à l'émancipation de « Marc-Antoine de Marcelanges et de Louise-Antoinette de Mar- « celanges, enfants de Messire Edme-Philippe de Marcelanges, « chevalier de justice de l'ordre de Saint-Jean de Jérusalem, « Commandeur de Charrière et de Champtouin, sg^r Prieur de « S^t Germain des Fossés et de S^t Martin de Bellenaves, sg^r d'Ar- « son et de Ponlung, et de feue dame Jeanne du Ligondès, par « acte exercé le 9 Décembre 1775, devant le Lieutenant général « en la sénéchaussée de Bourbonnois et siège présidial de Mou- « lins. » (4)

C'est l'abandon d'Arçon : c'est le commencement de la ruine pour le vieux château plusieurs fois séculaire : il est déserté, livré à des fermiers, dont l'un, le s^r Villiers, jouera plus tard un rôle peu honorable lors de la vente des effets mobiliers d'Arçon au mois de janvier 1793. Edme-Philippe de Marcelanges, devenu le Commandeur de Marcelanges, ne faisait à Arçon, qui lui rap-

---

mont en Limousin ; 3° Jentioux. Cette commanderie était d'un revenu de 4.500 livres environ. (Léopold NIEPCE, *Le Grand Prieuré d'Auvergne*.)

(1) Champtouin, aujourd'hui Chantoin, diocèse du Puy. Membre appartenant à la vénérable Langue d'Auvergne, à 2 lieues du Puy-en-Velay.

(2) Indult (du mot latin « indulgere » = accorder). Privilège accordé par lettres du Pape à une personne de pouvoir, soit nommer à de certains bénéfices, soit de les tenir contre les dispositions ordinaires.

(3) *Le Pèlerinage de Notre-Dame de Saint-Germain-des-Fossés*, par le chanoine BRILLAUD.

(4) Chérin, vol. 31, dossier de Bonnay.

pelait trop de souvenirs, que de rares et courtes apparitions. Il habitait généralement avec son oncle Dom Ignace, le Prieuré de Saint-Germain-des-Fossés qu'il fit rebâtir et dont il dirigeait lui-même les travaux de reconstruction. Les premiers événements, précurseurs de la Révolution, vinrent y troubler sa solitude et bouleverser son repos.

Quoiqu'il eût atteint la cinquantaine, c'était encore à cette époque un fort bel homme que le Commandeur de Marcelanges. D'une taille élevée (il mesurait cinq pieds sept pouces, soit 1$^m$,81), des yeux bleus surmontés de sourcils noirs, le nez droit, une bouche asez grande, le visage ovale, maigre et long (1), il avait l'allure distinguée et très grand air. Son intelligence n'était pas inférieure à son physique, et il alliait un excellent savoir à un réel talent de parole (2).

Ses qualités intellectuelles le firent choisir comme président du département de Gannat dans l'Assemblée provinciale de 1788 (3). A cette Assemblée des Trois Ordres réunis à Moulins le 16 mars 1789 pour nommer des députés aux Etats Généraux, le Commandeur de Marcelanges prétendit avoir droit à la présidence de l'Assemblée du Clergé qui devait être présidé par celui auquel l'ordre de la hiérarchie donnait le premier rang : « Etant prouvé, dit-il, 1° par ce qui s'est passé au Concile de « Trente, que le représentant de l'Ordre de Malte, appelé de « Martin Royal, porta le rouge, siégea immédiatement après les « Cardinaux, et eut la préséance sur les Archevêques même ; « 2° qu'à la Cour de Rome, chef-lieu de la religion, le Grand- « Maître prend place parmi les Cardinaux ; 3° enfin qu'à la Cour « de France on lui rend les honneurs dûs au Cardinalat. On ne « peut pas se dissimuler qu'un Commandeur qui n'est séparé « de son Grand-Maître que par un grade, ne doit pas, dans une « assemblée particulière du clergé d'une province, se trouver « l'inférieur d'un abbé religieux ou d'un prêtre pourvu d'une « cure, et leur abandonner sans réclamation la présidence de

<hr>

(1) Archives Nationales : signalements donnés par les communes de Lyon et d'Oraison ; F7 4.850².
(2) CORNILLON, *Le Bourbonnais sous la Révolution*, tome 1", p. 69.
(3) CORNILLON, *op. cit.*, tome 1er, p. 3.

« l'ordre du clergé. » Il ne lui fut, cependant, pas donné satis-
faction, et Dom Bernard de Sallemard de Montfort, supérieur
de l'abbaye de Sept-Fonts, très appuyé par le lieutenant-général
Grimaud, se vit appelé à la présidence.

Le 18 et le 19 mars, on procéda dans chaque ordre à la nomination de commissaires pour examiner les cahiers particuliers de
doléances et les réduire en un seul. Le clergé nomma seize
commissaires, dont le Commandeur de Marcelanges ; « l'inté-
« rêt qu'il daignait prendre à la cause commune, l'ardeur avec
« laquelle il s'en occupait, méritaient cette distinction flatteu-
« se (1) ».

Le 21 mars, la Noblesse s'offrit à participer aux charges pu-
bliques ; elle proposait au Tiers-Etat de partager également tous
les impôts, et elle lui faisait avec plaisir l'abandon de ses privilèges pécuniaires. Dès que la lecture de cette communication à
la chambre du Clergé fut achevée, le Commandeur de Marcelanges s'écria : « Nous admirons le vœu de la noblesse et son dé-
« sintéressement ; nous sommes aussi prêts à faire le sacrifice
« de tous nos droits, et nous croyons devoir le faire sans aucune
« réserve ! » (2).

Et un peu plus tard, dans cette même Assemblée, « l'éloquent
« de Marcelanges fit pleurer tout le monde, lorsqu'il annonça
« que son Ordre s'empresserait de communiquer aux deux au-
« tres ses Cahiers, dès qu'ils seraient collationnés, et qu'il dé-
« sirait que cet accord fut celui de toutes les provinces. (3) »

Il semblait alors que le Commandeur de Marcelanges fût tout
désigné pour être élu Député aux Etats-Généraux ; mais la ja-
lousie qui se trouve à la base de toute élection à tendances révo-
lutionnaires, qui vise à la destruction des élites dans tous les domaines, qui préfère les médiocrités aux intelligences et le ver-
biage au talent, devait le faire éliminer. On ne pardonnait pas
au Commandeur sa naissance, sa fortune, son grade élevé dans
la hiérarchie religieuse et sa haute valeur intellectuelle. « Le bas

(1) CORNILLON, *op. cit.*, tome 1er, p. 41, et *Bulletin de la Société d'Emulation*,
tome III, 1853.
(2) CORNILLON, *op. cit.*, tome 1er, p. 45.
(3) CORNILLON, *op. cit*, tome 1er, p. 48.

clergé, ajoute M. Cornillon, tenait en médiocre estime les communautés religieuses et sut le leur montrer, en ne conférant pas le mandat de député au Commandeur de Marcellange, malgré son savoir et son talent de parole. (1) » En réalité, le bas clergé était surtout envieux des prérogatives des communautés religieuses ; mais il représentait le nombre, la masse : avec ce prélude du suffrage universel, le règne de la démagogie allait commencer (2).

Edme-Philippe de Marcellanges revint dans son Prieuré de Saint-Germain-des-Fossés. Il y lut dans les gazettes les séances de cette Assemblée des Etats Généraux dont certes il n'aurait pas été une des plus médiocres figures ; il y apprit la chute de la Bastille, les premières bagarres des faubourgs et l'abandon de Versailles par la famille royale. Au début du printemps de l'année 1790, après avoir marié son fils Marc-Antoine auquel, par contrat, il délaissa tous ses biens mobiliers et immobiliers, sans même s'en réserver l'usufruit, il se rendit une dernière fois à Arçon. Là, le Commandeur donna quelques ordres à ses anciens fermiers ; il fit murer une partie de sa cave, celle dans laquelle il conservait des vins fins datant de l'époque où, jeune marié, recevant ses parents et ses amis, il fêtait soit de gais anniversaires, soit les joyeuses cérémonies des baptêmes, quand, après l'onction sacramentelle, l'écho des cloches de Vicq résonnait encore dans la vallée de la Veauce. Il brûla certains papiers intimes, puisque dorénavant Arçon appartenait à son fils, et regagna Saint-Germain. Quelques jours après, dans le courant d'avril, invoquant une mission que lui donnait le Grand-Maître de Malte, il prit la route de Lyon et se dirigea vers la Savoie où il séjourna certainement plusieurs semaines, car il n'arriva à Turin qu'au mois d'août 1790 (3). Son voyage devait, hélas, être plus

---

(1) CORNILLON, *op. cit.*, tome 1ᵉʳ, p. 69.

(2) Le suffrage universel, dans sa forme actuelle qui ne tient compte ni des intérêts, ni des capacités, ni de la valeur intellectuelle des individus appelés à voter, est une des plus grandes erreurs du XIXᵉ siècle. Le niveau mental du Parlement s'en ressentira ; dans un jour prochain, les Chambres ne compteront plus un seul législateur, mais uniquement des démagogues bavards, intrigants et nuls.

(3) *Journal d'émigration du Cᵗᵉ d'Espinchal*, par E. D'HAUTERIVE.

long qu'il ne le croyait : ce n'est que onze ans plus tard, presque jour pour jour, que le Commandeur de Marcelanges reviendra dans sa patrie ; quant à son cher Arçon, il ne devait jamais plus y rentrer.

Pendant qu'Edme-Philippe de Marcelanges parcourait l'Europe, la Révolution progressait, et bientôt parurent les décrets confisquant les biens des émigrés et les attribuant à la nation. Le Commandeur ayant été porté sur la liste des émigrés par les districts de Gannat et de Cusset (1), ses anciennes propriétés qu'il avait pourtant cédées à son fils par contrat de mariage du 18 mars 1790, furent, malgré cette donation, comprises dans les biens séquestrés et mis en adjudication au commencement de l'année 1793 : cette décision était absolument illégale, puisque Marc-Antoine de Marcelanges ne fut jamais inscrit sur aucune liste d'émigrés (2). On débuta par le mobilier d'Arçon ; je ne puis mieux faire pour décrire ces quelques séances, avec le pénible incident qui s'y est passé, que de reproduire ici les pages si documentées de M. Cornillon, dans son ouvrage sur la Vente des Biens Nationaux dans le département de l'Allier (3) :

« Ceux, dit-il, à qui les émigrés confièrent le soin de leurs in-
« térêts, s'empressèrent de soustraire au séquestre une partie des
« objets dont ils avaient la garde. Se doutant bien qu'il ne sau-
« rait en être autrement, la Convention nationale attribua au
« dénonciateur des cachettes qu'il connaissait ou parvenait à
« découvrir, le vingtième de la valeur des objets qui s'y trou-
« vaient enfouis... Plusieurs individus peu délicats arrivèrent par
« ce moyen à faire rentrer au Trésor des sommes importantes,
« et à se créer sans risque et presque sans peine une petite ai-
« sance.

« La vente des effets mobiliers d'Arçon confiqués à l'émigré
« Edme-Philippe de Marcellange commença le 17 janvier 1793.
« Les séance des 17 et 18 se passèrent sans incident ; il n'en fut

---

(1) Arch. Nat. F⁷ 3.340.

(2) Extrait des registres des délibérations et des arrêtés de la Préfecture de l'Allier. (Arch. Nat. F⁷ 6.016). — Voir, plus loin, les pages consacrées à Marc-Antoine de Marcelanges.

(3) Dʳ CORNILLON : *Vente des Biens Nationaux dans le département de l'Allier*, tome II, pages 14 et 15.

« pas de même de celle du 19. A peine était-elle ouverte que
« le commissaire du district de Gannat, Gilbert-Mathieu Rozier,
« assisté d'Etienne Bœuf et de Pierre Giat, annonça à l'assis-
« tance qu'Amable Villiers, d'Ebreuil (1), lui avait déclaré qu'il
« existait dans le château d'Arçon une cachette où devaient se
« trouver entassés différents objets non inventoriés. Il ajouta
« qu'ayant été fermier de la propriété de Marcellange pendant
« de nombreuses années, Villiers connaissait parfaitement les
« dispositions intérieures de la maison, et savait où était la ca-
« chette. Un gros mur en pierres en fermait l'entrée et il fau-
« drait vraisemblablement le démolir en totalité pour y péné-
« trer et examiner ce qu'elle contenait.

« En présence d'une affirmation aussi catégorique, on envoya
« chercher Monier, maître-maçon à Ebreuil, pour prêter son con-
« cours aux autorités. Dès qu'il fut arrivé, Rozier descendit dans
« le cuvage contigu à la cave d'Arçon, avec Jean-Jacques Papon,
« maire de Vicq. Amable Villiers, qui les avait accompagnés,
« leur montra alors l'endroit où se trouvait anciennement la porte
« conduisant au caveau où de Marcellange déposait habituelle-
« ment ses vins fins. A la place de cette porte s'élevait mainte-
« nant un mur récemment construit. Présumant à juste titre que
« ce n'était pas sans motif qu'on avait exécuté ce travail, Ro-
« zier ordonna à Monier de rétablir l'ouverture du caveau dans
« son état primitif, en démolissant le mur qui en fermait l'accès.
« En quelques heures, il fut abattu et on put alors explorer la
« cachette en toute liberté. On y trouva une énorme quantité de
« bouteilles de vins étrangers de différents crus, toutes soigneu-
« sement goudronnées et étiquetées ; des liqueurs de diverses
« espèces ; mais il n'y avait pas de vin en fût. C'était évidem-
« ment la cave de réserve de l'émigré Marcellange, telle que
« l'avait décrite son dénonciateur, Amable Villiers. »

Après cet incident, la vente du mobilier d'Arçon continua :
elle ne fut terminée que le 25 germinal  an II, et produisit un
total de 46.576 livres (2) (en assignats).

--------

(1) Villiers ou Villiet était  cabaretier à « l'Auberge du Bon Port ». (VIPLE,
op. cit.)

(2) *Le canton d'Ebreuil pendant la Révolution*, par M. Joseph VIPLE.

La vente des immeubles des Marcelanges commença le 24 brumaire an II ; je n'entrerai pas dans le détail des différents lots ; je me bornerai à ce qui fait l'objet de cette notice, c'est-à-dire au château d'Arçon, qui fut adjugé le 21 germinal an II pour le prix de 100.200 livres, en assignats, au s' Antoine Tessot, y compris la réserve et le pré du Pointet ; le lendemain, l'ancienne seigneurie de Vaudot fut achetée pour le prix de 26.000 livres, en assignats, par le s' Papon, aîné, de Vicq (1).

Voilà donc Arçon divisé, morcelé, vendu ! C'est la première fois que, depuis sa construction, pareil destin était réservé au vieux manoir. Des Montchoisy aux Marcelanges, en passant par les Laudan, il n'avait cessé, soit par héritage, soit par mariage, d'appartenir à la même lignée. Du XIV<sup>e</sup> siècle à la fin du XVIII<sup>e</sup>, quinze générations de Français attachés à leur terre avaient habité cette demeure ancestrale : là étaient nés une centaine de petits-enfants que l'on retrouve sur tous les champs de bataille de l'Europe, partout où la vaillance française s'est prodiguée. C'était autrefois une des cellules de la grande ruche qu'est notre beau pays : c'était une maison vivante et animée, peuplée de maîtres, d'enfants, de serviteurs, ayant pour étayer leur vie austère, la solidité des croyances et les joies inépuisables du foyer familial. C'était une maison qui groupait de nombreux colons et faisait vivre autour d'elle toute une population de fermiers ou de métayers menant une existence patriarcale, basée sur le dur labeur des champs, mais empreinte de charme et de simplicité... Maintenant, c'est une maison morte ; pendant le courant du XIX<sup>e</sup> siècle, le château d'Arçon n'a plus été qu'un lieu de villégiature pour ses propriétaires ; en cent ans, il a passé cinq ou six fois entre les mains d'acquéreurs fortuits dont aucun ne s'est fixé sur le sol, dont aucun n'en a fait son foyer, dont aucun n'y a laissé de postérité. Le morcellement des terres seigneuriales, ainsi que la suppression du droit d'aînesse, ont été une des premières causes de l'abandon et du dépeuplement de nos campagnes (2).

_______________

(1) D<sup>r</sup> CORNILLON, *op. cit.*, et M. Joseph VIPLE, *op. cit.* On trouvera dans ces deux ouvrages le détail et le prix de vente des autres immeubles.

(2) Il est bien évident que d'autres raisons sont venues s'y greffer depuis,

Tandis qu'on dépeçait sa terre, que devenait le Commandeur de Marcelanges ? D'après une lettre qu'il adressait, en 1800, de Londres à Talleyrand, alors Ministre des Relations Extérieures, il serait parti pour la Savoie au mois d'avril 1790, sous prétexte de recevoir, pour l'Ordre de Malte, le remboursement des rentes seigneuriales dépendantes des trois Commanderies que l'Ordre possédait en Savoie (1).

« Je fus obligé, dit-il, d'y faire un long séjour relatif à l'inté-
« rêt de cette commission ; ensuite, nombre de considérations
« me firent redouter de rentrer en France, où j'avais été dépouillé
« de tout ce que je possédais. En 1793, Milord Moyra, mon pa-
« rent (2), m'offrit asile chez lui en Angleterre, où je fus alors.
« Depuis cette époque, j'ai toujours habité chez lui, où son ex-
« trême obligeance m'y a fourni tous les moyens de subsis-
« tance... »

Tout ceci est exact quant au fond, mais bien incomplet comme renseignements. Edme-Philippe de Marcelanges a omis à dessein le nom des villes où il a résidé : nous allons compléter ses vagues indications.

En nous reportant au « Journal d'Emigration du Comte d'Espinchal » (3), nous savons que le Commandeur est arrivé à Turin au commencement du mois d'août 1790. Dans cette petite capitale, les Princes, frères de Louis XVI, tenaient leur cour ; le Commandeur s'attacha à la personne du Comte d'Artois et devint son aide de camp. Ce prince étant parti pour Coblentz, il fut accompagné du personnel de sa maison ; c'est là que, le

telles que le développement des usines au détriment de l'agriculture, les lourds impôts fonciers, l'abus des taxes successorales frappant surtout les propriétés et nécessitant parfois leur vente pour pouvoir satisfaire aux exigences du fisc. Ce prélèvement draconien sur ce capital sacré qu'est le toit où se sont abrités les ancêtres et le champ qu'ils ont cultivé, écœure les populations terriennes, leur enlève toute idée d'épargne et d'accroissement immobilier, entravant ainsi le développement de la famille rurale, cellule de la nation. — Pour sa part, de 1793 à 1925, la petite commune de Vicq a perdu plus de 300 habitants.

(1) Les Commanderies de l'Ordre en Savoie étaient Chambéry, les Echelles et Genevois.

(2) Lord Moyra était son parent par la famille du Ligondès. (Renseignement donné par M. Tiersonnier.)

(3) Publié par M. E. d'Hauterive.

27 août 1791, les deux premières compagnies des gentilshommes faisant partie de la Coalition d'Auvergne, furent passées en revue, près du château de Schonbornlüst, par le Comte de Provence et le Comte d'Artois, escortés du prince de Condé, du duc de Bourbon et du Maréchal de Broglie. Le Commandeur de Marcelanges avait naturellement suivi le Comte d'Artois. Dans une assemblée générale des gentilshommes coalisés à Coblentz, il fut décrété que l'on recevrait l'adhésion à l'acte de la coalition d'Auvergne, *de tous les gentilshommes auvergnats émigrés*, que des raisons valables empêcheraient de se réunir à leurs compatriotes, *soit par un service obligé auprès des Princes, soit pour une autre raison*. Parmi ces adhésions, nous trouvons celle du « Commandeur de Marcellange, Aide de camp du Comte d'Artois », et celle de son fils, « le comte de Marcellange, capitaine « dans Noailles-Dragons » (1).

Il est probable que le Commandeur resta en Allemagne jusqu'en 1793, époque où, comme il le dit, il passa en Angleterre et habita chez son parent, lord Moyra. Il ne dut pas en bouger jusqu'à son retour en France, ainsi qu'il l'écrivit à Talleyrand. Cependant, nous verrons plus loin qu'en 1801, lorsque revenu dans le Bourbonnais et placé sous la surveillance des autorités, il demanda sa radiation de la liste des Emigrés, il produisit deux certificats, l'un de la commune d'Oraison (Basses-Alpes), attestant qu'il avait résidé dans cette commune du 9 mai 1792 au 20 février 1795, l'autre de la ville de Lyon, attestant également qu'il avait résidé dans cette ville du 27 germinal an III (16 avril 1795) au 25 fructidor an V (11 septembre 1797). Mais ces certificats nous paraissent avoir été faits pour les besoins de la cause : à cete époque, il s'en fabriquait un peu partout, et, comme l'indique une note de la Police Générale, ceux du Commandeur de Marcellange ne méritent aucune confiance. Ils sont d'ailleurs en contradiction flagrante avec sa lettre du 7 décembre 1800, qui doit contenir la véritable version ; il semble à peu près certain que le Commandeur ne quitta pas l'Angleterre de 1793 à 1800.

_______________

(1) *La Coalition d'Auvergne*, par le commandant DE CHAMPFLOUR (Riom, 1899).

Dès 1799, la Révolution étant virtuellement terminée, les émigrés rentrèrent peu à peu en France, et Edme-Philippe de Marcelanges s'inquiéta des moyens nécessaires pour revenir dans sa patrie et revoir ses deux enfants. Des amis personnels intercédèrent pour lui auprès de Talleyrand, Ministre des Relations Extérieures ; dans son dossier, aux Archives Nationales, se trouvent deux lettres de la « citoyenne » du Saillant d'Aragon, qui plaide auprès du Ministre la cause du Commandeur :

« CITOYEN MINISTRE,

« Edme-Philippe de Marcelange, commandeur de l'Ordre de
« Malthe, absent de cette isle pour cause de santé lors de la
« capitulation, a le plus vif désir de rentrer dans sa patrie avant
« la fin de sa carrière. Je vous demande pour lui, citoyen minis-
« tre, cette permission qui lui est nécessaire pour réclamer la
« justice nationalle ; il vous devra dans sa vieilesse et ces infir-
« mités, la consolation et le bonheur de revoir sa terre natale,
« et d'y jouir des droits de citoyen.

« Salut et respect,<br>« DU SAILLANT D'ARAGON.

« Paris, le 16 messidor de l'an huit (1). »

---

*Deuxième Lettre* (sans date) :

« CITOYEN MINISTRE,

« La citoyenne d'Aragon vous suplie de vouloir bien accorder
« à Edme-Philippe de Marcelange, commandeur de l'ordre de
« Malthe, absent de cete isle pour cause de santé lors de la capi-
« tulation, la permission de rentrer en France et de résider à Pa-
« ris ; elle lui est nécessaire pour réclamer la justice nationnalle,
« et il vous devra dans sa vieillesse et ces infirmités, la consola-
« tion de revoir sa terre natalle et sa famille.

« Salut et respect,<br>« DU SAILLANT D'ARAGON (2). »

---

(1) 16 messidor an 8 = 5 juillet 1800.
(2) Archives Nationales F⁷ 4.850².

Pendant que la citoyenne du Saillant d'Aragon faisait des démarches à Paris, le Commandeur sut intéresser à son sort notre chargé d'affaires à Londres, le citoyen Otto. Ce dernier lui donna le conseil d'écrire directement à Talleyrand, l'assurant qu'il ferait parvenir sa requête avec avis favorable. Le Commandeur envoya donc la lettre suivante au Ministre des Relations Extérieures :

« *A Londres, le 7 Décembre 1800.*

« Citoyen Ministre,

« J'ay l'honneur de m'adresser à vous avec l'espoir que vous
« voudrez bien vous intéresser à rendre ma position moins mal-
« heureuse.

« Ayant oui dire que j'avais été inscrit sur la liste des Emigrés
« françois, je vous prie de me permettre de vous représenter que
« les vœux que j'ay fait pour être reçu Commandeur de l'Ordre
« de Malte, ne doivent me faire considérer que comme Maltois,
« non comme François, parce que nous ne pouvions faire les
« serments qu'exigent les différents ordres militaires des puis-
« sances de l'Europe ; quelques emplois que nous eussions à
« leurs services, nous étions obligés de les quitter pour aller à
« Malte, lorsque notre Grand Maître nous en donnait l'ordre.
« C'est d'après ces mêmes vœux d'obéissance *que, ayant reçu*
« *en 1790 l'ordre d'aller recevoir le remboursement des rentes*
« *seigneuriales dépendantes des trois Commanderies que nous*
« *possédions en Savoye, que j'y fus au mois d'avril de laditte*
« *année.* Je fus obligé d'y faire un long séjour relatif à l'intérêt
« de cette commission ; ensuite nombre de considérations me
« firent redouter de rentrer en France, où j'avais été dépouillé
« de tout ce que j'y possédais. En 1793, Milord Moira, mon pa-
« rent, m'offrit azile chez lui en Angleterre où je fus alors.

« Depuis cette époque, j'ai toujours habité chez lui, où son
« extrême obligeance m'y a fourny tous les moyens de subsis-
« tance.

« J'avais été marié, et étoit veuf, ayant deux enfants, lorsque
« j'ai été reçu dans l'Ordre de Malte. Ils sont l'un et l'autre
« mariés en France, où ils désirent vivement être à même de
« pouvoir m'y donner tous les secours que ma mauvaise santé

« nécessite, étant réduit à ne pouvoir pas faire un pas sans un
« bâton. Permettez-moi, citoyen Ministre, de réclamer de votre
« obligeance la justice d'être rayé de la liste des Emigrés fran-
« çois, et la faveur de m'accorder un passeport pour rentrer
« en France passant par Calais. J'oze espérer que le plaisir de
« rendre un père à ses enfants, vous engagera à m'être favo-
« rable.

« J'ai l'honneur d'être avec respect,

« Citoyen Ministre,

« Votre très humble et très obéissant serviteur.

« Le Commandeur DE MARCELLANGE (1). »

Talleyrand écrivit immédiatement à Fouché, ministre de la
Police Générale, et joignit à sa lettre celle du Commandeur :

« *Paris, le 25 frimaire an 9 (2).*

« Le Ministre des Relations Extérieures au citoyen Fouché, Mi-
« nistre de la Police Générale.

« J'ay l'honneur de vous remettre, mon cher Collègue, une
« lettre d'un ancien Commandeur de Malthe, nommé Marcel-
« lange ; elle m'a été transmise par le Cit. Otto, Commissaire
« pour l'échange des prisonniers français à Londres. Il la pré-
« sente comme un vieillard infirme et intéressant qui désire ren-
« trer en France et qui aurait besoin pour cela d'un passeport
« ou d'une surveillance. Vous verrez par sa lettre qu'il est pa-
« rent de Lord Moira, l'un des principaux membres du parti de
« l'opposition (3), et il me mande que plusieurs autres personnes
« qu'il regarde comme utile de ménager, seraient flattées que
« vous accordassiez la faveur qu'il sollicite. Je vous la demande
« donc, mon cher Collègue, et dans le cas où vous ne croiriez

(1) Arch. Nat. F⁷ 3.406.
(2) 16 décembre 1800.
(3) Francis Rawdon, comte de Moira, puis en 1816, marquis de Hastings.
Homme politique anglais né en 1754. Pendant les guerres de la Révolution,
il fit partie de plusieurs expéditions entreprises par les émigrés français.
En 1799, il combattit le projet de réunion de l'Irlande avec l'Angleterre, et
joua un rôle assez important dans le parti whig. Lord Moira est mort en
1826. Il est très souvent question de lui dans la correspondance intime du
comte d'Artois avec le comte de Vaudreuil.

« pas pouvoir l'accorder, je vous prie de me faire une réponse
« ostensible que je puisse envoyer au Cit. Otto et qui constate-
« rait au moins nos regrets et notre bonne volonté.

« Je vous salue.

« CH.-MAUR. TALLEYRAND (1). »

Mais Fouché, peu pressé, ne répondit pas à son collègue. Celui-ci, harcelé par les amis du Commandeur, écrivit, le 15 plu-
viose, au Ministre de la Police, une deuxième lettre, et crai-
gnant que la première ne se fût égarée dans les bureaux, il
ajouta la mention « *pour lui seul* » :

« *Paris, le 15 pluviôse an 9* (2).

« Le Ministre des Relations Extérieures au citoyen Fouché,
« Ministre de la Police Générale.

« Je vous ai adressé, mon cher Collègue, le 25 frimaire der-
« nier, une lettre d'un ancien Commandeur de Malthe, nommé
« Marcellanges. Elle m'avait été envoyée par le C$^{en}$ Otto, Com-
« missaire de la République française en Angleterre. En vous la
« transmettant, je vous priois, dans le cas où vous croiriez ne
« devoir pas accorder la surveillance demandée, de me faire
« une réponse ostensible que je pusse envoyer en Angleterre.
« Marcellanges est un vieillard infirme, et la faveur qu'il solli-
« cite seroit une chose agréable au Lord ·Moyra son parent,
« membre très influent du parti de l'opposition. Je vous renou-
« velle, mon cher collègue, la demande que je vous ai faite
« afin que je puisse moi-même répondre à ce sujet au c$^{en}$ Otto.

« Je vous salue.

« CH.-MAUR. TALLEYRAND. »

Au dos se trouve l'adresse suivante : « Le Ministre des Rela-
« tions Extérieures au Citoyen Fouché, Ministre de la Police Gé-
« nérale : *Pour lui seul* (3). »

Fouché ne répondit pas plus à cette deuxième lettre qu'à la
première. Pendant ce temps, le Commandeur ne voyant rien

(1) Arch. Nat. F⁷ 3.406.
(2) 15 pluviôse an 9 = 4 février 1801.
(3) **Archives Nationales** F⁷ 4.856².

venir, faisait à Londres de nouvelles démarches auprès du citoyen Otto, ou en faisait faire par son parent lord Moira, l'un
des chefs du parti whig. Pour la troisième fois, Talleyrand écrivit à Fouché, mais alors au lieu d'employer de vagues et cour-
toises expressions pour lui demander la permission de laisser
rentrer en France le Commandeur de Marcelanges, il termina
sa lettre par ces mots comminatoires sous une forme polie :
« Je désire que vous veuillez bien l'accorder... »

« *Paris, le 3 floréal an 9* (1).

« Le Ministre des Relations Extérieures au citoyen Fouché,
« Ministre de la Police Générale.

« J'ai l'honneur de vous renouveller, mon cher Collègue, la
« demande que je vous ai faite par mes lettres des 25 frimaire
« et 15 pluviôse derniers, d'une surveillance pour un ancien
« Commandeur de Malte nommé Marcellanges. Je joignis à ma
« lettre du 25 frimaire celle que m'avait adressé ce malheureux
« vieillard. Il paraît qu'en ce moment il est presque mourant, et
« ses amis, entr'autres lord Moira, membre très influent du parti
« de l'opposition, pressent beaucoup le citoyen Otto, Commis-
« saire de la République française en Angleterre, pour lui pro-
« curer la permission de rentrer en France.

« Je désire, mon cher Collègue, que vous veuillez bien l'ac-
« corder, et j'espère même que cet acte d'humanité transmis
« par le C^en Otto contribuera à rendre sa position meilleure et
« plus agréable (2).

« Je vous salue,

« CH.-MAUR. TALLEYRAND (3). »

Cette fois, Fouché comprit qu'il n'avait qu'à s'exécuter, et le

(1) 3 floréal an 9 = 23 avril 1801.
(2) Otto, diplomate français, né en 1754, mort à Paris en 1817. En 1800, le
Premier Consul envoya Otto à Londres, sous le prétexte d'échanger des
prisonniers de guerre, mais en réalité pour y entamer des négociations de
paix. Grâce à son tact et à son expérience diplomatique, il amena le Cabinet
britannique à signer, le 1er octobre 1801, les préliminaires du traité qui devait être peu après conclu à Amiens, le 27 mars 1802. Créé comte de Mosloy
par Napoléon Ier, il fut, en 1809, nommé ambassadeur à Vienne, et y négocia
le mariage de Napoléon avec Marie-Louise.
(3) Arch. Nat. F7 4.850².

lendemain il envoyait à Londres l'autorisation sollicitée. Le Commandeur s'empressa d'en profiter et, ainsi qu'il appert d'une note de la mairie de Calais, il débarquait dans ce port le 3 Prairial an IX, accompagné de son domestique Jean-Baptiste Demoulin :

« *Calais, le 3 Prairial an 9* (1).

« Le premier adjoint de la mairie de Calais, en l'absence du « maire,

« Au Ministre de la Police Générale,

« Citoyen Ministre,

« Un bâtiment neutre entré hier au port y a débarqué Edme « Philippe Marcellange, ex-commandeur de l'Ordre de Malte, « accompagné d'un domestique nommé Jean-Baptiste Demoulin.

« J'ai délivré au premier un passeport pour se rendre à Paris, « sous la surveillance du Préfet de Police, jusqu'à décision ul-« térieure du gouvernement, conformément à votre lettre du 5 « Floréal, écrite audit Préfet.

« Le domestique a aussi obtenu un passeport sur la demande « du commissaire de police, à charge de se présenter devant « vous aussitôt son arrivée.

« Salut et respect.

« (Signature illisible) (2). »

De Calais, le Commandeur se dirigea sur Paris où il résida un mois environ sous la surveillance de la police ; puis il demanda un passeport pour gagner le Bourbonnais. Depuis plusieurs années, il était atteint de paralysie dans les jambes, et il désirait aller d'abord aux eaux de Bourbon-l'Archambault (Burges-les-Bains), puis à celles de Bourbonne-les-Bains, avec la liberté de séjourner dans les départements du Rhône (3), de Saône-et-Loire et du Gard. La première autorisation paraît seule lui avoir été accordée le 17 prairial an IX : voici la correspondance échangée à ce sujet entre le Commandeur de Marcelange,

---

(1) 3 prairial an 9 = 23 mai 1801.

(2) Arch. Nat. F⁷ 4 850².

(3) Son fils Marc-Antoine de Marcelanges habitait le département du Rhône, dans la famille de sa femme, née de Monspey.

le Ministre de la Police Générale, le Préfet de Police et le Préfet de l'Allier :

« Au Ministre de la Police Générale,
     « Citoyen Ministre,

« Edme-Philippe de Marcellanges, ex-commandeur de l'Ordre
« de Malte, qui vient de rentrer en France avec une surveillance
« que vous lui avez donné pour venir à Paris, vous demande la
« permission d'aller aux eaux minéralles de Bourbon-Larcham-
« baud, département d'Allier, et à celles de Bourbonne en Lor-
« raine, à cause de la paralysie qu'il éprouve sur ses jambes, et
« d'y être suivi par son domestique nommé Demoulin, avec la
« liberté d'aller dans les départements du Rhône, Saône et Loire
« et du Gard.

     « Salut et respect,

                                        MARCELLANGES (1). »


« Le Ministre de la Police Générale
     « Au Préfet de Police,

« Je vous autorise C^en Préfet à délivrer un passeport pour se
« rendre dans la commune de Burges-les-Bains, département de
« l'Allier, au nommé Edme-Philippe Marcellanges, prévenu
« d'émigration, placé sous votre surveillance par décision du
« 5 floréal dernier.

                          « Le Ministre de la Pol. G^ale (2). »


« Le Ministre de la Police Générale,
     « Au Préfet de l'Allier,

« Je vous préviens C^en Préfet que d'après mon autorisation, le
« nommé Edme-Philippe Marcellanges, prévenu d'émigration,
« se rend dans la commune de Burges-les-Bains. Je vous recom-
« mande de faire exercer à son égard la surveillance à laquelle
« il est assujetti.

                          « Le Ministre de la Pol. G^ale (3). »

--------------------------------------------------------------

(1) Arch. Nat. F7 4 850².
(2) Id. F7 4.850².
(3) Id. F7 4 850².

« Le Préfet de Police

« Au Ministre de la Police Générale,

« Citoyen Ministre,

« J'ai délivré conformément à votre *autorisation du 17 prairial*
« *dernier, un passeport limité* pour se rendre sous la surveillance
« des autorités constituées dans la commune de Burges-les-Bains,
« département de l'Allier, au nommé Edme-Philippe Marcellan-
« ges, prévenu d'émigration.

« Salut et respect,

« (Signature illisible) (1). »

Au mois de juin 1801, le Commandeur se rendit aux eaux de
Bourbon-l'Archambault, et sa saison terminée, il alla demeurer
à Moulins, chez sa fille Louise-Antoinette de Marcellanges, qui
était veuve d'Annet de la Saigne, marquis de Saint-Georges.
Elle venait d'acquérir, le 3 thermidor an IX (23 juillet 1801), du
citoyen Pierre Barruel, la terre d'Origny, commune de Neuvy,
près Moulins (2). Très probablement, ce fut là que se retira le
commandeur de Marcelanges, et il demeura soit dans cette terre,
soit à Moulins, pendant près d'un an, jusqu'au mois de mai 1802.
Pendant cette période, il fit des démarches pour se faire radier
de la liste des émigrés, et Talleyrand se chargera encore de
transmettre et d'appuyer la demande en radiation auprès du Ministre de la Police Générale. C'est à cette occasion que le Commandeur produira des certificats de résidence dans les communes d'Oraison (Basses-Alpes) et de Lyon (Rhône), certificats qui
« ne méritent aucune confiance », et qui sont en contradiction
complète avec sa lettre de Londres, en date du 7 décembre 1800,
et adressée à Talleyrand (3).

« Le Ministre des Relations Extérieures, au citoyen de Vil-
« liers, secrétaire intime du Ministre de la Police Générale.

---

(1) Arch. Nat. F⁷ 4.850⁴.
(2) CORNILLON : *Vente des Biens Nationaux*, tome II, p. 85.
. (3) La petite commune d'Oraison semble, à cette époque, avoir eu une
spécialité de faux certificats de résidence. On en trouve dans beaucoup de
dossiers d'émigrés de notre région, par exemple dans ceux de Montessus de
Ballore, de Buffot de Millery, de Noblet d'Anglure, etc., etc. (Arch. Nat.
série F⁷).

« *28 Brumaire an X* (1).

« Faites-moi le plaisir, citoyen, de remettre cette lettre au Mi-
« nistre de la Police Générale. Je la recommande à son atten-
« tion et à la vôtre, parce que j'attache véritablement quelque
« importance à obtenir la radiation du malheureux vieillard Mar-
« cellanges.

« Je vous salue.

« CH.-MAUR. TALLEYRAND (2). »

« Le Ministre des Relations Extérieures au citoyen Fouché,
« Ministre de la Police Générale.

« *28 Brumaire an X*.

« Je vous ai demandé il y a quelque tems, mon cher collègue,
« et vous avez bien voulu accorder une surveillance à un ex-
« commandeur de Malte, nommé Marcellanges. C'est un homme
« âgé, dans un état déplorable de paralisie, proche parent de
« lord Moyra, et qui m'avoit été vivement recommandé par le
« $C^{en}$ Otto, commissaire du gouvernement français à Londres.
« On sollicite aujourd'huy la radiation de Marcellanges de la
« liste dès émigrés. Ses qualités personnelles et ses infirmités
« appellent véritablement votre commisération sur ce malheu-
« reux vieillard. Il tient à des hommes en Angleterre pour les-
« quels le $C^{en}$ Otto a de la considération, et il me rappelle sou-
« vent cette affaire.

« Je vous salue.

« CH.-MAUR. TALLEYRAND (3). »

A cette requête de Talleyrand étaient annexés les deux certificats suivants :

« Commune d'Oraison
« District de Digne
« Basses-Alpes

Extrait des Registres de la<br>de la commune d'Oraison.

_________________

(1) 19 novembre 1801.
(2) Arch. Nat. F⁷ 4.850².
(3) Arch. Nat. F⁷ 4.850².

« Nous soussignés officiers municipaux et membres du Conseil
« général de la commune d'Oraison, certifions sur l'attestation
« des citoyens

        « Joseph Banon
        « Joseph Laurent
        « Michel Arnoux
        « Paul Bornard
        « Laurent Moisson,
        « Pierre Bontoux
        « Pierre Chabran
        « et François Maurel

« Tous propriétaires domiciliés dans cette commune, que le
« C$^{en}$ Edme-Philippe Marcellanges, natif de Vicq, résidant avant
« mil sept cent quatre vingt douze à Saint-Germain des Fossés,
« ci-devant Prieur dudit Saint-Germain des Fossés, département
« de l'Allier, âgé de cinquante huit ans, taille de cinq pieds sept
« pouces, cheveux bruns grisailles, sourcils idem, front plat,
« yeux bleus, nez droit, bouche grande, menton rond, visage
« maigre et long, a résidé sans interruption dans cette commune
« et dans la maison de Joseph Banon, un des témoins qui ont
« signé le présent, depuis le neuf may mil sept cent quatre vingt
« douze jusqu'à ce jour....

« Fait à Oraison dans la maison commune le deux ventôse
« an trois de la République Française une et indivisible... »

Suivent les signatures et leur légalisation par les administrateurs du district de Digne et du département des Basses-Alpes (1).

Deuxième certificat :

« Nous, soussigné, maire du 2$^c$ arrondissement de Lyon, cer-
« tifions sur l'attestation des citoyens

« Jean Vernay, fab$^t$ en soie, rue Mercière, n° 48 ;
« Jacques-François Dumontet, marchand, rue id., n° 43 ;
« Jean-Baptiste Guérin, affaneur, rue Trois-Maries, n° 21 ;
« Laurent Bertelier, fab$^t$ en soie, rue Saint-Jean, n° 7 ;
« Simon Bordot, menuisier, rue Palais-Grillet, n° 34 ;

---

(1) Arch. Nat. F$^7$ 4.850$^2$.

« Sébastien Chabert, marchand de vin, rue de la Loge du
« Change, n° 97 ;

« Claude Debon, mercier, rue et n° idem ;

« François Verger, tailleur d'habits, rue Mercière, n° 43 ;

« Mathieu Michaud, marchand de dentelles, place du Plâtre,
« n° 14 ;

« Tous domiciliés dans cette commune de Lyon, que le ci-
« toyen Edme-Philippe Marcellanges, rentier, natif de Vicq, Al-
« lier, absent en conformité de la loi du 19 fructidor an V (si-
« gnalé et représenté par le C<sup>en</sup> Nicolas Ménard, écrivain, domi-
« cilié à Lyon, place Groslier, n° 214, fondé de pouvoir à cet
« effet),

« âgé de soixante trois ans, taille d'un mètre huit cent quinze
« millim. (1<sup>m</sup>.81<sup>c</sup>,5), cheveux grisaillés, front plat, sourcils gri-
« saillés, yeux bleus, nez droit, bouche grande, visage ovale,
« maigre, menton rond, a résidé sans interruption dans cet ar-
« rondissement, maison appartenant au C<sup>en</sup> Fay, située rue du
« Plat, n° 7, depuis le 28 germinal an III jusqu'au 25 fructidor
« an V, époque à laquelle les attestants ont déclaré qu'il sortit
« du territoire de la France en exécution de la loi du 19 fructi-
« dor an V de la République.

« Le présent certificat délivré :

« 1° d'après la réclamation du certifié contre l'inscription de
« son nom sur la liste des émigrés, ladite réclamation en date
« du 22 germinal an III, adressée au Directoire du district de
« Digne, dép<sup>t</sup> des Basses-Alpes ;

« 2° d'après sa procuration sous seing privé datée de Cons-
« tance du 10 juin 1800 (v. st.) et emprotocolée chez Fellot, no-
« taire public à Vaise, dép<sup>t</sup> du Rhône....

« Fait au bureau de la Mairie, le 1<sup>er</sup> jour complémentaire de
« l'an 8, en présence des dits attestans et dudit citoyen Nicolas
« Ménard, fondé de pouvoir... lesquels ont signé avec nous... »

Suivent les signatures et le visa du préfet en date du 6 vendémiaire an 9 [1].

Les deux lettres de Talleyrand avec les deux certificats de

_______________

[1] Arch. Nat. F<sup>7</sup> 4.850<sup>2</sup>.

résidence sont dans un dossier qui porte la note ci-dessous destinée à Fouché : cette note n'est pas signée, mais son contenu nous indique suffisamment qu'elle est due au citoyen de Villiers, secrétaire particulier de Fouché :

« Edme-Philippe Marcellanges, ex-commandeur de Malte, du « département de l'Allier, réclame contre son inscription sur la « liste des émigrés.

« Les certificats qu'il présente lui ont été délivrés par les com« munes d'Oraison et de Lyon, *et ne méritent aucune confiance*.

« Le Ministre des Relations Extérieures m'écrit que c'est un « homme âgé, dans un état déplorable de paralisie, proche pa« rent de Lord Moyra, et qui lui avait été recommandé par le « C⁾ Otto, Com⁾ du Gouvernement français à Londres. Il ajoute « que les qualités personnelles du pétitionnaire et ses infirmités « appellent sur lui votre considération.

« A vous salut. »

(Note de la police générale, sans signature et sans date.) (1).

En avril 1802, le Commandeur de Marcelanges était toujours en surveillance à Moulins. Il demanda alors à se rendre à Clermont-Ferrand pour « *des affaires indispensables* ». Il désirait, entr'autres choses, consulter pour certaines revendications concernant son fils dont il était fondé de pouvoir, le jurisconsulte Boirot (fils d'un de ses anciens voisins de Vicq), qui, lui-même arrêté pendant la Terreur, traduit devant le Tribunal révolutionnaire, n'avait échappé qu'à grand'peine à la guillotine (2). Cet

---

(1) Archives Nationales, F⁷ 4.850².

(2) Antoine Boirot, fils de Pierre Boirot, sieur des Serviers et d'Anne Barathon. Né le 30 août 1744 : reçu avocat au Parlement de Paris, le 8 mai 1769, s'installa à Clermont-Ferrand en 1771. Arrêté comme suspect le 3 frimaire an II, transféré à Paris, il fut incarcéré à Sainte-Pélagie ; relaché le 17 germinal et placé sous la surveillance de la police, il revint à Clermont‑Ferrand, où, en l'an V, il fut élu Député au Conseil des Anciens. Membre du corps législatif sous Napoléon Iᵉʳ et Louis XVIII, il mourut à Clermont-Ferrand, le 23 mars 1831, officier de la Légion d'honneur. Les habitants de Clermont qui l'avaient surnommé « M. du Bienfait » lui élevèrent un monument à l'entrée du cimetière et donnèrent le nom de rue Boirot à la rue Porte-Laurent où il habitait. Tous ses papiers fort intéressants pour l'histoire de l'Auvergne et du Bourbonnais de 1770 à 1830 sont en la possession de l'auteur de cette notice.

avocat célèbre dans toute la région, l'ami et le conseil de la famille de Chazerat, était l'appui des proscrits et des opprimés, le défenseur des émigrés. Ajoutons que M<sup>me</sup> de Marcelanges avait été la marraine d'un de ses frères cadets, né en 1756, d'un second mariage de son père (1).

Le jurisconsulte Boirot était très au courant des affaires de la famille de Marcellanges. Quand le district de Cérilly eut confisqué la terre de Pontlung parce que Gilbert-Annet de la Saigne avait émigré, ce fut le jurisconsulte Boirot qui rédigea le 2 ventôse an III la réclamation d'Antoinette de Marcellanges tendant à la main-levée du sequestre sur le bien de Pontlung, établissant que cette terre appartenait en propre à M<sup>me</sup> de la Saigne comme venant des Marcellanges et lui avait été attribuée en dot ; en conséquence, cette terre ne pouvait être confisquée, puisque Antoinette de Marcellanges n'avait pas émigré, et même était actuellement divorcée de Gilbert-Annet de la Saigne (2). Dès son arrivée à Moulins, le Commandeur de Marcellanges avait naturellement pensé, pour soutenir ses intérêts, au fidèle ami de sa famille, et, au début de décembre 1801, il avait d'abord envoyé à Clermont son fils, porteur de cette lettre :

« Au citoyen Boirot, à Clermont, dép<sup>t</sup> du Puy de Dôme.

« D'après l'intérêt que vous m'avez prouvé, Monsieur, pren-
« dre dans touts les temps à ce qui m'étoit personne, je vous
« prie de me permettre de vous adresser mon fils porteur de
« cettre lettre, et de vous engager à faire en sa faveur tout ce
« que je suis certain que vous feriez pour moi en semblable oc-
« casion, laquelle nécessite vos bons conseils. Ma position ne
« me donnant aucun droit, je me condamne au silence le plus
« parfait ; je me borne seulement à quelques questions, que je
« soumets à votre sagesse et à vos lumières. Recevez ma vive

(1) « L'an 1756, le 2 mars, fut baptisé Jean-Charles, né le dit jour, fils
« légitime de Pierre Boirot, sieur des Serviers, et d'Anne Larfaud, son
« épouse. Le parrain a été messire Jean-Louis Séguier, haut et puissant
« seigneur de Courtempierre et autres ses terres ; la marraine demoiselle
« Charlotte du Ligondès, fille de feu messire Claude du Ligondès, haut et
« puissant seigneur de Rochefort lieutenant-colonel du régiment de Mau-
« giron et de dame Antoinette du Ligondès, son épouse... » (Reg. parois.
« de Vicq.)
(2) Archives de la famille Boirot.

« reconnoissance des démarches obligeantes que vous avez fai-
« tes dans mon ancien local (1). Pour mon fils, je suis persuadé
« qu'il partagera tous les sentiments que vous m'inspirez, avec
« lesquels, Monsieur, j'ay l'honneur d'être

   « Votre très-humble et très-obbéissant serviteur,

     « EDME DE MARCELLANGES. »

« *A Moulins, le 2 décembre 1801* (2). »

Antoine Boirot reçut Marc-Antoine de Marcellanges, qui lui
remit un mémoire écrit de la main du Commandeur : celui-ci ne
trouva sans doute pas assez complètes les explications que son
fils lui donna à son retour, car il demanda au Préfet de l'Allier
un passeport pour se rendre à Clermont, et le préfet en référa
immédiatement au Ministre de la Police :

   « Moulins, le 21 Germinal an 10 (3).

« Le Préfet du département de l'Allier
« au Ministre de la Police Générale,

  « Citoyen Ministre,

« Le Nommé Edme-Philippe de Marcelange prévenu d'émi-
« gration, autorisé par votre lettre du 17 Prairial an 9 à résider
« dans ce département où il est placé en surveillance à Moulins,
« étant appellé pour des affaires indispensables à Clermont, dé-
« partement du Puy-de-Dôme, sollicite à cet effet mon autorisa-
« tion. J'ai l'honneur de vous référer cette demande, assuré par
« moi-même de la conduite parfaitement tranquille et soumise
« de cet individu, je ne crains point de vous prier de m'accorder
« l'autorisation de lui délivrer le passeport qui lui est nécessaire.

« Salut et respect.

    « BUREAUX-PUSY. »

(En marge : Edme-Philippe Marcellange mis en surveillance à
Burges-les-Bains, le 17 Prairial an 9) (4).

---

(1) Le commandeur doit vouloir parler d'Arçon ; mais j'ignore à quelles
démarches il fait allusion.
(2) Archives de la famille Boirot.
(3) 11 avril 1802.
(4) Arch. Nat., F7 3.406.

Voici maintenant la copie des deux lettres expédiées par le Ministère de la Police Générale, l'une au Préfet de l'Allier, l'autre au Préfet du Puy-de-Dôme:

« Le 24 germinal an X,

« Au Préfet de l'Allier,

« Je vous autorise Cit. Préf. d'après les renseignemens conte-
« nus dans votre lettre du 21 de ce mois, à faire délivrer au
« nommé Edme-Philippe Marcellange, prévenu d'émigration,
« placé en surveillance à Moulins, le passeport qu'il sollicite
« pour se rendre dans la commune de Clermont, département
« du Puy-de-Dôme.

« Vous lui prescrirez l'obligation de se présenter devant l'au-
« torité locale.

« Le Ministre. »

« Au Préfet du Puy-de-Dôme,

« Je vous préviens Cit. Préf. que le nommé Edme-Philippe
« Marcellange, prévenu d'émigration doit se rendre, d'après mon
« autorisation dans la commune de Clermont.

« Je vous recommande de le faire surveiller pendant le temps
« qu'il y séjournera.

« Le Ministre. »

(En marge : Expédié les deux lettres le 24 germinal an X) (1).
Puis la réponse du Préfet du Puy-de-Dôme :

« *Clermont-Ferrand, le 1ᵉʳ Floréal an X.*

« Le Préfet du département du Puy-de-Dôme au Citoyen Mi-
« nistre de la Police Générale.

« J'ai reçu la lettre que vous m'avez fait l'honneur de m'adres-
« ser en date du 24 germinal dernier, relative à l'autorisation
« que vous avez donnée au nommé Edme-Philippe Marcellanges
« prévenu d'émigration de se rendre à Clermont.

« Je viens de prévenir de maire de cette commune de faire
« exercer à son égard la surveillance à laquelle il se trouve assu-
« jetti.

« Salut et respect.

« (Signature illisible) (2). »

(1) Arch. Nat., F⁷ 3.406.
(2) *Id.*

Mais le Commandeur avait la nostalgie de son pays natal, et après son voyage à Clermont-Ferrand, il vint chercher un gîte dans la petite ville d'Ebreuil, d'où il pouvait apercevoir au loin les vieux toits d'Arçon et remuer les souvenirs que lui rappelait cet horizon. Ce fut le retour de l'émigré dans toute sa navrante tristesse : son château familial appartenait à un étranger, son mobilier était dispersé, ses terres étaient vendues, sa fortune anéantie. C'était là la récompense de son dévouement au Roi pour lequel, en 1790, il avait quitté sa retraite, pour lequel, à l'âge de 53 ans, il avait sacrifié ses occupations paisibles, sa tranquillité et son repos (1). Comme sur tous ceux qui n'ont pas réussi, une réprobation pèse sur les émigrés ;il est pourtant évident qu'au début de la Révolution, pour les gentilshommes et les officiers qui avaient prêté serment au Roi, la personne de Louis XVI incarnait plus réellement la patrie que les novateurs de l'Assemblée ou les dangereux bavards qui péroraient dans les clubs. A cette époque, le Roi, c'était le gouvernement régulier, c'était l'âme de la France, c'était la France elle-même. Contre ce Roi dont les ancêtres avaient longuement et patiemment fait l'unité nationale, il n'y avait aux yeux de la majorité des Français, que des gens en révolte ouverte contre l'autorité, que des insurgés contre l'ordre, la religion et la propriété (2)

Ainsi que le fait remarquer le commandant de Champflour dans son ouvrage sur *La Coalition d'Auvergne*, dans l'esprit des émigrés, il ne s'agissait au début que d'une révolte à réprimer et non d'une révolution. Suivant le mot de Napoléon, « toute ré-« volution ne peut être, dans le principe, qu'une révolte : le « temps et le succès parviennent seuls à la rendre légitime ». La situation, ajoute le commandant de Champflour, n'a-t-elle pas été la même en 1871 qu'en 1793, et la Révolution française ne fut-elle pas, somme toute, qu'une Commune qui a réussi ? Dans les deux cas, il y avait, d'une part, un gouvernement régulier, et de l'autre des insurgés. En 1871, les officiers français se rangè-

(1) Il est bon de faire remarquer que ceux qui restèrent en France, ne furent guère mieux partagés : la plupart payèrent de leur tête cet acte de fidélité au sol natal.

(2) Les fameux cahiers de 1789 demandant tous le maintien de la Monarchie.

rent également du côté du pouvoir qui allait combattre la Révolution et reconquérir Paris sur des Français, sous l'œil bienveillant des armées allemandes, avec leur consentement tacite et leur aide morale. Mais, en 1871, le gouvernement fut victorieux, et nous n'avons pas refusé à nos soldats notre reconnaissance et notre admiration. Pourrait-on, cependant, prévoir quel aurait été le jugement de l'histoire sur cette armée fidèle si, en 1871 comme en 1793, la Commune avait triomphé et avait ensuite, par des transitions successives, revêtu les apparences d'un gouvernement régulier ? (1). Qu'aurait-on dit alors de nos officiers et de leurs troupes ? L'armée de Versailles aurait été certainement comparée à l'armée de Condé, tandis que les soldats de la Commune auraient été glorifiés comme ceux de Jemmapes et de Valmy.

La vérité, c'est que lorsqu'on veut juger d'une façon impartiale les actions des hommes, on doit tenir compte des temps où ils ont vécu et des exemples journaliers qu'ils eurent sous les yeux. Il faut donc être très indulgent pour les émigrés, non seulement parce qu'ils ont beaucoup souffert, mais surtout parce qu'ils étaient en droit de se considérer comme des hommes de devoir, fidèles à la constitution et aux traditions monarchiques de leur pays.

Le Commandeur de Marcellanges se fixa à Ebreuil et s'installa tant bien que mal dans une modeste maison de la rue du Moulin. Son fils, Marc-Antoine, qui habitait à Raignans, chez ses beaux-parents, venait le voir de temps en temps pour s'entendre avec lui au sujet de leurs affaires communes. Car il semble bien que, dans l'esprit du Commandeur, il y ait eu un instant l'espoir de reconstituer sa propriété d'Arçon, et de finir ses jours dans la maison où il était né.

En effet, lors de la vente des immeubles d'Arçon, en 1794, M. Jean-Jacques Boirot (2), propriétaire à Laruas, commune de

_______

(1) Commandant DE CHAMPFLOUR : *La Coalition d'Auvergne*. Riom 1899.

(2) La famille Boisrot, Boyrot ou Boirot, dont il a déjà été question, se divisait au XVIII<sup>e</sup> siècle en trois branches principales : 1<sup>e</sup> les Boirot de Lacour, 2<sup>e</sup> les Boirot des Serviers, 3<sup>e</sup> les Boirot de Laruas ; leurs armoiries étaient : *d'azur, au chevron d'or, accompagné de trois étoiles du même, les deux en chef sommées de deux oiseaux affrontés d'argent*. Ils n'avaient rien de commun avec les Bouérot, Boérot ou Boirot du Préau, originaires de Saint-Gérand-le-Puy, qui portaient : *de sable, au lion d'or issant d'une cou-*

Vicq, soit qu'il eut agi pour son propre compte, soit, ce qui est plus probable, à la suite d'un accord avec les Marcellanges père et fils, avait acquis, le 23 germinal an II, une locaterie à Vicq, et, le 29 prairial an II, la moitié des terres composant le grand domaine d'Arçon.

Or, dès le retour du Commandeur à Ebreuil, et pendant le premier séjour de son fils Marc-Antoine dans cette ville, Jean-Jacques Boirot avait subrogé Marc-Antoine de Marcellanges dans tous ses droits de propriétaire sur les immeubles acquis en l'an II. Cette subrogation était faite moyennant le prix que Jean-Jacques Boirot avait payé à la Nation, *et qu'il reconnaissait avoir ci-devant reçu* de Marc-Antoine de Marcellanges. Cet acte passé le 22 thermidor an XI, devant Gilbert-Mathieu Rozier, notaire à Ebreuil, est ainsi conçu : « Subrogation à l'effet de ventes faites « par la Nation, à J.-J. Boirot au profit de Marc-Antoine de Mar- « cellanges. — Par devant Gilbert Mathieu Rozier, notaire à « Ebreuil, fut présent le citoyen Jean-Jacques Boirot, proprié- « taire au lieu de Laruas, lequel de son bon gré a mis et subrogé, « comme par ces présentes met et subroge purement, simple- « ment et irrévocablement le citoyen Marc-Antoine Marcellan- « ges, propriétaire, demeurant en la commune de Saint-Georges « de Roignans, dép¹ du Rhône, ci-présent et acceptant à l'effet : « 1° de la vente ou adjudication d'une locaterie actuellement « cultivée par Louis Roux, située au lieu d'Arçon, commune de « Vicq, faite par la Nation au dit Jacques Boirot devant le Di- « rectoire du District de Gannat, le 23 germinal an II, ladite lo- « caterie faisant partie des biens qui furent séquestrés sur ledit « Marc-Antoine de Marcellange, pour cause de prétendue émi- « gration ;

« 2° De la vente consentie également par la Nation au profit

---

ronne de même : M. AUBERT DE LA FAIGE, dans les *Fiefs du Bourbonnais* (arrondissement de Lapalisse), a confondu ces deux familles.

Jean-Jacques Boirot, mentionné ici, était le fils de Pierre Boirot de Laruas et de Pétronille Treille ; né le 7 février 1752, il se maria le 5 juillet 1788 à Elisabeth Perrin. Il ne laissa qu'un fils, Louis-Pierre Boirot de Laruas, né à Laruas le 20 mai 1791, décédé à Laruas le 21 juin 1862, qui, de son mariage avec Madeleine-Joséphine Vignancourt, n'eut que deux filles dont la postérité est encore représentée en Bourbonnais par les familles Bertoux, Bonnet, Sauty, Cellier et de Sereys : cette dernière possède encore la terre de Laruas.

« tant dudit Jacques Boirot que du citoyen Tessot, le 29 prairial
« an II, *mais en ce qui concerne seulement la partie d'immeu-*
« *bles* attribuée par cette subrogation à la forme du partage qui
« a été fait entre Jacques Boirot et ledit Tessot par acte reçu
« Juge, notaire à Ebreuil, le 14 germinal an V ;

« 3° A toutes actions rescindantes et rescisoires qui peuvent
« résulter du partage ci-devant daté, au profit du subrogeant...
« etc...

« Sont compris dans la présente subrogation les bestiaux gar-
« nissant les dits biens, lesquels néanmoins ne sont autres que
« ceux dont est chargé ledit Louis Roux, cultivateur.

« Cette subrogation est faite et convenue entre les parties
« *moyennant le prix et somme de quatre mille trois cent quatorze*
« *francs 70 centimes (4.314,70) en numéraire, à laquelle se sont*
« *élevés les différentes sommes payées à la Nation par le ci-*
« *toyen Boirot subrogeant, réduites d'après le tableau de dépré-*
« *ciation* de ce département, pour le prix des acquisitions men-
« tionnées ci-dessus et autres frais et déboursés relatifs au par-
« tage ; *laquelle somme de 4.314,70, le citoyen Marcellanges a*
« *ci-devant versée au citoyen Boirot,* ainsi que celui-ci le recon-
« naît, et déclare en conséquence qu'il lui en passe quittance
« avec promesse de l'en faire tenir quitte envers et contre tous...
« etc...

« Passé à Ebreuil en l'étude de Gilbert-Mathieu Rozier le 22
« thermidor an XI.

« Signé : M. A. Marcellange, J.-J. Boirot, Rozier, etc. (1). »

Mais, un mois après, en fructidor an XI, soit que la famille de
Marcellanges n'ait pu racheter du Sr Tessot le château d'Arçon
et l'autre moitié du grand domaine, soit que l'achat fait à la
Nation par J.-J. Boirot, en l'an II, n'ait été qu'un achat fictif,
fait pour le compte de Marc-Antoine de Marcellanges (2), ce
dernier revendait au même J.-J. Boirot une partie des immeubles
(la moitié environ) dont un mois auparavant J.-J. Boirot s'était
dessaisi en faveur du dit Marc-Antoine de Marcellanges.

(1) Etude Fleury : Communication de M. Richard, actuel propriétaire
d'Arçon.
(2) C'est ce qui paraît le plus vraisemblable.

« Par devant les notaires publics à la résidence d'Ebreuil, soussignés,

« Fut présent le citoyen Marc-Antoine Marcellange, proprié-
« taire, demeurant en la commune de Roignant, département du
« Rhône, présent en cette commune d'Ebreuil, lequel vend et
« rétrocède volontairement au citoyen Jean-Jacques Boirot, pro-
« priétaire au lieu de Laruas, commune de Vicq :

« 1° Le champ, appelé de Monsieur, dépendant du grand do-
« maine d'Arçon ;

« 2° ... 3° ... 4° ... etc...
« ainsi qu'ils se limitent et comportent.

« Lesquels héritages font partie et dépendent de ceux que ledit
« J.-J. Boirot avait acquis de la Nation qui les avait faite séques-
« trer sur ledit Marc-Antoine Marcellange sous prétexte de pré-
« tendue émigration, par devant le district de Gannat les 23 ger-
« minal et 22 prairial an II, et que ledit Jean-Jacques Boirot a
« remis par subrogation audit Marc-Antoine de Marcellange par
« acte reçu les notaires soussignés le 22 thermidor an XI, pour
« par ledit J.-J. Boirot acquéreur entrer en possession desdits
« héritages pour en jouir comme ledit sieur M. Antoine Marcel-
« lange vendeur ou rétrocédant et ses auteurs en ont joui ou dû
« jouir francs et exempts de toutes dettes et hypothèques... »

Cet acte est intitulé sur sa couverture :

« Rétrocession de fonds situés à Vicq, moyennant 2.000 francs
« par Marc-Antoine Marcellange à Jean-Jacques Boirot » (1).

Le reste des terres remises par Jean-Jacques Boirot à Marc-
Antoine de Marcellange fut cédé à différents propriétaires.

Le Commandeur de Marcellanges ne devait pas jouir longtemps du calme et de la tranquillité qu'il goûtait enfin à Ebreuil.
Toutes les épreuves subies pendant son exil avaient altéré sa
santé déjà chancelante ; la paralysie dont il était atteint fit de
rapides progrès, et deux ans et demi après son arrivée sur les
bords de la Sioule, le 9 pluviôse an XIII (29 janvier 1805), il
s'éteignit doucement dans la petite maison où il s'était logé. Aucun de ses enfants n'était près de lui, et ses yeux furent fermés

---

(1) Etude Fleury. Communication de M. Richard, propriétaire d'Arçon.

par son fidèle domestique, Jean-Baptiste Dumoulin, qui, depuis quinze ans, ne l'avait pas quitté. L'acte de décès (1) fut rédigé suivant la déclaration de MM. Jean Labussière et Gilbert-Mathieu Rozier, notaire, celui-là même qui, en 1793, comme Commissaire du District, avait reçu la dénonciation d'Amable Villiers et avait assisté à la vente du mobilier d'Arçon. Cet acte leur donne à tous les deux les qualités d'amis (??) et voisins du défunt. Quant à la succession, elle fut évaluée à la somme de 7.375 francs.

Après une vie pleine de malheurs et une existence de nomade que rien ne faisait prévoir, le Commandeur de Marcellanges ne ne reposera même pas à Vicq à côté de ses ancêtres, dans le caveau de famille où blanchissaient les os de ses aïeux. Par une froide matinée d'hiver, accompagné de son vieux domestique et de quelques rares personnes, son cercueil fut descendu dans une fosse quelconque de l'ancien cimetière d'Ebreuil actuellement désaffecté (2). Aucune pierre, aucune croix, aucune inscription n'indique maintenant l'endroit où, piétiné par les passants indifférents, dort son dernier sommeil Messire Edme-Philippe de Marcellanges, de son vivant Commandeur de l'Ordre de Malte, ancien Prieur de Saint-Germain-des-Fossés et de Bellenaves, dernier seigneur d'Arçon et de Vaudot ! « *Requiem æternam dona ei Domine !* »

(1) « Mairie d'Ebreuil, arrd<sup>t</sup> de Gannat (Allier) : Du neuf pluviôse an XIII de la République française, l'an I<sup>er</sup> du règne de Napoléon :

« Acte de décès d'Edme-Philippe de Marcellanges, décédé le même jour à « neuf heures du matin, âgé de 68 ans, né en la commune de Vicq (Allier) ; « profession : ancien chevalier de Malte, demeurant en cette commune « d'Ebreuil, fils de défunt Louis de Marcellanges et de Marie-Charlotte de « Bron, veuf de... (en blanc)...

« Sur la déclaration ainsi faite par Gilbert-Mathieu Rozier, notaire, âgé « de 36 ans, et par Jean Labussière, propriétaire, âgé de 46 ans, tous les « deux demeurant en cette commune d'Ebreuil, amis et voisins du défunt.

« Constaté par moi Antoine Fanget, maire. De tout quoi ai rédigé le pré- « sent acte avec les parties comparantes qui ont signé. » (Archives communales d'Ebreuil.)

(2) Selon M. le chanoine Gavelle, curé-doyen d'Ebreuil, le dernier cimetière en exercice avant celui situé sur la route de Vicq, se trouvait sur la place de l'église actuelle. Le cimetière qui était sur la place de l'ancienne église paroissiale Notre-Dame avait cessé d'être en usage quand Notre-Dame d'Ebreuil ayant été désaffectée pendant la Révolution, tous les services paroissiaux furent transportés à l'ancienne église abbatiale.

Le Commandeur de Marcellanges laissait deux enfants : une fille, la marquise de Saint-Georges, qui avait elle-même : 1° un fils, Edme-Philippe de la Saigne, marquis de Saint-Georges, chevalier de la Légion d'honneur, adjoint au maire de Moulins, y demeurant ; et 2° une fille, Marie-Anne de la Saigne, mariée à François Thomas des Colombiers, ancien capitaine d'état-major, habitant en la commune d'Ygrande, arrondissement de Moulins. La postérité de la marquise de Saint-Georges, née de Marcellanges, subsiste encore nombreuse en Bourbonnais, soit en ligne masculine par les de la Saigne, marquis de Saint-Georges, soit en ligne féminine par la descendance de Marie-Madeleine-Edmée de la Saigne, fille de Edme-Philippe de la Saigne, marquis de Saint-Georges, et de Marie Maublanc de Chizeuil, qui épousa, le 19 juillet 1839, Marie-Jacques-Raoul Gassot de Champigny : d'où les familles Gassot de Champigny, de Provenchères, Varénard de Billy, Bouquet des Chaux, des Villettes, de Brun (1).

Le second enfant du Commandeur était son fils Marc-Antoine de Marcellanges, né à Arçon le 12 avril 1762, et dont nous avons déjà donné l'acte de baptême. Suivant la tradition familiale, il fut d'abord Page du Roi en la Petite Ecurie à Versailles, dès le 14 décembre 1775, puis nommé capitaine réformé dans le régiment de Noailles-Dragons, le 31 mai 1783, et capitaine de remplacement le 12 mai 1786. Pourvu d'une compagnie à la formation du 15 mai 1788, il en prit le commandement le 7 juin 1788 (2). Ce n'était pas un simple officier de parade que le capitaine de Marcellanges, et son grade n'était pas un vague prétexte pour étaler un bel habit vert à parements et retroussis blancs dans les salons de Versailles ou les antichambres du Roi. Marc-Antoine de Marcellanges était un officier consciencieux : il suivit son régiment dans toutes ses garnisons. En 1786, il est à Epinal, et il est porté comme présent au corps en qualité de capitaine de remplacement dans la compagnie de Thuisy ; en 1787, le régiment est encore à Epinal, et dans la revue passée le 29 août par le comte de Vioménil, « maréchal des camps et armées du Roy », il est encore porté comme capitaine de remplacement dans la compagnie de Thuisy, et présent au corps. En

---

(1) Renseignements dus à l'obligeance de M. Tiersonnier.
(2) Archives du ministère de la guerre, registres du contrôle.

1788, il suit son régiment à Toulouse, et en 1789 à Carcassonne : il est, à ce moment, inscrit sur les registres du contrôle comme capitaine au premier escadron (1). Au mois de septembre 1789, il obtint un congé et en profita pour se marier avec M^lle Jeanne-Antoinette-Lucrèce de Monspey, fille de Louis-Alexandre-Elysée, marquis de Monspey (2), chevalier de l'ordre royal et militaire de Saint-Louis, maréchal des camps et armées du Roi, commandant l'escadron des Gardes du Corps du Roi, dans la compagnie Ecossaise, et de d^lle Jeanne-Antoinette Toublanc. Le contrat fut passé devant maître Pain, notaire à Villefranche (Rhône), le 18 mars 1790. Dans cet acte il est dit notamment :

1° Que le futur époux *s'est constitué de son chef les terres d'Arçon et de Vaudot*, circonstances et dépendances, ainsi que tous les fonds tant fonciers que mobiliers, qui lui venaient tant de la succession de la dame du Ligondès-Rochefort, sa mère, que d'Edme-Philippe de Marcellanges, son père, dont il lui avait passé acte de dépropriement, relâche et abandon, lorsqu'après le décès de la dame du Ligondès, son épouse, arrivé le 10 juin 1764, il se fit chevalier de Saint-Jean de Jérusalem, fit ses vœux dans l'ordre de Malte et fut nommé commandeur des commanderies dont il était alors titulaire ; desquels biens ledit Edme-Philippe de Marcellanges s'était réservé l'usufruit, ainsi que les jouissances qui lui avaient été léguées par la dame du Ligondès, son épouse ;

2° Qu'en faveur de ce mariage, ledit *Edme-Philippe de Marcellanges père, délaisse, abandonne et transporte à son dit fils, futur époux, dès à présent, toutes les jouissances qu'il s'était réservées*, et qui lui étaient acquises en exécution dudit acte de dépropriement, tant en immeubles que meubles et effets mobiliers généralement quelconques : notamment des meubles et effets dont se trouvait garnie son habitation dans le prieuré de Saint-Germain-des-Fossés, appartenant en propriété audit futur époux, son fils, comme provenant de ses deniers, entendant que son dit fils en entre dès à présent en possession.

3° Que le présent relache, abandon et transport, accepté par

<hr>

(1) Arch. du ministère de la guerre : carton Noailles-Dragons, et registres du contrôle.

(2) De Monspey : *d'argent, à deux chevrons de sable, au chef d'azur.*

le futur époux, est fait par son père, sous la condition du retour en sa faveur pendant sa vie, à la charge des dettes du fils et de l'acquittement du douaire de la future épouse, dans le cas où le futur époux décéderait avant lui sans enfants. quant à la jouissance de la terre d'Arçon et de Vaudot, ainsi que de tous les effets fonciers et mobiliers qui pouvaient être échus du chef de la dame du Ligondès-Rochefort, etc.

Après la célébration du mariage, les nouveaux époux habitèrent à Raignains (1), chez les parents de la jeune femme. Il semble bien que Marc-Antoine de Marcellanges ait émigré quelques mois plus tard, puisque, en 1792, il donnait à Coblentz, en même temps que son père, son adhésion à la coalition d'Auvergne (2). Mais il dut rentrer en France d'assez bonne heure (3), et sans être inquiété, car il n'avait été porté sur aucune liste d'émigrés, ni par le département du Rhône, ni par le département de l'Allier. Cela s'explique par le fait que dans ces deux régions il était peu connu : dans l'une, il venait seulement de s'y marier, et si son beau-père, le marquis de Monspey, fut régulièrement inscrit (4), son gendre passa inaperçu ; dans l'autre, comme il était parti fort jeune du Bourbonnais et n'y venait plus que très rarement. le commandeur de Marcellanges, son père, considéré toujours comme le propriétaire d'Arçon, fut seul mentionné sur la liste. Sur ce point, il ne peut subsister aucun doute : la liste des Emigrés, imprimée à Moulins en 1793 (5), indique bien deux fois le nom de Marcellanges, 1º par le district de Cusset. Edme-Philippe de Marcellanges, chevalier de Malte, domicilié à Saint-Germain-des-Fossés ; 2º par le district de Gannat. Marcellanges (sans prénom), mais avec la mention de commandeur de Malte, domicilié à Vicq. Quoique, dans ce dernier cas. le prénom ne soit pas indiqué, il ne peut y avoir de confusion entre le père et le fils, l'un commandeur de Malte et

(1) Aujourd'hui Saint-Georges de Reneins (Rhône), canton de Belleville, arrondissement de Villefranche-sur-Saône ; la famille de Monspey possède encore un château dans cette localité.

(2) DE CHAMPFLOUR : *Op. cit.*

(3) Il était déjà rentré en France en 1800, avant son père, sans avoir eu besoin de faire aucune démarche.

(4) Le marquis de Monspey revint en France en l'an 9. (Arch. Nat., F⁷ 3 410 )

(5) Moulins, 1793, imprimerie Boutonnet.

l'autre capitaine de dragons. Les terres d'Arçon et de Vaudot, ainsi que toutes les propriétés des Marcellanges, n'auraient donc pas dû être séquestrées : au point de vue du droit strict, leur vente fut illégale, car elles n'appartenaient plus au commandeur, même en usufruit, depuis le mariage de son fils (18 mars 1790), et que Marc-Antoine de Marcellanges n'avait jamais été considéré officiellement comme un émigré.

Dès son retour en France, le commandeur s'aperçut vite de cette omission, et il comprit rapidement le parti qu'il en pouvait tirer. Son premier soin fut de faire constater par l'autorité départementale que son fils n'avait point été porté sur les listes d'émigration. Dans ce but, il adressa une requête au Préfet de l'Allier qui rendit l'arrêté suivant :

« *Du 19 Vendémiaire an X* » (*11 Octobre 1801.*)

« Le Préfet de l'Allier,

« Vu la pétition de Marc-Antoine Marcelanges en date à Mou-
« lins du 16 de ce mois, présentée et signée par le C^en Marcelan-
« ges père pour son fils, tendante à obtenir un certificat de non
« inscription sur la liste des émigrés ; observant que la similitude
« de nom avec le C^en Marcelanges, commandeur de Malte, qui
« se trouve compris sous deux inscriptions sur la liste générale,
« le met dans le cas de se nantir de ce certificat, afin de pouvoir
« vacquer à ses affaires dans le département de l'Allier et ailleurs,
« et qu'il a intérêt à faire reconnaître sa non-identité avec l'ex-
« commandeur de Malthe, inscrit sur la liste des émigrés ; inscrip-
« tion qui est étrangère à ce dit Marc-Antoine Marcelanges, qui
« n'a jamais appartenu audit ordre, ainsi qu'il est prouvé par
« l'acte de notoriété joint à la pétition ;

« Vu l'acte de notoriété reçu par Ardon, notaire à Villefran-
« che, département du Rhône, le premier vendémiaire an X, en-
« registré le lendemain, dûment visé et légalisé, constatant que
« le citoyen Marc-Antoine Marcelanges n'a jamais appartenu
« à l'ordre de Malthe, et qu'il n'en a jamais porté la décoration ;

« Vu la Liste générale des Emigrés de la République et ses
« sept supplémens ;

« Considérant qu'il résulte de la vérification desdites listes

« générale et supplémentaires, qu'il se trouve sur la première
« deux inscriptions du nom de Marcelanges, savoir :

« 1° Marcelanges.... Commandeur de Malte du district de
« Gannat.

« 2° Marcelanges (Edme-Philippe), Commandeur de Malthe du
« district de Cusset.

« Qu'aucune des listes sus-énoncées ne présente l'inscription
« nominative de Marc-Antoine Marcelanges ;

« Que l'acte de notoriété sus-visé établissant que le pétition-
« naire n'a jamais appartenu à l'ordre de Malthe, la première ins-
« cription ci-dessus, qui n'énonce point les prénoms de l'inscrit,
« mais lui donne la qualité de Commandeur de Malthe, est étran-
« gère au Cⁿ Marc-Antoine Marcelanges, ancien capitaine au
« régiment de Noailles-Dragons, et paraît concerner Edme-Phi-
« lippe Marcelanges, attaché au dit ordre et propriétaire dans les
« deux districts de Gannat et Cusset, qui est aussi l'objet de la
« seconde inscription ;

« *Déclare que les inscriptions de nom Marcelanges sur les Listes*
« *d'émigrés ne sont point applicables au citoyen Marc-Antoine*
« *Marcelanges.*

« Le présent certificat délivré audit Marc-Antoine Marcelanges
« pour être représenté dans le département de l'Allier et ailleurs
« pour ses affaires et lui servir partout où besoin sera.

« Fait à Moulins, le 19 vendémiaire an X de la République.

> « *Le Préfet de l'Allier :*
> « CH. DIDELOT.
>
> « Pour le Préfet :
> « *Le Secrétaire général :*
> « LUYLIER. »

Extrait des registres des délibérations et arrêtés de la Préfecture du département de l'Allier.) (1)

Ainsi le Préfet de l'Allier lui-même ne considérait pas Marc-
Antoine de Marcelanges comme un émigré. Fort de cet arrêté
catégorique, le Commandeur essaya de faire rentrer ses enfants

---

(1) Arch. Nat., F⁷ 6.016.

en possession, non pas d'Arçon et de Vaudot, qui étaient aliénés irrévocablement, mais de quelques-uns de leurs biens non vendus, notamment de deux contrats de rente dont la nation avait fait don à l'hospice d'Ebreuil.

Le premier de ces contrats reposait sur une somme de 3.050 livres, prêtée le 8 novembre 1720, selon acte reçu Martinet, notaire à Ebreuil, par Esmé de Marcelanges d'Arçon à Etienne de Bard et à sa belle-mère Madeleine-Aimée de Chateaujaloux (2). Cette dette, reconnue en 1752 par dame Marie de Praloix, veuve d'Etienne de Bard, et héritière de la dame de Chateaujaloux sa mère, le fut encore, au profit d'Edme-Philippe de Marcelanges et de ses enfants, le 29 juillet 1777, devant Juge, notaire à Ebreuil, par Annet de Bard, Antoine de Bard, Gabrielle de Bard, Joseph de Bard, Antoinette de Bard, Gilbert-Antoine Lucas en qualité de tuteur de ses enfants et de défunte dame de Bard son épouse, et dame Marie Mallet, veuve de défunt Gabriel de Bard, s^r de la Garde, et tutrice de leurs enfants : les dits sieurs, demoiselle et dame de Bard, frères et sœurs, héritiers de M^re Etienne de Bard et de dame Marie de Praloix. Ladite somme de 3.050 livres produisant un intérêt de 61 livres de rente annuelle.

Le second contrat consistait en une somme de 6.000 livres prêtée également par Esmé de Marcelanges d'Arçon, selon acte reçu par Girard, notaire à Gannat, le 10 septembre 1720, à dame Rivel Bronod, veuve de Antoine Martin de Saint-Priest. Ladite somme de 6.000 livres donnant une rente annuelle de 120 livres. Ce contrat fut reconnu d'abord en 1752, devant Juge, notaire à Ebreuil, par M. Antoine Martin de Saint-Priest, M. Antoine Rabusson et dame Angélique Martin de Saint-Priest, son épouse, M. François Rabusson, greffier aux traites foraines de Gannat, comme mari de défunte dame Marie Martin de Saint-Priest et comme tuteur de ses enfants, M^re de Bard et Thérèse Martin de Saint-Priest, son épouse, tous comme héritiers de défunt Antoine Martin de Saint-Priest et de la dame Bronod, leur père et mère. Le 17 juin 1782, M. Gilbert Trellet, bourgeois de Gannat, et dame Gabrielle Martin de Saint-Priest, son épouse, d^lles Anne et Procule Martin de Saint-Priest, M. Jacques Charière et dame

---

(1) CHATEAUJALÓUX : *Fief relevant de Rochefort*, situé sur la paroisse d'Ebreuil.

Marie Martin de Saint-Priest, son épouse, M. François Rabusson, dame Angélique Rabusson, épouse de M. François Hue, dame Marie Rabusson, veuve de M. François Delaire, M. Antoine Rabusson de Poëzat, tous solidairement, reconnurent cette rente de 120 livres au capital de 6.000 livres, au profit : 1" de M^r^ Edme-Philippe de Marcelanges, demeurant ordinairement en son Prieuré de Saint-Germain-des-Fossés ; 2" de M^r^ Gilbert-Annet de la Saigne et de dame Louise-Antoinette de Marcellanges, son épouse, demeurant ordinairement à Saint-George, en haute Marche, paroisse dudit lieu ; 3° de M^re^ Marc-Antoine de Marcellanges, « majeur de coutume et émancipé d'âge », demeurant à Versailles, aux Ecuries, paroisse de Notre-Dame.

Ce sont ces deux contrats de rente, mis sous séquestre et donnés par la nation à l'hospice d'Ebreuil, dont le Commandeur, comme fondé de pouvoir de son fils, demanda la restitution devant le Conseil de Préfecture de l'Allier. Ce dernier, à la date du 22 fructidor an X, annula le transfert fait à l'hospice d'Ebreuil:

« Extrait des registres des délibérations du Conseil de la Pré-
« fecture du département de l'Allier :

« Du 22 fructidor an X (1) :

« Vu la pétition de Edme-Philippe de Marcelanges au nom et
« comme fondé de pouvoir de Marc-Antoine de Marcelanges,
« son fils, ayant pour objet d'obtenir la restitution de deux rentes,
« l'une de 61 livres dûes par le citoyen de Bar, et l'autre de 120
« livres dûes par le citoyen Rabusson et autres ;

« Vu les deux contrats de ces rentes consenties au profit de
« Edme-Philippe de Marcelanges et de Marc-Antoine, son fils,
« par acte du 29 juillet 1777 et 17 juin 1782 ;

« Vu le contrat de mariage reçu Pain, notaire, en date du
« 18 mars 1790, consenti entre Marc-Antoine de Marcelanges et
« Henriette-Jeanne-Antoinette-Lucrèce de Monspey ;

« Vu l'arrêté du Conseil de Préfecture du 2 thermidor dernier ;

« Vu l'avis et les observations du Directeur de la Régie du
« domaine national des 29 messidor et 24 thermidor dernier ;

« Considérant que par le contrat de mariage du 18 mars 1790, il
« est exprimé que dès l'année 1764, Edme-Philippe de Marce-

--------

(1) 9 septembre 1802.

« langes, après le décès de dame Jeanne de Ligondès-Rochefort,
« son épouse, il se dépouilla en faveur de son fils, Marc-Antoine,
« de tous ses biens tant fonciers que mobiliers, et que Marc-An-
« toine s'est constitué en dot ces mêmes biens ;

« Considérant que les rentes de 61 francs et de 120 francs sont
« une propriété de Marc-Antoine de Marcelanges dont le nom ne
« se trouve sur aucune liste d'émigrés; que conséquemment la na-
« tion n'a jamais pu disposer de ces rentes sur lesquelles elle
« n'avait aucun droit de propriété ;

« Le Conseil de Préfecture arrête :

« Le transfert fait à l'hospice d'Ebreuille, le premier jour com-
« plémentaire de l'an 9, des deux principaux de rentes de 61
« francs d'une part dûs par le citoyen de Bar, et de 120 francs
« de l'autre, dus par le citoyen Rabusson, en exécution des arrê-
« tés des Consuls des 15 Brumaire et 9 Nivôse de l'an 9, est
« annulé ;

« ART. 2. — Ces deux principaux de rentes seront rendus à
« Marc-Antoine de Marcelange pour en jouir et disposer comme
« de sa propre chose ;

« ART. 3. — Marc-Antoine de Marcelange se pourvoira, si bon
« lui semble, par devant l'autorité administrative, pour obtenir la
« liquidation des arrérages de ces deux rentes qui auraient été
« versé au trésor public. Les arrérages touchés par l'hospice
« d'Ebreuille lui seront restitués par cet hospice qui, à son tour,
« se pourvoira pour obtenir le remplacement de ces deux princi-
« paux de rentes ;

« ART. 4. — Ampliation du présent sera adressé au Directeur
« de la Régie.

« Fait en l'hôtel de la Préfecture du département de l'Allier,
« A Moulins, les jour et an que dessus.
« Et ont signés au registre les citoyens Claustrier, Burelle et
« Radot, Conseillers de Préfecture.

« Pour copie conforme :

« Le Secrétaire général de la Préfecture du département de
« l'Allier.

« CLAUSTRIER. » (1).

---

(1) Archives Nationales, F⁷ 6.016.

Tout semblait alors terminé, et Marc-Antoine de Marcellanges allait pouvoir rentrer en possession, sinon des 9.000 francs du capital, du moins du revenu de cette somme. L'arrêté était basé, et avec juste raison, sur le fait que Marc-Antoine n'ayant pas été considéré comme un émigré, l'Etat ne pouvait disposer de ses biens. Mais c'était mal connaître l'administration que l'Europe est censée nous envier. L'Etat ne rend pas facilement ce qu'il a pris, même à tort, et, sous la pression du Directeur de l'Enregistrement et du Domaine, appuyé sans doute par quelque personnage influent, le Conseil de Préfecture, composé des mêmes membres que précédemment, n'hésita pas à se déjuger et, *un mois après*, il rendit l'absurde arrêté ci-dessous ; il déclarait, malgré la décision du Préfet en date du 19 vendémiaire an X, et contrairement à toute vraisemblance, que le Marcelanges, sans prénom, Commandeur de l'Ordre de Malte, était le même que le capitaine de dragons Marc-Antoine de Marcellanges ! ! !

« *Extrait des registres des délibérations du Conseil de la Pré-*
« *fecture du département de l'Allier, du 12 vendémiaire an XI* (1):

« Un membre du Conseil de Préfecture donne lecture d'une
« lettre qu'écrit au Préfet le Directeur de l'Enregistrement et du
« Domaine national le 1ᵉʳ jour complémentaire de l'an X, pour
« lui observer que le Conseil, dans son arrêté du 22 fructidor der-
« nier, a annulé le transfert qu'a fait la régie du domaine à l'hos-
« pice d'Ebreuil de deux rentes, l'une de 61 francs et l'autre de
« 120 francs, dûes, l'une par le citoyen de Bar, et l'autre par le
« citoyen Rabusson, et qu'il n'a pas fait attention que Marc-
« Antoine de Marcelange était porté sur la liste des émigrés et
« que ses biens avaient été séquestrés.

« Sur quoi, considérant que rien dans l'instruction faite avant
« le 22 fructidor sur la pétition de Marc-Antoine de Marcelange
« ou d'Edme-Philippe de Marcelange pour lui, ni dans les ob-
« servations de la régie, n'annonçait que les biens de Marc-An-
« toine eussent été séquestrés, et *que le nom de Marcelange ins-*
« *crit sans prénom sur la liste des émigrés était le même que Marc-*
« *Antoine pétitionnaire*, et qu'il est maintenant évident que ces

(1) 4 octobre 1802.

« biens sont encore sous le séquestre, et que ce Marc-Antoine
« n'est pas encore rayé de la liste.

« Considérant que le transfert de ces deux rentes ayant été
« effectué dès le premier jour complémentaire de l'an IX, l'alié-
« nation est consommée, et qu'alors l'arrêté des Consuls du 29
« messidor an VIII, celui du 13 frimaire an X, et le sénatus-con-
« sulte du 6 floréal même année, s'oppose formellement à la res-
« titution qu'ordonnait l'arrêté du Conseil du 22 fructidor dernier,
« puisqu'il suffit qu'un bien ait été séquestré pour donner lieu à
« l'application de toutes les lois qui ont fixé la jurisprudence sur
« les émigrés, soit que le nom ait été bien ou mal désigné avec
« ou sans prénoms.

« Le Conseil de Préfecture rapporte son arrêté du 22 fructidor
« an X, et il arrête que le transfert qui a été fait à l'hospice
« d'Ebreuil, le premier jour complémentaire de l'an IX, des
« rentes de 61 francs et de 120 francs dûes par les citoyens de Bar
« et Rabusson, doit avoir sa pleine et entière exécution.

« Ampliation du présent arrêté sera adressé au Directeur.

« Fait en l'hôtel de la Préfecture du département de l'Allier,

« A Moulins, les jour et an que dessus.

« Et ont signé au registre, les citoyens Burelle, Radot et Claus-
« trier, Conseillers de Préfecture.

« Pour copie conforme, le Secrétaire général de la Préfecture
« du département de l'Allier,

« CLAUSTRIER (1). »

Et voilà ! le tour était joué !

Le Commandeur de Marcelanges ne se tint pas pour battu.
Après avoir consulté différents avocats, il faisait parvenir au Ministre de la Justice un mémoire exposant très clairement toute
cette affaire, en faisant appel par devant lui contre les dispositions de l'arrêté du Conseil de Préfecture en date du 12 vendémiaire an XI :

« A Son Excellence le Grand Juge,<br>
Ministre de la Justice,

« Marc-Antoine Marcellanges, propriétaire, demeurant à Roi-
« gnans, canton de Belleville, département du Rhône, expose :

_______

(1) Arch. Nat., F⁷ 6.016.

« Qu'après le décès de la dame du Ligondès, sa mère, arrivé
« en 1764, Edme-Philippe Marcellanges, son père, s'étant fait
« chevalier de Saint-Jean de Jérusalem, et ayant fait ses vœux
« dans l'Ordre de Malte, fit acte de dépropriement au profit de
« l'exposant de tous ses biens tant fonciers que mobiliers, dont il
« se réserva seulement l'usufruit qu'il lui abandonna ensuite dans
« son contrat de mariage avec la dame Monspey, du 18 mars
« 1790.

« Dès cet instant, la propriété et la jouissance de tous les biens
« d'Edme-Philippe Marcellanges passèrent sur la tête de l'expo-
« sant.

« Cette propriété comprenait deux contrats de rente de 61 et
« de 120 francs, reconnus à son profit par les héritiers Rabusson
« et par les héritiers de Bard.

« Depuis l'époque de son mariage avec la dame Monspey,
« l'exposant avait constamment fixé son domicile avec la famille
« de cette dernière à Roignains, département du Rhône, et il
« faisait régir ses propriétés, situées dans le département de l'Al-
« lier, où il n'allait que très rarement.

« La possession qu'il en avait prise, n'ayant pas eu sans doute
« assez de notoriété, on avait ignoré l'abandon que lui en avait
« fait son père, et au moment où la Révolution fit ses ravages,
« les Corps administratifs se prévalant de l'absence d'Edme-Phi-
« lippe Marcellanges, firent inscrire son nom sur la liste des Emi-
« grés et établirent, non sur ses biens, *puisqu'il n'en avait plus,*
« mais sur ceux de l'exposant, le séquestre national.

« Ce séquestre, basé sur l'émigration du père, ne pouvait point
« préjudicier au fils qui n'avait point encouru la peine prononcée
« contre les émigrés.

« En effet, jamais le nom de l'exposant n'a été compris sur au-
« cune liste. On y trouve seulement celui de Marcellanges, com-
« mandeur de Malte, et celui de Marcellanges (Edme-Philippe),
« Commandeur de Malte. Nulle part on ne voit celui de Marc-
« Antoine de Marcellanges, vrais nom et prénom de l'exposant
« qui n'a point été Commandeur de Malte.

« La similitude de ces noms Marcellanges, pouvant compromet-
« tre l'exposant, il obtint du Préfet de l'Allier, un arrêté, le
« 19 vendémiaire an X, qui déclara que les inscriptions du nom

« de Marcellanges sur les listes d'émigrés, n'étaient point appli-
« cables à Marc-Antoine Marcellanges.

« L'exposant ayant réclamé la propriété des deux contrats de
« rentes qui lui étaient dûs par les cohéritiers Rabusson et De-
« bard, il obtint arrêté du Conseil de Préfecture, le 22 fructidor
« an X, qui, en annulant le transfert qui en avait été fait à l'hos-
« pice d'Ebreuil, ordonna qu'ils lui seraient rendus pour en jouir
« et disposer comme de sa chose propre.

« La raison et la justice avaient présidé à la sagesse des dispo-
« sitions de cet arrêté, mais au moment où il devait en recueillir
« l'avantage, un ennemi secret vint l'en empêcher.

« Le 12 vendémiaire an XI, le Conseil de Préfecture rendit un
« second arrêté, qui, rapportant celui du 22 fructidor précédent,
« ordonna que le transfert de ces contrats de rentes à l'hospice
« d'Ebreuil, aurait sa pleine et entière exécution.

« Ce second arrêté porte évidemment sur une imposture et sur
« une fausse application des lois. — L'exposant appelle par de-
« vant Votre Excellence de ses dispositions, et ses moyens pour
« le faire réformer sont aussi multiples que solides.

« Il est prouvé qu'avant les lois sur l'émigration, les biens
« d'Edme-Philippe Marcellanges père, et de la dame du Ligon-
« dès, son épouse, étaient passés sur la tête de l'exposant, leur
« fils, qui se les était constitués dans son contrat de mariage du
« 18 mars 1790.

« De droit commun, le séquestre d'une propriété n'a jamais
« pu procéder qu'au préjudice du vrai propriétaire ; il n'a pu
« frapper que contre celui qui, par l'inscription de son nom sur
« la liste des émigrés était dans le cas d'être privé de la jouis-
« sance de ses biens.

« Or, quel a été le Marcellanges que la Loi a pu atteindre ?
« Quel est celui, portant ce nom, qui a été inscrit sur la liste fa-
« tale ? C'est Edme-Philippe Marcellanges, Commandeur de
« Malte, ou Marcellanges, sans prénom, mais revêtu de la qualité
« de Commandeur de Malte.

« *Aucune des listes d'émigrés n'a porté le nom de Marcellanges*
« *qu'avec la qualité de Commandeur de Malte.* Or, les deux ins-
« criptions ne frappaient visiblement que contre Edme-Philippe
« Marcellanges qui, en effet, était alors Commandeur de Malte.

« Le séquestre national qui a été la suite de cette inscription, n'a
« donc pu légitimement mettre sous la main de la nation que les
« propriétés de Marcellanges, Commandeur de Malte.

« Les lois, et surtout les lois pénales, n'ont pas d'effet rétroac-
« tif. L'inscription sur la liste des Emigrés du nom de Marcellan-
« ges père, *n'a pu faire séquestrer les biens dont il avait antérieu-
« rement disposé, par actes authentiques,* en faveur de l'expo-
« sant. D'où il suit que le séquestre établi sur les biens du fils, à
« cause de l'inscription du père et sous son nom, a évidemment
« procédé au préjudice d'un individu qui n'avait point encouru
« les peines prononcées contre l'émigration, et avait saisi une
« propriété sur laquelle la nation n'avait plus rien à prétendre.

« Il suit de là, que le séquestre apposé à cause de l'inscription
« sur la liste du nom de Marcellanges père, Commandeur de
« Malte, n'a pu comprendre les contrats de rente sur les co-héri-
« tiers Rabusson et De Bard, lors même qu'ils lui avaient appar-
« tenus antérieurement, parce que, longtemps avant, il en avait
« disposé en faveur de l'exposant dont ils étaient devenus la
« propriété exclusive.

« Si la nation ne pouvait s'attribuer ces contrats de rentes, il
« est hors de doute qu'elle n'a pu valablement en faire le trans-
« fert à l'hospice d'Ebreuil, et, si elle l'a fait, cette disposition
« étant visiblement le fruit de l'erreur, ne peut subsister.

« En partant de là, il est clair que l'arrêté du Conseil de Pré-
« fecture du 22 fructidor an X, en annulant le transfert et ordon-
« nant la restitution à l'exposant, avait prononcé une chose infi-
« niment juste, infiniment raisonnable, et par conséquent celui
« du 12 vendémiaire suivant qui l'a rapporté, ne saurait soutenir
« les regards de l'homme équitable.

« En vain pour lui donner une apparence de légitimité, le Con-
« seil de Préfecture a-t-il osé avancer que l'inscription sans pré-
« nom, du nom de Marcellanges sur la liste des Emigrés, était le
« même que Marc-Antoine ; cette supposition est évidemment de
« mauvaise foi, et le Conseil de Préfecture ne peut se justifier de
« l'avoir fait naître. D'une part, il a vu sur la liste que le nom de
« Marcellanges, inscrit sans prénoms, était suivi de la qualité de
« Commandeur de Malte, et il savait positivement que l'exposant
« n'avait jamais eu cette qualité, dont était décoré Edme-Philippe

« Marcellanges, son père. D'un autre côté, il avait sous les yeux
« l'arrêté du Préfet de l'Allier du 19 vendémiaire précédent, qui
« avait formellement déclaré que les inscriptions sur les listes
« d'émigrés n'étaient point applicables à Marc-Antoine Marcel-
« langes. Convenons que la supposition du Conseil de Préfecture
« n'est réellement pas à l'abri de reproche.

« On lui en a également imposé en lui faisant dire que les
« biens de l'exposant étaient encore sous le séquestre ; tandis
« qu'alors il jouissait paisiblement de ceux qui lui avaient été res-
« titués et que cette jouissance était notoire.

« Le Conseil de Préfecture a ensuite fait une fausse application
« des actes de l'autorité qui ont fixé la jurisprudence sur les émi-
« grés. On ne peut appliquer leurs dispositions (qui ne concer-
« nent que les émigrés), à l'exposant dont le nom n'a jamais été
« porté sur la liste.

« Quand il serait possible d'inférer de leurs dispositions que
« tel qui aurait été bien ou mal désigné sur les listes d'émigrés
« et dont les biens séquestrés auraient été aliénés, ne put les re-
« vendiquer, on ne pourrait s'en prévaloir contre l'exposant : *il ne
« se trouve ni bien ni mal inscrit sur la liste ; son nom ni son pré-
« nom n'y parurent jamais*, puisque c'est celui de Marçellanges,
« Commandeur de Malte, qui y est seul compris. De là, les lois
« et actes du gouvernement ne peuvent le concerner. Il y a
« mieux, c'est qu'il n'a subsisté sous son nom aucun séquestre
« national, puisque celui qu'on lui oppose a procédé contre et
« sous le nom de son père. N'y ayant aucune identité entre eux,
« on ne peut pas dire que les biens de l'opposant ont été séques-
« trés, parce qu'encore une fois le séquestre n'a pu frapper que
« sur des propriétés appartenant à Marcellanges père, inscrit sur
« la liste, et que les contrats de rentes dont il s'agit ne lui appar-
« tenaient pas.

« Ainsi, en admettant l'interprétation que le Conseil de Préfec-
« ture, a donné aux actes du gouvernement relatifs aux émigrés ;
« en supposant qu'il fut suffisant que l'inscription sur la liste et
« le séquestre national interdisent à ceux qui les ont éprouvés
« toute réclamation, ce qui n'est pas, ce qui même ne peut équi-
« tablement être, il est démontré que les dispositions de ces actes
« de l'autorité ne pourraient toujours point contrarier la demande

« de l'exposant, parce qu'encore une fois, on ne peut lui appli-
« quer les peines prononcées contre les émigrés, puisqu'il n'a pas
« été inscrit sur les listes, qu'aucun séquestre national n'a eu lieu
« sous son nom pérsonnel, et que celui qui a établi la main-mise
« de la nation sur les contrats de rente qu'il réclame, a frappé
« *nominativement contre Marcellanges, Commandeur de Malte,*
« *à qui cette propriété n'appartenait plus.* Cela est sans réplique.

« Mais admettons pour un instant que les lois qui ont fixé la
« jurisprudence sur les Emigrés, puissent s'appliquer au cas où
« se trouve l'exposant ; dans cette supposition même, l'arrêté du
« 12 vendémiaire an XI ne serait pas moins insoutenable.

« En effet, tous les principes de la législation relative aux Emi-
« grés, se trouvent dans ce moment réduits aux dispositions du
« sénatus-consulte du 6 floréal an X, le seul qui fixe aujourd'hui
« leur sort, soit par rapport à leurs personnes, soit par rapport à
« leurs biens. Toutes les lois, tous les arrêtés antérieurs, se trou-
« vent de droit abrogés par cet acte de la clémence nationale ;
« il serait absurde de chercher à les faire revivre.

« Or, que prononce le Sénatus-Consulte quant aux biens des
« Emigrés ? Que les individus amnistiés ne pourront en aucun cas
« et sous aucun prétexte, attaquer les partages ou autres arran-
« gements faits entre la République et les particuliers, et que
« ceux de leurs biens qui sont encore dans les mains de la Na-
« tion (autres que les bois et forêts, les immeubles affectés à un
« service public, les droits sur les canaux de navigation et les
« créances qui pourraient leur appartenir sur le Trésor public et
« dont l'extinction s'est opérée par confusion) *leur seront rendus,*
« sans restitutions de fruits.

« On défie qui que ce soit de trouver dans cette loi aucune
« disposition contraire à la réclamation de l'exposant.

« Mais, dit-on, le transfert des rentes était consommé ; elles
« n'étaient plus entre les mains de la Nation ! — Où a-t-on pris
« que les biens des hospices ne sont plus nationaux ? Quoi, la
« République a disposé *à titre gratuit*, en faveur des hospices,
« des rentes qui étaient dûes aux Emigrés, et l'on veut assimiler
« cette disposition aux aliénations faites à titre onéreux à des
« particuliers ? Quelle erreur grossière ! Les établissements de
« charité n'ont jamais cessé d'être à la République ; elle seule

« est obligée de les doter, de subvenir à leurs besoins, à leurs
« dépenses. Les biens qu'ils possèdent sont à elle, puisque c'est
« elle qui les fait régir, et qu'elle est tenue d'y suppléer en cas
« d'insuffisance.

« Ainsi, lors même que les rentes dont il est question ont été
« transférées à l'hospice d'Ebreuil, elles n'auraient pas cessé
« d'appartenir à la Nation, si elles eussent été réellement la pro-
« priété d'un Emigré, et aux termes du Sénatus-Consulte, dans
« cette supposition même, elles devraient être rendues. A com-
« bien plus forte raison doivent-elles l'être si l'on considère *qu'il
« n'a jamais été inscrit sur la liste des Emigrés et qu'aucun sé-
« questre national n'a été établi sous son nom personnel*, mais
« sous le nom d'un autre qui n'y avait plus aucun droit.

« Ce considéré, il plaise à Votre Excellence, vu l'exposé en la
« présente et toutes les pièces rappellées, faisant droit sur l'appel
« que porte l'exposant par devant vous contre les dispositions de
« l'arrêté du Conseil de Préfecture du 12 vendémiaire an XI ;
« Ordonner que ledit arrêté est cassé et mis à néant ; émendant
« que les dispositions de celui du même Conseil de Préfecture du
« 22 fructidor précédent seront exécutées suivant leur forme et
« teneur.

« Salut et respect,

« Marc-Antoine de Marcellanges (1). »

Nous n'aurions probablement jamais su ce qu'il était advenu
de cette pétition, si Marc-Antoine de Marcellanges n'avait eu
l'idée de la faire recommander au Grand-Juge par Mgr Charrier
de la Roche, évêque de Versailles, qui appuya le mémoire des
Marcellanges par la lettre suivante :

« *Versailles, 12 pluviôse an XII* (2).

« Citoyen Grand Juge (3),

« Je me suis chargé de faire parvenir et de recommander à
« Votre Excellence le mémoire ci-joint avec les pièces à l'appui,

---

(1) Arch. Nat., F⁷ 6.016.
(2) 2 février 1804.
(3) Régnier (Claude-Ambroise), né en 1736, mort à Paris en 1814. Membre
du Conseil des Anciens, il fut ministre de la justice de 1802 à 1813. Reçut
en 1809 le titre de duc de Massa.

« concernant une erreur de nom contre laquelle réclame un ami
« auquel je prens le plus vif intérêt, laquelle lui porte et à sa for-
« tune un préjudice qu'il est digne de vous de faire cesser.

« Je vous supplie de vouloir bien faire examiner l'affaire en
« question ; et ma confiance en votre justice est égale à mon res-
« pect et à mon dévouement pour Votre Excellence.

« † Louis, évêque de Versailles (1). »

Au bas de cette lettre, le citoyen Régnier, Grand-Juge et Ministre de la Justice, inscrivit alors cette note :

« Répondre à M. l'Evêque que cette affaire est dans les attri-
« butions du ministre des finances (2), auquel le Grand-Juge l'a
« transmise. — 16 pluviôse. »

C'était l'ajournement indéfini, le renvoi devant une autre juridiction, l'enterrement déguisé de la revendication des Marcellanges. D'ailleurs, un an après le Commandeur mourait à Ebreuil,
et il est probable que le fils n'entendit plus parler de cette affaire
que pour se voir opposer une fin de non-recevoir. Ce qui tend à
le faire croire, c'est qu'en 1825, dans son rapport au sujet de
l'indemnité dûe à la famille de Marcellanges sur le milliard des
émigrés, M. Le Roy de Chavigny, Préfet de l'Allier, reproduit
intégralement les arguments du dernier arrêté du Conseil de Préfecture, en date du 12 vendémiaire an XI :

« Considérant qu'il résulte de la vérification des titres justifica-
« tifs des qualités et droits desdits sieur de la Saigne, marquis de
« Sain-Georges et de dame Marie-Anne de la Saigne, épouse de
« M. des Colombiers (3), que le feu sieur comte de Marcellanges

---

(1) Louis Charrier de la Roche, Prélat français, né à Lyon en 1738, mort
en 1827. D'abord grand-vicaire de Mgr de Montazet, archevêque de Lyon ;
nommé par le clergé lyonnais député aux Etats Généraux, il y défendit avec
chaleur la constitution civile du clergé et publia à cette occasion une brochure intitulée : Du culte public de la religion catholique en France. Il fut
nommé, en 1791, évêque de la Seine-Inférieure ; mais repoussant le mariage
des prêtres et le divorce, il donna sa démission au mois d'octobre. Napoléon
l'appela au siège de Versailles en 1802, et le fit son aumônier en 1804.

(2) Gaudin, duc de Gaëte, ministre des Finances du 18 brumaire à 1814.
Pendant son administration, un système financier et fiscal s'établit, qui
subsiste encore de nos jours.

(3) Neveu et nièce de Marc-Antoine de Marcellanges, et ses seuls héritiers,

« (Marc-Antoine), fils de M. Edme-Philippe, est identiquement le
« même que celui qui a été inscrit sur la liste des émigrés du
« département de l'Allier sous les noms et qualifications de Mar-
« cellanges, Commandeur de Malte, domicilié à Vicq, et dont les
« biens fonds, consistant en la terre d'Arçon et dépendances si-
« tuées dans les communes d'Ebreuil et de Vicq, arrondissement
« de Gannat (Allier), ont été, par suite de l'inscription précitée,
« vendus par l'Etat sous l'indication de Marcelange (Marc-An-
« toine), domicilié à Vicq, et de Marcelange, sans prénoms ni
« domicile... etc. » (Rapport du 28 août 1825) (1).

D'après les *Archives de l'Allier* (Série Q, 113), Marc-Antoine
de Marcellanges est mort sans descendants, le 16 août 1820. Avec
lui s'éteignit la famille de Marcellanges d'Arçon.

Sur l'indemnité accordée aux Emigrés, ses héritiers, c'est-à-dire
les enfants de sa sœur, nommés dans le rapport de M. Le Roy
de Chavigny, touchèrent la somme de 141.112 fr. 60, déduction
faite des dettes contractées par le Commandeur et Marc-Antoine
de Marcellanges.

Avec le XIX° siècle, nous entrons dans la période contempo-
raine : nous nous contenterons de reproduire chronologiquement
les noms des propriétaires du château d'Arçon :

1° Le S^r Tessot (Bien National), 1793 ;

2° M^lle Claudine Tessot, mariée à M. Germain Faussier, en leur
vivant demeurant à Ebreuil, où ils sont décédés tous les deux, le
mari le 16 avril 1848, et la femme, le 12 août 1851, laissant pour
héritière :

3° M^lle Marie-Zélie Faussier, mariée à M. Jean-Baptiste Pitat ;
les époux Pitat vendirent Arçon, le 9 novembre 1868, à :

4° M. Gabriel-Alexandre Tardif, marié à M^lle Armande-Hya-
cinthe-Antoinette de Salleneuve. Après la mort de M. Tardif, survenue à Randan, le 8 janvier 1905, et aux termes d'un acte reçu
par M^c Ranchon, notaire à Randan (Puy-de-Dôme), les 23, 26 et
31 décembre 1907, la propriété d'Arçon fut attribuée à :

5° M. Alexandre-Emile-Georges Tardif, marié à M^lle de Ro-

---

(1) Archives de l'Allier, série Q. 113: Renseignement dû à l'obligeance de
M. Tiersonnier.

chefort, et demeurant au château de Pontlière, commune de Maringues (Puy-de-Dôme). Ces derniers vendirent le château avec toutes ses aisances et dépendances, suivant acte reçu par M⁰ Peyroux, notaire à Ebreuil, les 24 octobre et 12 novembre 1910, à :

6° M. François Echégut, huissier à Ebreuil ;

7° M. le comte de Maigret (Odon-Marie-Joseph-Ghilain-Yvan) l'acheta à M. Echégut et à Mᵐᵉ Louise-Catherine Blanc, son épouse, suivant contrat reçu par M⁰ Peyroux, notaire à Ebreuil, le 3 mars 1920 ;

8° Enfin, le 1ᵉʳ octobre 1923, par devant M⁰ Veillerette, notaire à Gannat (Allier), M. Marius-Claude-Emile Richard et Mᵐᵉ Gilberte-Antoinette Petit, son épouse, échangèrent au comte de Maigret le château d'Arçon avec ses aisances et dépendances, ainsi que l'enclos y attenant, contre une propriété dénommée La Croix-Blanche, située en la commune de Toulon-sur-Allier (1).

A la fin du XVIIIᵉ siècle, le château d'Arçon délaissé par son propriétaire, habité par un fermier commençait à se ressentir de l'état d'abandon où il se trouvait. A part les fossés qui le séparaient de la cour, il ne présentait plus rien de féodal : aussi le citoyen Cariol, chargé, en 1794, de l'examen des châteaux du district de Gannat, en vue de leur démolition, visita bien le Chatelard, Veauce, Vicq et Beaurepaire, mais négligea complètement Arçon. Après qu'il eut été vendu comme bien national ses nouveaux possesseurs, les Tessot et Faussier, n'en firent pas leur résidence ; ils le laissèrent aux mains de métayers et n'entreprirent aucune réparation sérieuse. Peu à peu, la vieille demeure tomba en ruines, et l'abbé Boudant, dans son *Histoire d'Ebreuil*, publiée en 1864, pouvait écrire avec juste raison : « Le fief d'Arçon n'est plus qu'une ombre de ce qu'il avait été jadis. » Cependant, le château passait bientôt en d'autres mains : le 9 novembre 1868, M. Gabriel-Alexandre Tardif l'achetait aux époux Pitat, et allait en modifier totalement l'apparence. Par l'obligeance de M. Tardif de Rochefort, fils de l'acquéreur d'Arçon, nous avons pu savoir

------

(1) La liste des propriétaires d'Arçon au XIXᵉ siècle a été établie d'après les renseignements contenus dans ce dernier acte, que M. Richard a eu l'amabilité de me communiquer, et dans lequel j'ai relevé les origines de propriété qui y étaient mentionnées.

quel était l'aspect et l'état du château à cette époque, avant les premiers travaux de reconstruction commencés en 1869.

Il se composait de deux bâtiments en équerre, H et G (voir le plan 1), tels qu'ils sont encore disposés aujourd'hui, car les fondations sont les mêmes. Mais si l'un, le bâtiment G n'a guère changé, par contre l'autre, le bâtiment H, a subi d'importantes modifications. Cette partie, formant actuellement le château proprement dit, comportait des salles basses au niveau de la terrasse du côté d'Ebreuil, avec un couloir faisant communiquer cette terrasse avec le fossé et par conséquent avec la cour.

Sur ces salles basses, et au niveau de la cour, se trouvaient trois grandes pièces ; l'une H$^1$ avait conservé sa cheminée et la menuiserie qui l'accompagnait (lambris du mur de refend). Les deux autres avaient été converties en greniers à fourrages, et leurs fenêtres étaient mûrées. La pièce H$^2$ avait accès sur la cour par une porte donnant sur un petit pont jeté sur le fossé (arche en anse de panier) : le linteau de cette porte faisant face à la cour était en forme de fronton triangulaire avec boules de pierre. On accédait à la pièce H$^3$ par une porte percée dans la façade est.

Au-dessus de ces trois pièces, les combles : la couverture était en petites tuiles plates. En démontant la charpente, on découvrit entre la maçonnerie et les abouts d'un tirant de charpente deux patins de femme, remontant, selon M. Tardif, au XVII$^e$ siècle. Ces deux patins sont à semelles de bois et appartenaient à deux personnes différentes, l'un ayant 0$^m$,22 de longueur, et l'autre 0$^m$,235. L'une des semelles est de pièce, l'autre est en deux morceaux réunis par une charnière en cuir : les deux semelles sont d'ailleurs de forme assez élégante.

Ce principal corps de logis (bâtiment H) a été complètement transformé, aussi bien à l'intérieur qu'à l'extérieur. D'abord, il a été surélevé d'un étage ; puis la façade sud-ouest, regardant Ebreuil, a été flanquée de deux tours rondes d'inégales grosseurs ; les murs de l'une sont très épais : l'autre n'est en maçonnerie pleine que jusqu'à la hauteur du premier étage. Du côté de la cour, une sorte de tour octogonale a été construite sur le fossé à la place du petit pont, ainsi qu'une autre tourelle carrée située à l'angle des bâtiments H et G. Le tout fut recouvert d'ardoises.

Le bâtiment G, qui n'était qu'une annexe du château, a peu

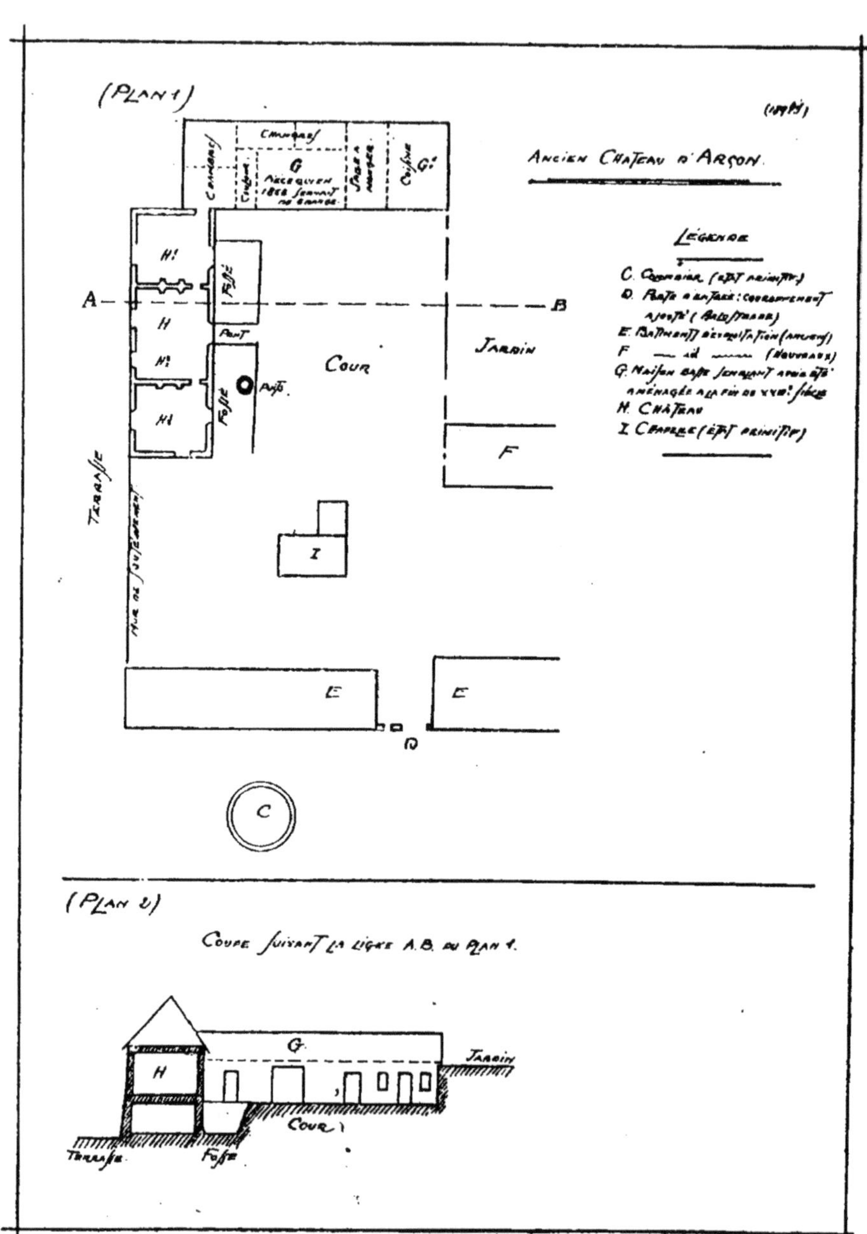
(PLAN 1)
ANCIEN CHÂTEAU D'ARSON.
LÉGENDE
C. Colombier (état primitif)
D. Porte d'entrée: couramment ajouté (balustrade)
E. Bâtiments d'exploitation (anciens)
F. — id — (nouveaux)
G. Maison basse servant avoir été aménagée à la fin du XVIIe siècle
H. Château
I. Chapelle (état primitif)
Communs
G
Pièce qui en 1868 servant de grange
Salle à manger
Cuisine
H1
H
H2
H3
Fossé
Pont
Fossé
Puits
Terrasse
Mur de soutènement
Cour
Jardin
F
I
E
E
C
(PLAN 2)
COUPE SUIVANT LA LIGNE A.B. DU PLAN 1.
G
H
Jardin
Cour
Terrasse
Fossé

changé d'aspect : il paraît avoir été aménagé intérieurement au XVIII<sup>e</sup> siècle ; mais la partie G¹ (ancienne cuisine), qui menaçait ruine, a été démolie il y a quelques années.

Lorsque M. Tardif, père, acheta Arçon, il n'existait dans le

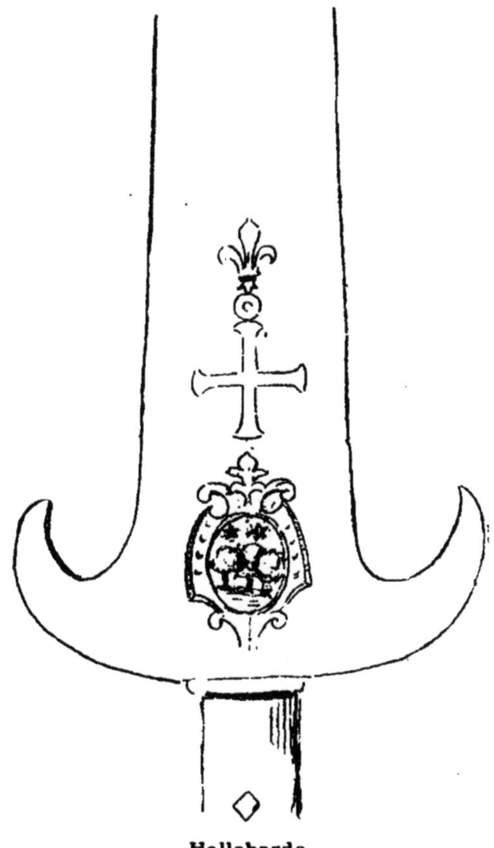

**Hallebarde**

château aucun meuble, ni même aucun débris de meuble ancien. Il y fut cependant trouvé un très beau fer de pertuisane portant des armoiries gravées sur ses deux faces (voir la figure), et que l'on peut lire ainsi : « *De ... à trois arbres de ... sur une terrasse de ... Les trois arbres sommés de deux étoiles de ...* » Au-dessus de cet écusson est une croix dont la branche supérieure est surmontée d'une fleur de lys. J'ignore à quelle famille appartiennent

### La Chapelle d'Arçon

(Dessin exécuté par M^lle Richard, l'artiste distinguée, fille du propriétaire d'Arçon. Nous lui sommes également redevables de la Motte d'Arçon qui se trouve au début de la 2ᵉ partie ainsi que la cour intérieure du même château.)

ces armoiries. Ce fer de pertuisane, et les deux patins de femme sont restés la propriétés de la famille Tardif (1).

En plus de ces bâtiments principaux, il y a encore dans la cour un colombier (C) et une chapelle (i) qui se sont conservés dans leur état primitif. La chapelle existait déjà à la fin du XVIe siècle : les registres paroissiaux de Vicq nous apprennent que, vers cette époque, Messire Gaspard Margeridon s'intitulait « vicaire de la vicairie d'Arsont ».

Sur la porte d'entrée de la cour, un couronnement en forme de balustrade a été ajouté.

Comme je viens de le dire, le château d'Arçon a été presque entièrement rebâti en 1869. A part la chapelle et le colombier, rien ne subsiste donc de ses murs vénérables qui, avec le souvenir des siècles morts, gardaient encore la vision des armées de Charles VII, ainsi que celle des brillants cortèges de Charles IX et de Catherine de Médicis passant au pied du vieux manoir. Avant de terminer cette étude, j'ai voulu revoir Arçon et les endroits où son dernier seigneur, le malheureux Commandeur de Marcelanges, avait vécu, avait aimé, avait souffert. Le paysage n'a certainement pas changé depuis 150 ans : les mêmes petits murs de pierre bordent le chemin rocailleux qui monte des Serviers à Arçon ; la Veauce serpente toujours au bas de la colline, parmi les champs ou les prés fleuris ; dans le fond du tableau, Ebreuil, la vieille cité des Bénédictins, montre les toits de ses maisons et le clocher de son antique abbaye : de chaque côté de la vallée, les montagnes d'Auvergne se profilent à l'infini... Ce magnifique panorama qui s'était déroulé sous les yeux du Commandeur et de ses ancêtres, s'offrait encore à ma vue du haut de la terrasse du château. En descendant, non par la route poudreuse de Saint-Bonnet, mais par le sentier qui mène aux Margaux, je me suis retourné : c'était par une belle fin d'après-midi de septembre ; le soleil couchant frappait la blanche façade d'Arçon, et les ardoises couronnaient de tons mauves ce gai castel d'opérette, qui surgit parmi les maisons basses du village, au mi-

--------

(1) Je dois tous les renseignements sur la reconstruction d'Arçon à M. Tardif de Rochefort, ainsi que le plan du château et le dessin de la pertuisane.

lieu d'un décor vieillot. Je pensais alors que les mânes errants de ses seigneurs, gentilshommes et douces châtelaines du temps jadis, ne se reconnaîtraient plus dans cette jolie construction moderne, où « rien n'émeut, rien ne parle à l'imagination ; extérieur et intérieur, tout y est fraîchement restauré : l'âme du passé s'en est allée ! » (1)

(1) André HALLAYS : *Autour de Paris, La cathédrale de Meaux.*

LES SEIGNEURS D'ARÇON, ET DE LA MOTTE D'ARÇON APPELÉE AUJOURD'HUI LA MOTTE DE VICQ

GILBERT DE MONTCHOISY, dit D'ARÇON
vivait vers 1350 environ, mort avant 1388,
marié à Marguerite Quotin.

Guillaume DE MONTCHOISY, dit D'ARÇON,
vivait en 1378 ; marié à Dauphine de Montgréon.

Jehan D'ARÇON,
homme d'armes en la C¹ᵉ du Peschin.

Seigneurs D'ARÇON

Jacques DE MONTCHOISY, dit D'ARÇON,
vivait en 1406, mort vers 1441 ;
marié à Alips du Beyrat.

Hutin D'ARÇON, écuyer du duc d'Orléans.
S. P.

Sᵉᵉ DE LA MOTTE D'AR[ÇON]

Guillaume D'ARÇON vivait en 1449 ;
marié à Gabrielle de la Motte.

Berthon D'ARÇON, sᵉ du Be[…]
vivait en 1449 : marié à
Jeanne Cellerier.

Jean D'ARÇON, maître d'hôtel de Louis XI,
vivait encore en 1504 ; marié à . . . . . . .?

Louise D'ARÇON,
mariée à Guillaume
du Buisson.

Jacques D'ARÇON,
abbé de
Saint-Éloi-Fontaine.

Jeanne D'ARÇON,
mariée à
N. de Beaucaire.

Bertrand D'ARÇON, marié en
à Gabrielle du Buisson.

Marguerite D'ARÇON,
mariée en 1499 à
Annet de Laudan (3 enfants).

Marguerite D'ARÇON,
mariée : 1ᵃ à Antoine de
Villelume, seigneur du Graveron ;
2ᵃ à Eustache de Monestay.

Louis D'ARÇON, seigneur de
Motte d'Arçon, marié en 15[…]
Marie de Chauvigny.

Balthazar DE LAUDAN
D'ARÇON, marié à . . . . . . .?
(3 enfants).

Georges DE LAUDAN
D'ARÇON, chanoine
de Brioude.

Jacques DE LAUDAN
D'ARÇON, gentilhomme de
la vénerie de François Iᵉʳ.

Anne D'ARÇON, mariée : 1ᵉ à
de Murol ; 2ᵉ à François d'A[…]
de Montravel.

Jean DE LAUDAN
D'ARÇON, marié en 1555 à
Jeanne de Reclesnes.

Gabriel DE LAUDAN,
sᵉ du Beyrat.

Antoine DE LAUDAN,
chanoine de Brioude.

Louise D'AUZON DE MONTRAV[…]
mariée en 1579 à Ayma[r]
de Louet de Cauvisson.

François DE LAUDAN
D'ARÇON, marié en 1599 à
Anne Lelong de Chenillat,
d'où 5 filles.

Antoine DE LAUDAN,
sᵉ de Montclar, marié
à Marguerite de Lormet.

François DE CAUVISSON,
mort en 1622, marié en 160[…]
Françoise de Rochemore.

Jeanne DE LAUDAN
D'ARÇON, mariée en 1632 à
Gabriel de Marcellanges.

Jacqueline DE LAUDAN
mariée à Jean Lebel,
seigneur de la Vauvre.

Anne DE LAUDAN, mariée à
Blaise de Cistel,
seigneur de Chabannes.

Marie DE LAUDAN,
religieuse.

Marthe DE LAUDAN,
religieuse.

Louis DE CAUVISSON, né en 1[…]
devient sgᵉ de la Motte d'A[…]
à la mort de sa grand'mère,
même année vend cette ter[re]
Antoine de Salvert.

Famille DE MARCELLANGES,
de 1632 jusqu'à la
Révolution.

Famille DE SALVERT
de 1632 à 1788.

Château de la Motte d'Arçon (Dessin exécuté par Mlle Richard)

DEUXIÈME PARTIE

# LES SEIGNEURS DE LA MOTHE D'ARÇON

## Le château de la Mothe de Vicq

« Les pierres ne s'assimilent-elles pas quelques parcelles de la
« vie des êtres qu'elles ont abrités ? Doit-on croire qu'une sorte
« de fluide émané d'eux flotte encore longtemps après qu'ils ne
« sont plus, autour des murs où ils ont vécu ? Sinon, d'où vient
« l'attrait puissant des choses ? Comment expliquer que là plus
« qu'ailleurs s'établit avec le passé une communication mysté-
« rieuse ? » (1)

Ces lignes de M. Lenôtre revenaient à ma mémoire en visitant
le château de la Mothe de Vicq, appelé longtemps château de la
Mothe d'Arçon, du nom de ses premiers possesseurs. Pressée
par l'heure, la Société d'Emulation du Bourbonnais, dans son
excursion de juin 1902, a complètement négligé la petite commune de Vicq et son château, fort intéressant quoique très déla-

---

(1) LENÔTRE : *Vieilles maisons, Vieux papiers*, tome I, p. 336.

bré. C'est cependant un bien joli spécimen de l'architecture de la fin du XV⁰ siècle ; car à part quelques modifications apportées au XVIII⁰ siècle pour le mettre au goût du jour, et les mutilations inévitables de l'époque révolutionnaire, il est à peu près intact. Nul architecte fantaisiste n'est encore passé par là ! Ce n'est pas comme Arçon un château récent où rien n'émeut, où rien ne parle à l'esprit et à l'imagination. Le manoir de la Mothe est au contraire un souvenir tangible des époques disparues ; il a gardé des vestiges importants de son antique noblesse et la voix mélancolique des ruines s'y fait encore entendre. Sous cette voûte sombre, dans cette cour intérieure aux écussons mutilés, dans ces grandes salles aux vétustes boiseries, on perçoit un murmure d'histoire que l'on chercherait en vain chez son voisin le château blanc et neuf d'Arçon. Du fond des siècles, c'est tout un passé obscur qui remonte vers nous, incitant à la rêverie et à la méditation : les ombres d'autrefois alternent entre ses vénérables pierres noircies par le temps, rongées par les ans, et celles de l'antique église, sa voisine, qui garde pieusement sous ses dalles les corps des trépassés. L'Eglise, le Château ! Toute l'histoire du village réside dans ces deux monuments, et ils forment à eux deux une délicate harmonie qu'aucune note criarde n'est venue troubler jusqu'ici.

A quelle époque fut construit le château de la Mothe ? Comme le fait très justement remarquer M. du Ranquet (1), « dater un « monument pour la construction duquel on n'a pas de pièces « d'archive est toujours une chose délicate demandant une grande « réserve. On ne saurait être trop prudent pour lui assigner une « date. En archéologie qui, somme toute, n'est qu'une branche « de l'histoire, les époques et les styles se pénètrent de même « que les faits. Non seulement les styles se pénètrent, mais à une « même époque, nous voyons côte à côte, dans une même pro-« vince, ou une même ville, les dernières créations du génie in-« ventif des architectes, et l'application des traditions anciennes « d'un siècle passé. »

N'ayant aucune pièce précise, nous sommes obligés d'user d'une très grande prudence pour fixer une date à l'édification du

_______________

(1) *Bulletin de l'Académie de Clermont-Ferrand*, année 1916.

château de la Mothe de Vicq. Il n'existait pas en 1449, puisque l'aveu de Guillaume et de Berthon d'Arçon ne signale à ce moment que le château d'Arçon près Ebreuil, et la Mothe d'Arçon près Yzeure (1). Par contre, il était construit en 1506, puisque, à cette époque, Louis d'Arçon en est le seigneur. Il faut donc fixer dans cette période de cinquante ans environ, la construction du château de Vicq.

Or Berthon d'Arçon habitant le Beyrat, il est peu probable que ce soit lui qui ait fait bâtir la Mothe d'Arçon à Vicq. Nous devons alors reporter la construction de ce château soit du vivant de son fils Bertrand d'Arçon, soit du vivant de son petit-fils Louis d'Arçon, époux de Marie de Chauvigny. Je crois que l'on peut dire, sans trop d'erreur, qu'il fut commencé par l'un et achevé par l'autre. Dans une lettre publiée par les *Annales Bourbonnaises*, année 1891, tome V, page 127, le comte du Buysson écrit que Louis d'Arçon, fils de Bertrand d'Arçon et de Gabrielle du Buysson, avait reçu, lors de son mariage avec Marie de Chauvigny, la Mothe de Vicq, « dont il fit restaurer le château en partie ruiné ». Ces mots, « *en partie ruiné* » ne sont pas justes : ils laisseraient supposer que ce château existait fort longtemps auparavant ; s'il en était ainsi, nous le verrions mentionné avant 1506 dans un acte d'hommage, d'aveu ou de dénombrement et nous n'en trouvons trace nulle part (2) : nous pouvons en conclure que ce château, commencé par Bertrand d'Arçon, mais inachevé, fut terminé ou « restauré » suivant l'expression de M. du Buysson, par Louis d'Arçon. Son architecture est d'ailleurs, dans son ensemble, bien celle de la fin du XV^e siècle : cette opinion est confirmée par la forme des portes et de certaines fenêtres de la partie nord du château où elles sont encore dans leur état primitif, et où elles n'ont pas fait place à de grandes fenêtres comme dans

(1) Voir : Première partie, *Les Seigneurs d'Arçon*, page 22.

(2) Plusieurs auteurs ont donné comme premiers seigneurs de Vicq, Gilbert de Vic, puis ses fils Etienne de Vic en 1300 et Hugonin de Vic en 1322 ; ils ont confondu notre village de Vicq avec celui de Saint-Etienne-de-Vicq. Après vérification aux Archives Nationales, série P., les actes cités par ces auteurs (d'après les Noms Féodaux), actes passés devant Hugues, archiprêtre de Cusset, concernent Saint-Etienne-de-Vicq, châtellenie de Billy, et n'ont rien de commun avec Vicq, canton d'Ebreuil, qui dépendait de la châtellenie de Chantelle.

la façade sud ; ces dernières ont remplacé au XVIII° siècle les anciennes fenêtres à meneaux, lors des modifications apportées au château par la famille de Salvert, et dont nous reparlerons plus loin.

Comme nous l'avons dit dans la première partie de cet ouvrage, Jacques d'Arçon-Montchoisy, seigneur d'Arçon, avait eu deux fils : Guillaume, qui continua la série des seigneurs d'Arçon, et Berthon, seigneur du Beyrat. C'est de celui-ci que descendent les seigneurs de la Mothe d'Arçon.

Si l'on en croit la généalogie de sa famille, dressée par le comte Francisque du Buysson, et qu'on trouve reproduite dans la collection des Gozis, aux Archives de l'Allier, Berthon d'Arçon aurait épousé, vraisemblablement vers 1440-1450, Jeanne Cellerier, d'une vieille famille noble de la châtellenie de Gannat, pour laquelle les *Noms Féodaux* fournissent de nombreux renseignements (1).

Berthon d'Arçon fut le père de Bertrand d'Arçon, qualifié, suivant les archives du Buysson, de seigneur du Beyrat et de la Mothe d'Arçon. Il épousa en 1483 Gabrielle du Buysson, d'où il eut, entr'autres enfants, Louis d'Arçon, seigneur de la Mothe d'Arçon, marié le 5 mai 1506, à Marie de Chauvigny, fille de Gilbert de Chauvigny, baron de Blot et du Vivier, chambellan du duc de Bourbon, et de Catherine Loup de Beauvoir (2).

Louis d'Arçon paraît avoir été un grand bâtisseur ; car en plus des restaurations ou des embellissements qu'il apporta à son château de la Mothe, ce fut lui qui, en 1508, fit édifier la chapelle carrée qui se trouve dans l'église de Vicq, à gauche du chœur. Cette chapelle, primitivement de la même forme que celle de droite, s'étant écroulée, il la fit reconstruire dans la forme carrée où elle est aujourd'hui (3), et creuser en-dessous un caveau sépulcral qui existe encore : elle devint la chapelle du château et fut dédiée à la Vierge Marie, patronne de la châtelaine. Elle était

---

(1) Je m'empresse de signaler que c'est notre confrère M. Tiersonnier qui m'a mis au courant de cette alliance que j'ignorais.

(2) Gilbert de Chauvigny et Catherine de Beauvoir eurent un grand nombre d'enfants, parmi lesquels Gabriel de Chauvigny, abbé d'Ebreuil.

(3) M. l'abbé Dugay, curé actuel de Vicq, l'a partagée en deux par une cloison : une partie a été convertie en une chapelle de la même forme que celle de droite, et l'autre partie sert de sacristie.

fermée du côté intérieur de l'église par une cloison de monastère, contre laquelle était appuyé le banc des seigneurs de la Mothe d'Arçon, et c'est pour que, de là, ils pussent voir le prêtre à l'autel, que fut pratiquée la percée en biais entre cette chapelle et le chœur. A la clef de voûte sont sculptées les armoiries écartelées des d'Arçon et des Chauvigny « que les badigeonneurs « de l'église viennent de barbouiller ».

Ainsi s'exprimait le comte du Buysson en 1891 ; cependant ce « barbouillage » datait déjà d'une vingtaine d'années environ (1). Au centre de la voûte en berceau se trouve un écusson écartelé au 1 et au 4 d'Arçon, et au 2 et au 3 de Chauvigny. Mais, comme le dit M. du Buysson, ces armoiries ont été rebadigeonnées, et les badigeonneurs sont allés au hasard, selon leur goût ou leur commodité ; à la place des couleurs primitives dont il ne restait probablement pas grand'chose, ils ont mis des couleurs à leur fantaisie ; ils ont trouvé plus facile de peindre le champ uniformément rouge, aussi bien pour les d'Arçon que pour les Chauvigny, et les pièces uniformément jaunes ; ce qui nous donne maintenant le singulier blason que voici : *écartelé au 1ᵉʳ et au 4 de gueules au chevron d'or accompagné de trois étoiles de même, au 2 et au 3 de gueules au lion d'or.* Tandis qu'il faudrait y voir un écusson *écartelé au 1ᵉʳ et au 4 d'azur au chevron componé d'or (ou d'argent), accompagné de trois étoiles d'or,* qui est d'Arçon, *et au 2 et au 3 de sable au lion d'or* qui est de Chauvigny (2). Cette anomalie n'avait pas échappé à M. du Ranquet : dans son étude sur l'église de Vicq (3), il se demande quel est ce blason, surtout, dit-il, « qu'il se peut très bien que les émaux des champs aient été retouchés ». »C'est peut-être ce chevron d'or de la chapelle de Vicq qui a été une des raisons qui ont fait attribuer le chevron d'or aux seigneurs d'Arçon, au lieu du chevron componé d'or et de gueules. Il semble toutefois que leurs cadets, les seigneurs de la Mothe d'Arçon, aient adopté le chevron componé

---

(1) C'est vers 1870 que la chapelle de la Vierge avait été repeinte, grâce aux libéralités de Mᵐᵉ Marie Montader-Boirot et de sa fille Anna.

(2) Les armoiries complètes des Chauvigny de Blot sont : *écartelées au 1ᵉʳ et au 4 de sable au lion d'or, au 2 et au 3 d'or à trois bandes de gueules, qui est de Blot.*

(3) *Annales Bourbonnaises,* tome V, année 1891.

*d'argent* et de gueules comme brisure de cadet. En effet les manuscrits de la Bibliothèque Nationale (Pièces Originales, vol. 1995, et Dossiers Bleus, vol. 453), qui donnent le chevron componé *d'or* et de gueules à Marguerite d'Arçon, fille de Jean d'Arçon, seigneur d'Arçon, mariée à Eustache de Monestay, attribuent un chevron componé *d'argent* et de gueules à Anne d'Arçon, fille de Louis, seigneur de la Mothe d'Arçon, et mariée à Jean de Murol. (Dossiers bleus, vol. 478.)

Au début du XVIᵉ siècle, la petite ville de Chantelle, si calme aujourd'hui, était animée comme la résidence d'un roi. Anne de France, dame de Beaujeu, retirée de la scène politique, était venue habiter son manoir des bords de la Bouble, et « elle fit du « vieux château carolingien de Chantelle une demeure féodale où « s'unissaient dans des proportions royales, la force et la riches- « se » (1). Cette illustre châtelaine avait là une cour brillante ; son gendre, le connétable de Bourbon, y vivait également avec faste, et partageait ses loisirs entre cette ville et Moulins. Louis d'Arçon était un des familiers de la cour de Chantelle, où son beau-père Gilbert de Chauvigny avait des fonctions importantes et jouissait de la confiance d'Anne de Beaujeu (2). Avec sa protection, il obtint en 1516 la charge de capitaine de Lay en Beaujolais (3), vacante par la résignation de Pierre d'Artène, écuyer. Cette nomination est datée de Chantelle, le 27 août 1516 (4).

Louis d'Arçon devait peu profiter de l'influence de son beaupère ; il mourut quelques années après, laissant une fille en basâge, Anne d'Arçon. Marie de Chauvigny, sa veuve, se remaria avec Jacques de Murol, seigneur du Broc, Lignat et Contournat, vicomte de la Rochebriant (5), qui était veuf de Louise d'Aureille, fille de Rigaut d'Aureille (6), et de ce fait cousin-germain d'Annet de Laudan, seigneur d'Arçon (voir 1ʳᵉ partie, chapitre 2). Cette union fut stérile, mais les deux époux avaient chacun un

------

(1) *Ancien Bourbonnais*, tome II, page 192.

(2) Il fut souvent le fondé de pouvoir d'Anne de Beaujeu, dans les acquisitions de terres qu'elle faisait.

(3) Lay (Loire), canton de Saint-Symphorien-de-Lay.

(4) Bibl. Nat. Collection de Gaignières, Fonds Français, n° 22.299.

(5) De Murol : *d'or, à la fasce entée d'azur.*

(6) D'Aureille est une forme du nom d'Aurelle, famille originaire d'Auvergne.

enfant de leur précédent mariage, et plus tard, Jean de Murol, fils de Jacques de Murol et de Louise d'Aureille, épousa Anne d'Arçon, dame de la Mothe d'Arçon, du Luth et de Mazières, fille de Louis d'Arçon et de Marie de Chauvigny.

Ils eurent deux filles :

1° Gabrielle de Murol, mariée en 1559 à Jean de Montmorin, seigneur des Préaux ;

2° Françoise de Murol, mariée à Jacques de Montmorin, seigneur de Lupiat et du Breuil, et frère du précédent (1).

De même que sa mère, Anne d'Arçon perdit son mari de bonne heure, et par contrat passé à Lempdes, le 19 novembre 1563, elle se remaria à François d'Aulzon de Montravel (2). De ce second lit, elle eut encore une fille, Louise d'Aulzon de Montravel : ce fut cette dernière qui eut en partage les terres de la Mothe d'Arçon, du Luth et de Mazières. Anne d'Arçon mourut avant son second mari, et celui-ci s'unit en deuxièmes noces, le 27 mars 1593, avec Renée d'Urfé, fille de Claude d'Urfé et de Françoise de Lugny.

Louise d'Aulzon de Montravel, dame de la Mothe d'Arçon, du Luth et de Mazières, épousa par contrat reçu Fournier, notaire, et passé à la Mothe d'Arçon, paroisse de Vic en Bourbonnais (3), le 8 février 1579, Aymar de Louet de Cauvisson, baron d'Ornaizon (4), qui mourut en 1616.

Leurs enfants furent :

1° Gilbert de Louet de Cauvisson, marié à Anne de Flagheac ;

2° François de Cauvisson, baron d'Ornaizon, seigneur de la Mothe d'Arçon, du Luth et de Mazières, marié le 28 avril 1608 à Françoise de Rochemore, fille de Louis de Rochemore (ou Ro-

---

(1) Bibl. Nat. Cabinet des Titres, Dossiers Bleus, vol. 478, et Cabinet d'Hozier, vol. 252.

(2) Bibl. Nat. Cabinet d'Hozier, vol. 22. — Les armoiries de la famille d'Aulzon de Montravel sont : *écartelées d'or et d'azur et sur le tout d'argent à un lion de gueules qui est de Montravel.*

(3) Cabinet d'Hozier, vol. 295, et La Chesnay-Desbois.

(4) De Louet de Cauvisson : *palé de gueules et d'azur, semé de roses d'argent avec parfois l'écusson de Nogaret sur le tout, qui est d'argent au noyer de sinople.*

chemaure) (1), Président au Présidial de Nîmes, et d'Anne de Bar-
rière. François de Cauvisson mourut en 1622, laissant pour enfants : Louis de Cauvisson, baron d'Ornaizon, seigneur de la
Mothe d'Arçon, mort à Nîmes, sans alliance, en 1652, et Henri
de Cauvisson, marié le 17 mars 1656, à Charlotte de Rochemore,
sa cousine-germaine (2).

Grâce au don fait en 1920 aux Archives de l'Allier, par M. Clayeux, des titres du Luth et de la Mothe d'Arçon, et analysés par
M. Tiersonnier dans le *Bulletin de la Société d'Emulation du
Bourbonnais*, nous savons que Louise d'Aulzon de Montravel,
baronne de Cauvisson, avait des dettes et ne pouvait arriver à
liquider sa situation. Dès 1626, Germain et Claude Soullier, mar-
chands de Lyon, demandèrent la vente des terres de la Mothe
d'Arçon, du Luth et de Mazières. Une longue procédure s'enga-
gea, où de nombreux intervenants s'opposèrent à la saisie et à la
vente. Au cours de cette procédure, Louise d'Aulzon de Montravel mourut, et, le 8 juin 1632, est mêlée au procès sa belle-
fille, Françoise de Rochemore, veuve de François de Cauvisson,
décédé en 1622, agissant comme mère et tutrice de Louis de Cauvisson, seigneur de la Mothe d'Arçon, du Luth et de Mazières,
petit-fils de Louise d'Aulzon de Montravel, et héritier sous bénéfice d'inventaire des biens de sa grand-mère.

Enfin, le 31 août 1632, La Mothe d'Arçon, le Luth et Mazières
furent adjugés en la sénéchaussée de Bourbonnais et présidial
de Moulins, à Messire Antoine de Salvert (membre de la famille
de Montrognon de Salvert) (3).

En 1632, deux nouvelles familles vinrent donc se fixer à Vicq :
l'une, les Marcelanges, au château d'Arçon, par le mariage de
Gabriel de Marcelanges avec Jeanne d'Arçon de Laudan (comme
nous l'avons vu dans la première partie de cet ouvrage), l'autre,
les Salvert, par l'achat du château de la Mothe d'Arçon. Ces
deux maisons ne devaient pas tarder à s'allier, et cela dès la première génération : pourtant, quoique d'un même rang social et

---

(1) De Rochemaure ou de Rochemore (Languedoc), armoiries : *D'azur à
trois rocs d'argent.*

(2) Cabinet d'Hozier, vol. 295.

(3) *Bulletin de la Société d'Emulation du Bourbonnais*, premier semestre
1920 ; communication de M. Philippe Tiersonnier.

d'une égale noblesse, elles eurent des destinées bien différentes.
Tandis que les Marcelanges suivaient les traditions ancestrales,
c'est-à-dire habitant la demeure paternelle et épousant des jeunes filles de la noblesse locale, les Salvert cherchaient des emplois
à la Cour de Versailles, et épousaient des étrangères au pays.
Aussi, dès le milieu du XVIII⁰ siècle, ne les voyons-nous plus faire
que de rares apparitions à Vicq, se désintéressant de leurs terres
confiées à des régisseurs, et enfin, en 1788, vendre le château de
la Mothe d'Arçon qu'ils délaissaient. Mais par une singulière
coïncidence, et cependant pour des raisons toutes différentes, ces
deux familles disparurent du pays à peu près à la même époque.

Antoine de Salvert (ou de Sallevert) (1), le nouveau seigneur
de la Mothe, originaire d'Auvergne, était fils de François de Salvert ,seigneur de Rouzier, et d'Hélène du Péroux. Ancien gen-
darme dans la Compagnie du marquis de Verneuil, il avait épousé
par contrat du 24 septembre 1624, demoiselle Marie du Vernet (2), fille de défunt Louis du Vernet et de Péronnelle de Verdonnet. Ce contrat avait été passé devant Martin, notaire, au
lieu de Teilhède, ressort de Riom, en présence de Claude de
Chovigny, seigneur de Blot, et Jean de Chovigny, son fils, de
Jean de Sallevert, écuyer, seigneur de Rouzier, de Marcellin
de Verdonnet, écuyer, d'Antoine de Sallevert, écuyer, seigneur
de Neufville, d'Amable de la Rochebriant, seigneur de Confol-
lant, de Guillaume de Sallevert, seigneur de Monlieu, etc. La
fiancée eut en dot 8.000 livres, plus 1.500 livres données par son
frère ; moyennant quoi elle renonçait à tout ce qu'elle pourrait
prétendre, tant à la succession de sa mère qu'à celle de demoiselle Anne du Vernet, sa sœur. (*Nouveau d'Hozier*, vol. 229.)

Après l'achat du château de la Mothe, Antoine de Salvert vint
s'y installer avec sa jeune femme et deux fils en bas âge :

1° Marcellin de Salvert, né en 1627 ;

2° René de Salvert, né en 1632.

Cinq autres enfants naquirent à Vicq :

3° Antoine de Salvert, né en 1633 ;

4° Anne de Salvert, qui fut Page du comte de Saint-Gerand ;

------

(1) De Salvert : *d'azur, à une croix ancrée d'argent.*
(2) Du Vernet : *d'argent, à une croix de gueules.*

5° Claude de Salvert, religieux de l'abbaye de Menat en 1651, puis Prieur de Lussat en 1656 : il vivait encore en 1706 ;

6° Renée de Salvert, qui épousa plus tard N... d'Audebran, seigneur de Prades ;

7° Louise de Salvert, destinée à être religieuse à Gannat (1).

Antoine de Salvert, écuyer, seigneur du Lut (2) et de la Mothe d'Arçon, mourut à Vicq, au mois d'août 1651. Par son testament en date du 3 août 1651, *il veut que son corps soit enterré dans la chapelle qu'il avait en l'église paroissiale de Vicq* ; il laisse à demoiselle Marie du Vernet, sa femme, le quart de tous ses biens, à condition qu'elle se chargera de la tutelle de ses enfants mineurs. Il fait ses héritiers Marcellin, Antoine et René de Salvert, ses enfants, à la charge qu'ils continueraient la pension qu'il s'était obligé de payer à Claude de Salvert, leur frère, religieux de l'abbaye de Menat, et qu'ils donneraient une somme à Louise de Salvert, leur sœur, pour la faire religieuse. Cet acte, reçu par Oullier, notaire, fut passé à la Mothe d'Arçon, en présence de Dom Claude du Vernet, Prieur de Saint-Priest-des-Champs (3).

Dès le décès de son mari, demoiselle Marie du Vernet présenta, le 24 août 1651, une requête au Sénéchal de Bourbonnais, pour avoir la tutelle et curatelle des enfants qu'elle avait d'Antoine de Salvert, savoir : de Marcellin de Salvert, âgé de 24 ans, et pour lors en voyage à Paris; d'Antoine, âgé de 18 ans; d'Anne, Page de M. de Saint-Gérand, gouverneur du Bourbonnais ; de René, âgé de 19 ans, et de Louise de Salvert, âgée de 13 ans. Cet acte, signé Claude Roy, lieutenant général en la sénéchaussée dudit pays de Bourbonnais (4).

Par la mort de son père, Marcellin de Salvert, le fils aîné, devint, en 1651, seigneur du Lut et de la Mothe d'Arçon. Quatre ans après, il épousait à Vicq demoiselle Jeanne de la Salle, fille

---

(1) Bibl. Nat. Pièces originales, vol. 2.623.

(2) Le Lut ou le Luc, consistant « en une grosse tour carrée et faite en « voûte, mothe, maison faite en hapendy. » (Archives de l'Allier, dossier de la Mothe d'Arçon. — La tour du Lut existe encore à Vicq, dans les champs. à droite de la route allant de Vicq à Ebreuil.

(3) Bibl. Nat., Nouveau d'Hozier, vol. 299.

(4) *Id.*

de Joseph de la Salle (1), en son vivant écuyer, seigneur de Montservier, et de demoiselle Jeanne d'Arçon de Laudan, sa veuve. Le contrat fut signé le 21 novembre 1656, en présence de nobles et religieuses personnes : Dom Claude de Sallevert, frère de l'époux, Prieur de Lussat et religieux de l'abbaye de Menat ; Dom Claude du Vernet, seigneur Prieur de Saint-Priest ; François de Rollat, seigneur de Marsat, Sébastien de Chambon, seigneur de Talayat, Gaspard de Rollat, seigneur de Puiguilhon, Jean Le Bel, écuyer, seigneur de la Vauvre, Jacques de Sallevert. écuyer, seigneur de Jabiaut, et de Jacques de Chambon, écuyer. seigneur de Marcilhat. Par ce contrat signé au château d'Arçon, paroisse de Vicq en Bourbonnais, devant Juge, notaire audit lieu, la mère du futur le fait héritier de tous ses biens, à la réserve de la somme de 2.500 livres qu'elle destinait pour faire religieuse demoiselle Louise de Sallevert, sa fille puinée ; de celle de 6.000 livres qu'elle donne à Renée de Sallevert, sa fille aînée, pour la marier, et d'une pareille somme de 6.000 livres payable à Antoine de Sallevert, écuyer, seigneur du Négrondé, lors de sa majorité.

Par ce même contrat, ladite Jeanne d'Arçon constitue sur ses biens, à la future, sa fille, la somme de 5.000 livres, de laquelle somme elle avait promis de payer 2.000 livres aux dames religieuses du monastère de Notre-Dame de Gannat, pour la dot de demoiselle Gabrielle de la Salle, sa fille puinée, moyennant laquelle constitution ladite future renonce à la succession de sa mère au profit du seigneur d'Arçon de Marcellanges, son frère utérin (2).

Voilà donc Marcellin de Salvert devenu le beau-frère de Louis de Marcelanges : la nouvelle châtelaine de la Mothe était, par sa mère, de la même lignée que les fondateurs du château qu'elle allait habiter, et ses enfants auront dans les veines le sang des primitifs seigneurs d'Arçon et de la Mothe d'Arçon, au même titre que les Marcelanges, et comme les Cauvisson qui leur avaient vendu cette demeure de famille. C'est d'ailleurs l'unique alliance que les Salvert contracteront dans la région.

---

(1) De la Salle : *de gueules, à une tour d'argent crénelée, et une souche d'or posée en pointe.*

(2) Bibl. Nat., Nouveau d'Hozier, vol. 299.

Un jugement rendu à Moulins, le 15 mai 1698, par M. Le Vayer, intendant dans ladite généralité de Moulins, maintint dans la qualité de noble et d'écuyer, Marcellin de Salvert, seigneur de la Mothe d'Arçon et du Lut ; il ordonne qu'il jouira, lui et sa postérité, des privilèges des autres nobles et gentilshommes du royaume, en conséquence des titres produits depuis 1498 pour justifier de ladite qualité. Cet acte signé Le Vayer (1).

Conformément aux arrêts du 4 décembre 1696 et 2 janvier 1697, les armoiries de Marcellin de Salvert furent enregistrées par d'Hozier dans le volume du Bourbonnais, Généralité de Gannat, sous la forme suivante : « Marcellin de Salvert, écuyer, seigneur « du Luc et de la Motte d'Arçon, porte d'azur à une croix an- « crée d'argent, bordée de sable ».          »

Marcellin de Salvert mourut le 13 mai 1704. De son mariage avec Jeanne de la Salle, il avait eu sept enfants :

1° Claude de Salvert, qui suit ;

2° Jean de Salvert, dit le chevalier du Lut. Un certificat donné à Brest, le 19 mars 1689, par le maréchal d'Estrées, Vice-Amiral de France, atteste que le S<sup>r</sup> du Lut, maréchal des logis dans la Compagnie des Gardes de la Marine, servait actuellement en cette qualité sur le vaisseau *Saint-Michel :* ce certificat signé « Le Maréchal d'Estrées » (2). En 1704, dans le partage fait entre ses frères, il est dit Lieutenant de vaisseau et Capitaine d'une compagnie franche. Jean de Salvert avait épousé demoiselle N... Vaudin ; il fut tué vers la fin de l'année 1704 ;

3° Jacques de Salvert, capitaine de Dragons dans le régiment du Roi : il vivait encore en 1737, et avait été fait chevalier de l'ordre royal et militaire de Saint-Louis.

4° Edme de Salvert, nommé dans le premier testament de son père, le 9 juillet 1692 ; il a dû mourir jeune, avant 1704.

5° François de Salvert, baptisé à Vicq, le 29 décembre 1675. Son frère aîné, Claude de Salvert, qui était écuyer de M<sup>me</sup> la Dauphine de Bavière, le fit entrer comme Page dans la maison de cette princesse, ainsi qu'en fait foi un certificat signé du marquis de Bellefont, premier écuyer de M<sup>me</sup> la Dauphine, donné à

---

(1) Bibl. Nat., Pièces originales, vol. 2.623.
(2) Bibl. Nat., Nouveau d'Hozier, vol. 299.

Versailles, le 11 mars 1689, qui atteste que le S<sup>r</sup> François de Salvert était à ce moment Page de M<sup>me</sup> la Dauphine (1). Ensuite il fut reçu Page du Roi dans la Grande Ecurie au mois d'avril 1690, sous le commandement du comte d'Armagnac, Grand Ecuyer de France. Un autre certificat donné à Versailles par le comte d'Armagnac atteste que le S<sup>r</sup> de Salvert a été Page du Roi dans sa Grande Ecurie, et qu'il a servi Sa Majesté pendant quatre ans en cette qualité. Cet acte, signé Louis de Lorraine, Grand Ecuyer de France (2). Puis il fut écuyer du Prince de Conti jusqu'en 1709, époque à laquelle il devint écuyer du duc de Berry. François de Salvert vivait encore au mois de février 1743 : il était alors Premier écuyer de la Grande Ecurie du Roi (3).

6° Marthe de Salvert, religieuse à La Vaudieu, près Brioude ;

7° Marie de Salvert, religieuse à Gannat.

Claude de Salvert, l'aîné des enfants de Marcellin de Salvert et de Jeanne de la Salle, fut, tout jeune, envoyé à Versailles. Nous savons par un acte du Maréchal de Bellefont, Premier écuyer de Madame la Dauphine, passé à Versailles le 11 mars 1689, que « Claude de la Motte, écuyer, s<sup>r</sup> de Sallevert » servait à cette date en qualité d'écuyer cavalcadour des Ecuries de M<sup>me</sup> la Dauphine (4). Le Roi lui accorda, le 9 octobre 1697, le brevet d'écuyer cavalcadour de M<sup>me</sup> la Duchesse de Bourgogne (5). L'année suivante, le 15 avril 1698, une lettre donnée à Versailles par « René, sire de Froulai, comte de Tessé, chevalier « des Ordres du Roi, Lieutenant général de ses armées, Colonel « général des dragons de France, gouverneur d'Ypres, Lieute-« nant général des provinces du Maine et du Perche, et Premier « Ecuyer de Madame la Duchesse de Bourgogne », certifie que le S<sup>r</sup> Claude de Salvert de la Motte, servait actuellement M<sup>me</sup> la Duchesse de Bourgogne en qualité d'écuyer de ses Ecuries. Signé Tessé (6). Il l'était encore en 1704.

Son père, Marcellin de Salvert, mourut cette année-là. Claude

----

(1) Bibl. Nat., Nouveau d'Hozier, vol. 299.

(2) *Id.*

(3) Bibl. Nat., Carrés d'Hozier, vol. 571.

(4) Bibl. Nat., Nouveau d'Hozier, vol. 299.

(5) *Id.*

(6) *Id.*

de Salvert se rendit à Vicq avec son frère François, puis de là à Moulins, où, le 31 mai 1704, eut lieu un partage entre Messire Claude de Salvert, chevalier, seigneur de la Mothe d'Arçon, du Luc et des Fossés, écuyer ordinaire de M<sup>me</sup> la Duchesse de Bourgogne, et Messire François de Salvert, son frère, écuyer de Mgr le Prince de Conti, tant en son nom que comme se faisant fort de Messire Jacques de Salvert, aussi son frère, écuyer, capitaine de dragons dans le Régiment du Roi, savoir des biens qui leur étaient échus par la mort arrivée, le 13 dudit mois, de Messire Marcellin de Salvert, leur père, vivant chevalier, seigneur desdits lieux, et par la mort de dame Jeanne de la Salle, leur mère, dont ils étaient seuls héritiers à l'exclusion de Messire Jean de Salvert, leur autre frère, écuyer, seigneur du Luc, Lieutenant de vaisseau et capitaine d'une compagnie franche, attendu que ledit Jean de Salvert avait reçu son partage lors de son mariage avec N... Vaudin. — L'acte ci-dessus, reçu par Cantat, notaire à Moulins, fut fait en exécution du testament en forme de partage, fait le 9 juillet 1692, par ledit Marcellin de Salvert, écuyer, seigneur du Luc et de la Motte d'Arçon, et par ladite dame Jeanne de la Salle, sa femme, par lequel ils instituent leur héritier universel Claude de Salvert, leur fils aîné, écuyer, seigneur de la Motte, écuyer de Madame la Dauphine, et où ils font plusieurs legs audit Jean de Salvert, dit le chevalier du Luc, à Jacques et à Edme de Salvert, écuyers, et à François de Salvert, écuyer, Page du Roi dans sa Grande Ecurie, leurs autres enfants.

Dans cette pièce, il est indiqué que Marcellin de Salvert avait fait encore un testament, le 24 novembre 1700, reçu par Cantat, notaire à Moulins (1).

Claude de Salvert demeura quelque temps en Bourbonnais, et il profita de ce séjour pour faire au Roi la foy et hommage des terres dont il venait d'hériter : « L'an 1704, et le huitième jour de « juillet, par devant nous Claude Guérin, escuier, seigneur de « Chermon, Conseiller du Roy, Président et Lieutenant général « en la Chambre du Domaine du Bourbonnais, en présence du « Procureur du Roy, est comparu M<sup>re</sup> Claude de Salvert de la « Motte, escuier ordinaire de M<sup>me</sup> la Duchesse de Bourgogne,

_________________

(1) Bibl. Nat., Nouveau d'Hozier, vol. 289.

« chevalier, seigneur du Lut, de la Motte d'Arson et des Fossés,
« lequel nous a remontré qu'il luy appartient par droit succes-
« sif de déffunt Marcelin de Salvert, son père, lesdites terres et
« seigneuries du Lut, de la Motte d'Arson et des Fosséz, sittuées
« en la paroisse de Vic, portées en fief de Sa Majesté à çause de
« son Duché de Bourbonnois, chastellenie de Chantelle, pour
« raison desquels fiefs il désireroit faire la foy et hommage, nous
« requérant le vouloir recevoir à faire icelle. Adérant à laquelle
« réquisition, assisté du Procureur du Roy et de nostre greffier,
« nous sommes avec ledit sieur de Salvert, transportés au devant
« de la grande et principale porte du château de cette ville de
« Moulins, principal manoir de Sa Majesté en ce duché de Bour-
« bonnais, chastellenie de Chantelle, où estant ledit s^r de Salvert
« après avoir posé son épée, teste nue et à genoux, a baizé le
« verroux de lad. porte en signe de foy et hommage telle que la
« doit le vassal à son seigneur, promis et juré par serment presté
« de ne faire faux aucun et de garder les chapitres de fidélité tant
« anciens que nouveaux, dont nous avons donné acte, et ce re-
« quérant le Procureur du Roy, ordonnons que ledit S^r de Sal-
« vert fournira son dénombrement dans le temps de la coutume,
« et a signé avec nous, le Procureur du Roy et nostre greffier. —
« (Signé) : Guérin de Chermon, Alaroze, procureur du Roy,
« Claude de Salevert de la Motte, Guillermet greffier. » (1)

Ses affaires terminées, Claude de Salvert revint à Versailles,
où le retenaient ses fonctions, et, l'année suivante, il se mariait :
il venait d'être nommé Gouverneur des Pages de la Grande Ecurie du Roi. Par contrat passé le 19 août 1705, assisté de son frère
François, et « de l'agrément du Roy », il épousait Marie-Andrée
Brévau de Rédemont, fille de Nicolas Brévau, écuyer, seigneur
de Rédemont, aussi Gouverneur des Pages de la Grande Ecurie
dum Roi, et de dame Marie-Andrée Langlois, sa femme (2).
La fiancée était assistée de N... Molet, contrôleur des bâtiments
du Roi, et de dame N... Bombes, sa femme, cousine de ladite

---

(1) Archives Nationales, série P. 476³, p. 136.

(2) M^{me} Brévau de Rédemont, née Langlois, mourut un an après, le
26 août 1706, dans sa maison de la rue Saint-Honoré. L'enterrement eut lieu
le lendemain en l'église Saint-Roch, où elle fut inhumée. (Cabinet d'Hozier,
vol. 65.)

future, et de Messire N... Bombes, son cousin, chanoine de l'Eglise de Paris : ce contrat passé devant Renard, notaire au Chatelet de Paris (1). La dot de la future était de 60.000 livres, y compris une rente de 242 livres, 8 sols, appartenant à ladite future tant comme légataire d'André Le Nostre, en son vivant chevalier de l'Ordre du Roi et Contrôleur général des bâtiments de Sa Majesté, que comme donataire de dame Françoise Langlois, sa tante, veuve dudit S<sup>r</sup> Le Nostre (2).

Cette union devait être très brève ; M<sup>me</sup> de Salvert mourut peu de temps après, et au mois de mars 1707, Claude de Salvert se remariait avec Françoise-Jeanne Cuvier de Montsoury. Le contrat du second mariage de Messire Claude de Salvert, chevalier, seigneur du Luc et de la Mothe d'Arçon, Gouverneur des Pages de la Grande Ecurie du Roi, assisté de Messire Jacques de Salvert, son frère, Capitaine dans le régiment de dragons du Roi, fut passé le 5 mars 1707, « de l'agrément du Roy et de Mgr le Dauphin », devant Mabile et Lamy, notaires à Versailles. La future est dite « Femme de Chambre de Madame la Duchesse de Bourgogne », et-fille de Messire Pierre Cuvier, en son vivant écuyer, seigneur de Montsoury, ci-devant capitaine de cavalerie et Maître des Eaux-et-Forêts de Saint-Germain-en-Laye, et de dame Louise Milet, sa veuve ; elle était assistée de Simon Cuvier, écuyer, seigneur de Montsoury, lieutenant au régiment des Gardes Françaises ; de Messire Pierre Cuvier de Montsoury, abbé de Saint-Pierre d'Orbaye ; de demoiselles Marguerite et Marie-Anne Cuvier de Montsoury, ses frères et sœurs ; de M<sup>re</sup> Simon Cuvier, son oncle paternel, seigneur de la Bussière, gentilhomme ordinaire du Roi ; de dame Françoise Vallot, femme dudit s<sup>r</sup> de la Bussière ; de S<sup>r</sup> Louis Cuvier de la Bussière, aussi gentilhomme ordinaire du Roi et capitaine dans le régiment d'infanterie de Sa Majesté ; de dame Marie-Thérèse Cuvier de la Bussière, femme de M<sup>re</sup> Alof de Verni, chevalier, seigneur de Grandvilliers-aux-Bois, et autres lieux ; de dame Anne Cuvier de la Bussière, femme de M<sup>re</sup> Jean-Baptiste Filleul, chevalier, seigneur de la Chapelle-Gautier et de la Hélinière ; de demoiselle Armande Cuvier de la

---

(1) Bibl. Nat. Nouveau d'Hozier, vol. 299.

(2) André Le Nostre, le célèbre dessinateur de jardins, contrôleur général des bâtiments du roi, était mort à Paris, le 15 septembre 1700.

Bussière, fille dudit s' Simon Cuvier de la Bussière ; lesdits s' Louis Cuvier, dame et demoiselle Cuvier de la Bussière, cousin et cousines germaines de la future. La dot était de 35.000 livres, y compris 9.000 livres remises par le Roi à ladite future en faveur de ce mariage. Le futur déclara que ses biens consistaient en la somme de 60.000 livres (1).

Ainsi que les Brévau, les Cuvier appartenaient à cette riche bourgeoisie de la région parisienne dont Louis XIV aimait à s'entourer, et parmi laquelle il choisit souvent ses conseillers et ses ministres. La noblesse des Cuvier était récente, elle ne remontait qu'à un quart de siècle. Le premier en date avait été le père de la jeune épouse, Pierre Cuvier, s' de Montsoury, maître particulier des Eaux-et-Forêts de Saint-Germain-en-Laye, annobli par lettres patentes données à Versailles au mois de novembre 1680 : les armoiries qui lui avaient été octroyées à cette occasion étaient « de gueules à la fasce d'argent chargée d'un lion léopardé de « gueules, accompagnée en chef de 3 lozanges d'or et en pointe « d'un cygne d'argent flottant sur une rivière de même ». Deux mois après que Pierre Cuvier, s' de Montsoury, avait été annobli, son frère Simon Cuvier, s' de la Bussière, le fut à son tour par lettres donnéesà Saint-Germain-en-Laye au mois de janvier 1681. Ses armoiries furent les mêmes que celles de son frère, sauf que les trois losanges du chef furent remplacés par trois molettes d'éperon d'or (2).

C'est vers cette époque que Claude de Salvert eut des démêlés d'ordre judiciaire avec Michel de Cadier, baron de Veauce. Celui-ci, qui tenait à ses droits féodaux, et avait déjà forcé Esmé de Marcelanges à lui faire l'hommage pour son fief de Vaudot, fit condamner (par une sentence arbitrale du 6 avril 1714) Claude de Salvert à lui remettre les corvées de justice pour son domaine des Fossés. De plus, il l'assigna devant la Chambre du Domaine du Bourbonnais au sujet de la foi et hommage que Claude de Salvert refusait de lui rendre pour ses fiefs de la Motte d'Arçon et du Lut, et le 6 mars 1717, intervint une sentence qui déclara que le fief de La Motte d'Arçon relevait directement de la baronie de Veauce (3).

----

(1) Bibl. Nat., Nouveau d'Hozier, vol. 299, et cabinet d'Hozier, vol. 116.
(2) Bibl. Nat., Nouveau d'Hozier, vol. 112, et Dossiers bleus, vol. 228.
(3) Généalogie de la maison de Cadier de Veauce (1847). — *Histoire de la*

Mais Claude de Salvert tint peu compte de toute cette procédure. Elle ne l'empêcha pas, à l'occasion de l'avènement de Louis XV, de renouveler son hommage au Roi pour ses terres et seigneuries du Lut, de la Motte d'Arçon et des Fossés. Comme son service le retenait auprès du Roi, à Versailles, en qualité de Gouverneur des Pages de la Grande Ecurie, il envoya à son parent Esmé de Marcelanges, seigneur d'Arçon, une procuration passée le 2 janvier 1717, devant Renard et Bolheu, notaires au Chatelet de Paris, afin de le représenter à Moulins devant la Chambre du Domaine du Bourbonnais, et rendre à sa place la foi et l'hommage desdites terres qu'il considérait toujours comme relevant directement de Sa Majesté. Le 19 février 1717, Esmé de Marcelanges fit en même temps la foi et hommage pour son fief d'Arçon, et, comme fondé de la procuration de Claude de Salvert, pour les fiefs du Lut, de la Motte d'Arçon et des Fossés. Selon la formule habituelle, et sur la réquisition du Procureur du Roi, il fut ordonné que Claude de Salvert remettrait l'aveu et le dénombrement desdites terres dans le temps de la coutume (1).

Ce qui fut fait malgré la sentence du 6 mars 1717 en faveur du baron de Veauce. Le 19 mars 1724, Claude de Salvert, qui était revenu habiter son château de la Motte, fournit au Roi l'aveu et le dénombrement de ses fiefs, et ce dénombrement fut publié pendant trois dimanches consécutifs par les curés de Vicq, de Sussat, de Saint-Bonnet-de-Rochefort, ainsi qu'à l'audience de la châtellenie de Chantelle et à celle de la Chambre du Domaine du Bourbonnais, à Moulins, sans qu'il se présentât personne pour former opposition.

Voici ce document très important, puisqu'il nous indique quelles étaient l'étendue et la composition des fiefs de la Motte d'Arçon, du Lut et des Fossés :

« Adveu et denombrement que donne au Roy pardevant M. le

---

*baronnie de Veauce* par PEIGUES. — (Il est vraiment regrettable que l'importante baronnie de Veauce n'ait pas fait l'objet d'une étude plus sérieuse, plus documentée, et avec des références soigneusement indiquées. Il y aurait là une œuvre très intéressante pour le Bourbonnais ; car depuis l'époque où la brochure de M. Peigues fut publiée, les Archives nationales et départementales ont été en grande partie classées et nombre de documents nouveaux ont vu le jour.)

(1) Archives Nationales, série P, reg. 477³, p. 608.

« Lieutenant général du domaine du Bourbonnois, an II, Claude
« de Salvert, escuier, seigneur du Lucq, de ses fiefs de la Motte
« d'Arson et des Fossés portés en fief de Sa Majesté à cause de
« son duché de Bourbonnois chastellenie de Chantelle et en suite
« de la foy homage qu'il en a fait le 19 février 1717 :

« Premièrement, la maison et lieu noble de la Motte d'Arson,
« consistant en un chasteau qui est compozé de quatorze et
« quinze chambres à feu, entourées de fossés plains d'eaux avecq
« un pont dormant et un pont levy pour entrer dans ledit chas-
« teau. Au bout du pont est une grande bassecourt ou sont les
« ecuries, estableries, granges, cuvages et coulombier ; en un
« coin est un pavillon à l'antrée de la basse court pour l'antrée
« de la maison, le tout bien entouré de murailles et couvert de
« tuille plat ; en une aille il y a un jardin potager avecq deux
« a trois cens arbres nains.

« De là le long du fossé où est un verger le tout entouré de
« murailles il y a un pré qui joint le jardin, à faire plus de vingt
« à vingt cinq chards de foing, lequel est entouré de plans vifs
« et de saulles, ledit pré est aussy planté en verger. En sortant de
« ladite basse court dudit château, il y a un autre pré encore à
« faire vingt chards de foing entouré de fossés et plans vifs et de
« saulles et un grand chemin entre les deux qui passe au devant
« de ladite maison du costé de midy, lequel grand chemin est
« planté en allées, et le ruisseau de la Veauce qui est entre
« l'église et le chasteau du cotté de nuit qui arrouse lesdits prés
« et met l'eau dans les fossés dudit chasteau quand on veut. La
« distance est petite du chasteau à l'église, et entre deux il y a un
« verger et un coulombier qui est dudit chasteau, qui se confine
« de jour par le grand chemin, de midy par le semetiaire de ladite
« paroisse de Vicq, de nuit par la cheneviaire appartenant à Ma-
« dame de Monclard (1), de bise et travers par un autre grand
« chemin.

« Item, plus dans l'église dudit Vicq, il y a une chapelle appar-

---

(1) Béatrice d'Azémard, veuve de Claude de Malzat (ou de Malsac), sg<sup>r</sup> de
Montclard, chevalier de Saint-Louis, ancien capitaine au régiment de Tour-
nefort. La terre de Montclard passa dans la famille de Courtaurel, en 1729,
par suite du mariage de Louise de Malzat de Montclard, fille des précédents,
avec Annet-Charles de Courtaurel.

« tenant audit seigneur, envouttée, avecq les tombeaux qui est
« une cave aussy en voutte, où sont les armes de la maison et en
« pierre et la linture.

« Item, plus à deux portées de mousquet de ladite maison est
« le fief des Fossés à trois gros paires de bœufs, composé de mai-
« sons, granges, prés et paturaux et terres, lesdits prés entourés
« de plans vifs.

« Item, plus dépend un dixme du fief qui se perçoit dans ladite
« paroisse et dans celle de Rochefort et se partage avecq les sei-
« gneurs abbés d'Ebreulle, Arson et Veauce, qui se confine par
« le chemin de Vicq à Rochefort de jour, de midy par un autre
« chemin qui vient du moullin Grenaud au grand chemin de
« Gannat et dudit chemin à la rive du moullin et d'icelluy s'en
« vat à Pierre Froide proche Mongon et de la au chemin Morel
« sur le grand chemin de Charroux et de là à le Taupin, de bize
« par un autre chemin de Rochefort à Fourliniaux (1) et de la vat
« dans le terroir de Chantelle.

« Item plus un moullin avecq une mallerie au-dessus desdits
« prés qui se confinent de jour par un grand chemin d'Ebreuille
« à Bellenave et les autres prés et chenevières réservés dudit sei-
« gneur, et les prés et paturaux dépandants du susdit moullin,
« plantés de saulles, à faire années communes quatre vingt ou
« cent milliers de paisel.

« Item plus un autre moulin appelé le moulin Grenault avecq
« maison, estableries, prés, terres et chenevières en dépandans,
« qui se confinent de jour par le marest dudit lieu, de midy les
« terres des Rais, et encore de nuit un chemin venant dudit mou-
« lin audit Vicq et le Lucq.

« Item plus un domaine de labourage d'une paire de bœufs au
« lieux de... à forte terre consistant en maison, granges, étable-
« ries, prés, paturaux et terres.

« La terre et seigneurie du Lucq commence à mille pas de
« l'église paroissiale dudit Vicq, en toute justice hautte, moyenne
« et basse dont partie est des paroisses de Vicq, Sussat et Es-
« breulle en dépandent, et se confine par le susdit moulin Gre-
« nault, de là au lieu de Gravière où il y a un ruisseau qui fait

(1) Foulignage, hameau de la commune de Vicq.

« séparation de la justisse du Lucq avec celle du Chastellard (1),
« qui passe de là au lieu de Rioux, dudit lieu de Rioux au-de-
« vant du domaine des Moulissards, de là au lieux de la Combe,
« dont le ruisseau sépare lesdites justisses, après quoy monte par
« un grand chemin qui vat jusques auprès du village des Jac-
« quetz, ensuite y a un autre chemin qui vient dudit lieux des
« Jacqués vat joindre un autre chemin dudit Vicq à la tuilleric
« du Chastellard, ensuite de quoy vat prendre un autre grand
« chemin qui va au pontest de la Vacherouze qui se confine de
« jour par le bois du Chastelard appellé La Foretz, de nuit le
« grand chemin d'Ebreulle a Montaigut et va tout auprès des
« chaumes de la Vacherouze, après quoy descend tout le long
« d'un autre bois dépandant dudit Chastellard du cotté de bise
« et traverse, après quoy va prendre un petit ruisseau appellé le
« ruisseau de Sussat autrement la Brousse qui fait séparation de
« ladite justisse du Lucq avec celle de Veauce aussy de bise et
« traverse et vat jusques au lieu de la Brousse, ensuitte prend le
« grand chemin alant dudit lieux de la Brousse audit Moulin Gre-
« naud.

« Item, plus il y at au lieux de la Ronde une fort jolie maison
« de plaisance composée d'une jolie cuisine, chambres hauttes,
« cabinets, cuvages et granges et de beaux greniers au-dessus de
« ladite maison, escurie, jardin, entourés de murailles, beau co-
« lombier dedans le tout joignant ensemble avecq plus vignes et
« terres.

« Item plus audit lieu du Lucq il y a une belle tour quarrée fort
« élevée où il y a une platte forme au-dessus : dans laquelle tour
« il y a des prisons pour ladite justisse, avecq une petite maison
« tout auprès et un beau colombier aussi dans le mesme lieu des
« vergiers y joignant vignes et terres.

« Item, plus il y at un gros domaine de labourage de trois pai-
« res de bœufs consistant en maisons, granges, estableries, co-
« lombier, prés, terres, vignes et vergiers.

« Item plus un autre gros domaine au labourage de trois paires
« de bœufs, aussy en forte terre, consistant en maison couvert

---

(1) Le Châtelard, très ancien château féodal de la commune d'Ebreuil.
Fut acquis en 1761 par la famille de Féligonde, qui le possède encore actuellement.

« de tuilles plat, chambres, granges, cuvages, estableries, jardin,
« verger, prés, terres, paturaux et vignes, apellé vulgairement
« Champ-Robin en la paroisse de Sussat.

« Item, plus un autre domaine aussi en forte terre au labourage
« de deux paires de bœufs avec une locquatterie y joignant au
« lieu des Sabourous en ladite paroisse de Vicq, consistant en
« maisons, granges, établerie, bassecourt, prés, terres, vignes et
« paturaux en dépendants.

« Item, plus audit lieu des Sabouroux un autre domaine aussy
« à quatre bœufs, aussy en terre forte, où il y a belle maison
« pour le maistre avecq des greniers au-dessus, autre maison
« pour le métayer, deux granges une dans la basse-court et l'autre
« au dehors ladite basse court, jardin en dépendant entouré de
« murailles, prés, terres et pasturaux.

« Item plus y at dans ladite justisse du Lucq cinquante à cin-
« quante cinq feus, comme aussy dépand un grand bois de la
« contenance d'entour cent cinquante sesterées, appellé vulgai-
« rement les Bois Frans.

« Item, plus il dépend de ladite justisse les courvées et pour le
« foin.

« Item, plus il appartient audit seigneur un autre bois dépan-
« dant des dites justisses appellé vulgairement les Espads qui est
« dans la justisse de Veauce qui se confine de jour par le bois
« dudit seigneur de Veauce apellé les Taules, de midy un grand
« chemin de Sussat à la verrerie de Lisolle, les bois et commu-
« naux appellés les bois Clercs de bize, et traverse un grand che-
« min qui vient de Menaval et s'en vat à Lisolle qui fait sépara-
« tion dudit bois dudit seigneur du Lucq avec celluy du seigneur
« de Veauce.

« Item, plus il appartient aud. seigneur du Lucq un gros do-
« maine au bourg de Saint-Bonnet-de-Rochefort, dépendant du
« lieu de la Motte d'Arson, à trois gros paires de bœufs, où il y
« at belle maison, colombier, granges, estableries, prés, terres,
« paturaux.

« Item, plus dans ledit lieu de Saint-Bonnet il luy appartient
« une locquatterie composée de maison, chambre, grenier, basse
« court, renfermé de murailles.

« Item, plus dans ladite paroisse de Saint-Bonnet-de-Rochefort

« une grosse locquaterie où il y avoit autrefois un bel estang a
« présent défriché où il y a maison, grange, establerie, prés, ter-
« res en dépandant.

« Item, plus il appartient audit seigneur au lieu dit Lelons, pa-
« roissé de Sussat, un petit dixme de vin ; item, plus un autre
« dixme de vin au lieu des Gastines. Item, plus il appartient au-
« dit seigneur une dixme du minage quarante septiers de tout le
« blé qui poussoit dans ladite paroisse de Vicq et autres parois-
« ses circonvoisines.

« Item, plus il dépand dud. lieu de la Motte d'Arson une gué-
« raine de verne où il y peult avoir deux ou trois cent piés d'ar-
« bres vernes, qui se confine de jour par le marait dudit Vicq, du
« midy par ledit moullin Grenaud cy-devant Coiffeau, de nuit les
« prés, terres de Gilbert Rabusson, des autres parts, les prés du-
« dit seigneur du Lucq.

« Par devant nous, Notaires Royaux soussignés, a été present
« en sa personne Messire Claude de Salvert, chevallier, seigneur
« du Lucq, la Motte d'Arson et des Fossés, paroisse de Vicq, le-
« quel a juré et affirmé que le dénombrement de l'autre part est
« véritablement soubz les protestations qu'il a fait de ne faire faux
« adveu, dogmenter ou diminuer s'il y eschet : dont luy avons
« octroyé acte luy le requérant, et a signé avecq nous notaires
« soubzsignés sur la minute demeurée es mains de Rouher, l'un
« des dits notaires soubzsignés.

« Fait audit chasteau de la Motte d'Arson, ditte paroisse de
« Vicq, le dix neuf mars mil sept cent vingt quatre. Controllé à
« Esbreulle, le premier avril 1724.

« (Signé) Claude de Sallever. — Desrozier, not^re royal. — Rou-
« her, notaire royal. (1) »

Claude de Salvert et sa femme, née Cuvier de Montsoury,
étaient revenus s'installer à Vicq vers 1720. Comme leur manoir
de la Mothe d'Arson leur semblait d'un aspect un peu archaïque,
et, à leur avis, manquait de confort et d'élégance, M. et Mme de
Salvert firent accommoder au goût du jour le principal corps de
logis. Aux fenêtres, les traverses et les meneaux (qui, dans l'architecture civile française, persistèrent jusqu'au commencement

-------------------------------------------------------------

(1) Arch. Nat., série P. 478⁵, n° 475.

du XVIIe siècle) furent enlevés, ce qui donna de vastes croisées, garnies de petits carreaux, par où l'air et la lumière pouvaient entrer abondamment ; les anciennes cheminées à hotte disparurent pour faire place à des cheminées Louis XV qui leur parurent plus gracieuses ; dans la cour intérieure, la porte d'entrée, où des sculptures du XVe siècle se voient encore, fut précédée d'un porche, d'ailleurs sans caractère, avec un vestibule donnant un accès direct au grand escalier. Les murs du salon furent entièrement recouverts par des boiseries en grisaille, et la chambre de Mme de Salvert par des boiseries et des alcôves vert d'eau. Les anciens meubles furent relégués au grenier ; les appartements fraîchement décorés reçurent un mobilier approprié au nouveau style, et que les propriétaires avaient dû amener avec eux de Versailles ou de Paris. Il y a vingt-cinq ans environ, on pouvait encore admirer dans ce qui avait été le grand salon, une élégante petite console du XVIIIe siècle, qui révélait le travail délicat des artisans de la région parisienne.

Les réparations étaient en partie terminées, le vieux château s'était rajeuni, quand, en 1737, une nouvelle mariée vint égayer de sa fraîcheur et de sa grâce les murs séculaires de la Mothe d'Arçon. Claude de Salvert avait eu, de son second mariage, un fils, Nicolas, né à Versailles, le 12 juillet 1708 ; le parrain avait été Nicolas Brévau, sieur de Rédemont, premier beau-père de Claude de Salvert, et la marraine, Marie-Anne Cuvier de Montsoury, grand-mère maternelle de l'enfant. Nicolas de Salvert, soit pour raison de santé, soit pour toute autre cause, n'entra pas au service du Roi ; il demeura à Vicq avec ses parents, jusqu'au jour où ceux-ci, par l'intermédiaire de son oncle François, resté à Versailles, lui découvrirent une riche héritière en la personne de Mlle Marie-Constance Séguier. Le 3 juin 1737, fut signé à Paris le contrat de mariage de « Messire *Nicolas de Sallever*, chevalier,
« fils de Messire Claude de Sallever, chevalier, seigneur du Lut
« et de la Motte d'Arçon, les Fossés et autres terres, ancien Gou-
« verneur des Pages de la Grande Ecurie du Roy, et de dame
« Jeanne-Françoise Cuvier de Montsoury, son épouse, demeu-
« rant ordinairement avec lesdits sieur et dame, ses père et mère,
« en leur château de la Motte d'Arçon, paroisse du bourg de Vic,
« province de Bourbonnois, étant alors logé à Paris, rue des

« Grands-Augustins, assisté de ses dits père et mère, stipulans
« par M⁰ François de Sallever, chevalier, Ecuyer ordinaire du
« Roy en sa Grande Ecurie, demeurant à Versailles, fondé de
« leur procuration passée devant Rouher et Juge, notaires royaux
« en la ville d'Esbreulle, province de Bourbonnois, le 5 mai 1737;
« de Mʳ Jacques de Sallever, chevalier, ancien capitaine de dra-
« gons et chevalier de Saint-Louis, oncle paternel ; de Mʳ Simon
« Cuvier de Montsoury, écuyer, ancien lieutenant des Gardes
« Françaises, chevalier de Saint-Louis, et de Mʳᵉ Pierre Doet,
« capitaine dans le régiment de la Fare, amy, accordé le 3 juin
« audit an 1737, avec dˡˡᵉ *Marie-Constance Séguier*, fille mineure
« de Messire Jean-Louis Séguier (1), chevalier, seigneur de Cour-
« tampierre et autres lieux, demeurant ordinairement en son châ-
« teau de Courtampierre (2), près la ville de Chateau-Landon,
« étant alors à Paris, logé rue du Colombier, quartier Saint-
« Germain-des-Prez, en la maison du sʳ Hébert, son beau-frère,
« Introducteur des Ambassadeurs et Princes Etrangers près Sa
« Majesté, et de dame Catherine-Constance Hébert, son épouse;
« et encore pour laditte dˡˡᵉ future, leur fille, assistée de dame
« Marie-Elisabeth-Amable Séguier de Vaucluse, veuve de Mʳᵉ
« Guillaume de Capelaine, chevalier, seigneur marquis de Cape-
« laine et autres lieux, cousine germaine paternelle ; dame Jeanne
« Supligeau, veuve de Mʳᵉ Pierre Hébert, commissaire-ordonna-
« teur des guerres, tante maternelle à cause du déffunt ; dame
« Marie-Anne Moret, épouse de haut et puissant seigneur Mʳᵉ
« Claude de Chamborant, comte de la Clavière, seigneur de Vil-
« lemandre et autres lieux, Lieutenant-Colonel au régiment d'An-
« guien, cousin paternel ; dame Marie-Anne Le Charron, veuve
« de haut et puissant seigneur Mʳᵉ Louis-Charles de Rogres, sei-
« gneur de Villemaréchal, de Saint-Ange, Le Vieil Alain, Ville-
« ron et autres lieux, cousine issue de germaine maternelle ; de
« dˡˡᵉ LouiseAnne-Elisabeth Le Bascle d'Argenteuil, cousine issue
« de germaine maternelle ; de Mʳᵉ Jacques-François Le Bascle
« d'Argenteuil, chevalier non profès de l'Ordre de Saint-Jean de
« Jérusalem, cousin issu de germain maternel ; de Mʳᵉ Louis Mo-

---

(1) Séguier : *d'azur, à un chevron d'or accompagné en chef de 2 étoiles de même, et en pointe d'un mouton passant d'argent.*

(2) Courtempierre, petite commune à 16 kilom. N.-O. de Montargis (Loiret).

« ret, chevalier, seigneur de Bournonville, cy-devant colonel de
« dragons, allié, et de M<sup>re</sup> Claude-Jacques de Rogres, seigneur de
« Champignelle, religieux profès de Saint-Jean de Jérusalem,
« Commandeur d'Abbeville, amy.

« En faveur duquel mariage, ledit S<sup>r</sup> François de Sallever audit
« nom de Procureur des père et mère dudit futur, *marie iceluy*
« *futur comme leur fils unique et seul héritier*, et luy donne la
« propriété de tous leurs biens immeubles. Et le père de laditte
« future la marie aussi comme sa fille unique et seule héritière
« ainsy que de laditte dame Hébert, son épouse.

« Ce contrat, passé à Paris, devant Bapteste et Raymond, no-
« taires, fut ratifié le 18 septembre 1737, par lesdits M<sup>re</sup> Claude
« de Sallever, chevalier, seigneur du Luth, La Motte d'Arçon, les
« Fossés et autres terres, ancien Gouverneur des Pages de la
« Grande Ecurie du Roy, et dame Françoise-Jeanne Cuvier de
« Montsoury, son épouse, demeurant en leur château de la Motte
« d'Arçon, paroisse du bourg de Vic en Bourbonnois ; dame Ca-
« therine-Constance Hébert, épouse de M<sup>re</sup> Jean-Louis Séguier,
« chevalier, seigneur de Courtempierre et autres lieux, et d<sup>lle</sup>
« Marie-Constance Séguier, fille mineure desdits sieur et dame
« Séguier, demeurans ensemble en leur château de Courtem-
« pierre, près la ville de Château-Landon, *estans alors audit lieu*
« *de la Motte d'Arçon*. L'acte de cette ratification, passé en pré-
« sence de M<sup>e</sup> Antoine Juge, greffier au bailliage d'Esbreulle et
« châtellenie du Luth, Antoine Constant, marchand, et Jean Ra-
« busson, praticien, tous demeurans en ladite ville d'Esbreulle,
« devant Juge notaire royal, résidant audit Esbreulle. » (1)

Les jeunes époux habitèrent tantôt à Courtempierre, tantôt à la
Mothe d'Arçon, pendant les courtes années que dura cette union;
car Nicolas de Salvert mourut à la fin de l'année 1743, âgé de
35 ans : sa veuve se remaria un peu plus tard avec M<sup>re</sup> Louis de
Mousselard, capitaine d'infanterie.

Deux fils étaient nés du mariage de Nicolas de Salvert et de
Marie-Constance Séguier :

1° François de Salvert, né le 26 février 1743, au château de la
Maison-Rouge, près Montargis, et ondoyé le même jour. La céré-

---

(1) Biblioth. Nat., Carrés d'Hozier, vol. 571.

monie du baptême n'eut lieu que le 6 juin suivant : son parrain
fut François de Salvert, Premier Ecuyer de la Grande Ecurie du
Roi, grand-oncle paternel de l'enfant ; la marraine, dame Catherine-Constance Hébert, grand'mère maternelle (1).

2° Louis-François de Salvert, né après le décès de son père, à
la Mothe d'Arçon, le 12 avril 1744, baptisé le même jour en
l'église Saint-Maurice de Vicq. Le parrain fut Jean-Louis Séguier,
chevalier, seigneur de Courtempierre, grand-père maternel ; la
marraine, Jeanne-Françoise Cuvier de Montsoury, grand-mère
paternelle (2).

Les deux enfants furent élevés à Vicq, chez leurs grands-parents de Salvert : après la mort de ceux-ci, leur grand-père maternel, Jean-Louis Séguier de Courtempierre, fut nommé leur tuteur, et vint habiter à la Mothe d'Arçon pour surveiller leurs intérêts, nommer un fermier, etc. (3). Puis, suivant les traditions de
leur famille, les deux jeunes gens firent leurs preuves de noblesse
pour être élevés comme Pages du Roi dans la Grande Ecurie,
sous le commandement de S. A. Mgr le Comte de Brionne,
Grand Ecuyer de France. François de Salvert fut agréé en 1756,
et Louis-François, en 1757 (4).

François de Salvert, l'aîné, devint Ecuyer ordinaire du Roi en
la Grande Ecurie, et en 1771, âgé de 28 ans, il se maria. Nous
avons déjà trouvé les Salvert apparentés à Le Nostre, le renom-
mé dessinateur des jardins de Versailles, nous allons maintenant
les voir s'allier directement à la famille du célèbre savant Vaucanson, l'inventeur des automates qui, à cette époque, excitèrent
l'admiration générale. Ainsi que le contrat nous l'indiquera, le
roi avait donné son assentiment au mariage, en accordant une
pension de 2.000 livres aux futurs époux.

« 27 avril 1771 : Contrat de mariage de haut et puissant M<sup>re</sup>
« François, *comte* de Salvert, chevalier, seigneur de la Motte
d'Arçon, de la Tour du Luth et autres liéux, écuier ordinaire du
« Roy en la Grande Ecurie, demeurant à Versailles en la Grande

---

(1) Bibl. Nat., Carrés d'Hozier, vol, 571
(2) *Id.*
(3) Arch. de l'Allier, Titres de la Mothe d'Arçon, et Registres paroissiaux
de Vicq, année 1756.
(4) Bibl. Nat., manuscrits français, n°° 32 108 et 32.109.

« Ecurie, paroisse Notre-Dame, étant à Paris, majeur, fils de
« feu M$^{re}$ Nicolas, *comte* de Salvert, chevalier, seigneur de la
« Mote d'Arçon, etc..., et de dame Marie-Constance Séguier, son
« épouse, alors épouse de M$^{re}$ Louis de Mousselard, chevalier,
« seigneur de Jallemin, Maison-Rouge, et autres lieux, capitaine
« d'infanterie, chevalier de l'Ordre royal et militaire de Saint-
« Louis ; ledit futur assisté de M$^{re}$ Jean-François-André Brunet
« de Neuilly, écuier ordinaire du Roy en sa Grande Ecurie, et
« Ecuyer ordinaire de Mgr le Comte de Provence, oncle à la
« mode de Bretagne du futur époux, du côté de ladite dame sa
« mère, demeurant à Versailles, à la Grande Ecurie, au nom et
« comme fondé de la procuration de laditte dame de Mousselard,
« autorisée en tant que de besoin dudit S$^r$ son mari par laditte
« procuration passée devant les notaires de Montargis-le-Franc,
« le 3 avril 1771 ;

« Accordé le 27 desdits mois et an avec d$^{lle}$ Angélique-Victoire
« de Vaucanson, fille mineure de M. Jacques de Vaucanson, de
« l'Académie royale des Sciences, demeurant à Paris, rue de
« Charonne, faubourg Saint-Antoine, paroisse Sainte-Marguerite,
« et de défunte dame Madeleine Rey, son épouse ; ladite d$^{lle}$ de
« Vaucanson, demeurant avec ledit S$^r$ son père (1).

« Les dits futurs assistés de très-haute, très-puissante et très-il-
« lustre princesse M$^{me}$ Louise-Julie-Constance de Rohan, com-
« tesse de Brionne, veuve de très-haut, très-puissant et très-illus-
« tre prince Monseigneur Louis-Charles de Lorraine, comte de
« Brionne, Grand Ecuyer de France, et de leurs parents, savoir
« du côté du futur époux :

---

(1) Jacques de Vaucanson, né à Grenoble, le 24 février 1709, manifesta tout
enfant des dispositions extraordinaires pour la mécanique. En 1735 il vint
à Paris, et, en 1738, présenta à l'Académie des Sciences son célèbre joueur
de flûte, bientôt suivi d'une série d'autres automates des plus ingénieux
(joueur de tambourin, canard barbotant, etc..) et pour l'Opéra un aspic
sifflant et s'élançant sur le sein de Cléopâtre. En 1748, il fut admis à l'Académie des Sciences. Vaucanson se maria en 1752 à M$^{lle}$ Madeleine Rey : de
cette union naquit une fille Angélique-Victoire qui fut baptisée à l'église
Sainte-Marguerite, à Paris, le 8 novembre 1753, « née la veille ». Sa naissance
coûta la vie à sa mère qui succomba cinq jours après, le 12 novembre 1753.
M$^{lle}$ de Vaucanson avait donc 17 ans et demi lors de son mariage avec François de Salvert. — L'hôtel de Vaucanson porte actuellement le numéro 51,
de la rue de Charonne : il avait été construit en 1711 pour le maréchal de
Mortagne ; il appartint ensuite aux de Loménie, puis à Vaucanson.

« De M^{re} Louis-François, chevalier de Salvert, son frère ; de
« M^{re} Hubert de Boucher, chevalier comte de la Tour du Roch,
« seigneur d'Alos et autres lieux, oncle à la mode de Bretagne
« maternel à cause de défunte dame Élisabeth de Brunet de
« Neuilly, sa femme ; et de demoiselle Angélique-Elisabeth de
« Brunet de Neuilly, tante à la mode de Bretagne maternelle ;

« Et de la part de la future épouse : de d^{lle} Marie Rey de Chas-
« selay, sa tante.

« En faveur duquel mariage, ledit seigneur futur époux se marie
« avec les biens et droits qui lui appartenoient de la succession
« du feu seigneur, son père, dont il étoit fils aîné, lesquels consis-
« tent dans la terre de la Motte d'Arçon, près de Gannat en
« Bourbonnois, indivise entre ledit seigneur futur époux et M. le
« Chevalier de Salvert, son frère ; plus en 800 livres de rente per-
« pétuelle au principal de 20.000 livres sur le Clergé de France,
« aussi indivise entre ledit seigneur futur époux et le S^r chevalier
« de Salvert, son frère ; plus en sa charge d'Ecuyer cavalcadour
« du Roy en sa Grande Ecurie.

« Et ledit S^r de Vaucanson, en considération dudit mariage,
« constitue en dot à ladite d^{lle} sa fille en avancement d'hoirie de
« sa succession, la somme de 80.000 livres, dont 20.000 livres que
« ledit S^r de Vaucanson s'est obligé fournir en deniers comptant
« auxdits futurs époux la veille de la célébration de leur mariage;
« et pour la sûreté du surplus, il hypothèque 6.900 livres de capi-
« taux de rentes constituées sur les Revenus du Roy pour actions
« sur les Fermes, par trois contrats passés devant M^r Lambot,
« notaire à Paris, un même jour 24 septembre 1770, sous les nu-
« méros 6.117, 6.118 et 6.119 ; et il déclare en outre qu'il institue
« son héritière universelle ladite d^{lle} future épouse sa fille, sans
« qu'à raison de cette institution il puisse être gêné dans la libre
« propriété de ses biens présens et à venir.

« Et comme Sa Majesté a, par Brevet qui sera déposé au bas des
« présentes, accordé aux futurs époux 2.000 livres de rente via-
« gère reversible à la dite future épouse, si elle survit ledit sei-
« gneur futur époux, il est convenu que ladite pension tiendra
« lieu de douaire à ladite d^{lle} future épouse.

« Ce contrat, passé à Paris, en la demeure dudit S^r de Vaucan-
« son, devant Bontemps et ledit Lambot, dépositaire de la mi-
« nute, notaires au Chatelet de Paris.

« A la suite est une quittance donnée le 1ᵉʳ Aoust 1771 par ledit
« seigneur Comte de Salvert et ladite dame Angélique Victoire
« de Vaucanson, alors son épouse, *demeurans à Paris, chez ledit*
« *Sʳ de Vaucanson,* leur père et beau-père susdit, *rue de Cha-*
« *ronne, faubourg Saint-Antoine,* paroisse Sainte-Margueritte,
« duquel ils reconnaissent avoir reçu la veille de la célébration
« de leur mariage, la somme de 20.000 livres ; et depuis celle de
« 10.000 livres en déduction de celle de 60.000 livres faisant le
« surplus de la dot de ladite dame de Salvert. Cette quittance
« passée à Paris, devant lesdits notaires.

« Et le brevet de ladite Pension donnée par le Roy à Versail-
« les, le 1ᵉʳ May 1771 à la dⁱˡᵉ de Vaucanson, en faveur du mariage
« que le Sʳ de Salvert, l'un des écuyers de Sa Majesté en Sa
« Grande Ecurie, étoit sur le point de contracter avec ladite dⁱˡᵉ
« de Vaucanson, pour en jouir par ladite dⁱˡᵉ sa vie durant. Bre-
« vet signé « *Louis* », et plus bas « *Phélipeaux* », et déposé au-
« dit Mᵉ Lambot, notaire, le 12 septembre 1771. » (1)

Après leur mariage, célébré le 13 mai 1771, en l'église Sainte-
Marguerite de Paris, le comte et la comtesse de Salvert, demeu-
rèrent chez le savant Vaucanson, rue de Charonne, à Paris ; c'est
« là que naquirent leurs deux fils :

1° Jacques-François, né le 4 juillet 1772, baptisé le même jour
en l'église Sainte-Marguerite ; le parrain fut « Messire Jacques
« de Vaucanson, de l'Académie royale des Sciences ; la mar-
« raine, dame Constance Séguier, épouse de Messire de Mousse-
« lard, chevalier de l'Ordre royal et militaire de Saint-Louis, de-
« meurante à Montargis, représentée par dⁱˡᵉ Marie-Madelène
« Ray de Chasselay (2) ».

2° Jean-François-André, né le 24 mars 1774, et baptisé le même
jour, en l'église Sainte-Marguerite (3).

Vers cette date, M. et Mᵐᵉ de Salvert firent une courte visite
à leur château de la Mothe d'Arçon, fermé depuis près de vingt
ans : une partie seulement servait au logement d'un fermier, le

(1) Bibl. Nat., Carrés d'Hozier, vol. 571.
(2) *Id.*
(3) *Id.*

sieur Claude Geneste, originaire de Charmes, marié à Charlotte Baynard, et qui eurent en 1775 un fils nommé François ; son parrain fut François de Salvert et sa marraine Angélique-Victoire de Vaucanson. C'est, je crois, le seul séjour à Vicq de M. et de M<sup>me</sup> de Salvert ; ils continuèrent d'habiter Paris, dans l'hôtel de M. de Vaucanson, qui mourut en 1782 (4).

La comtesse de Salvert ne pouvait évidemment se plaire dans la vieille demeure de Vicq. Cette élégante parisienne, habituée au mouvement de la rue, aux distractions de la ville et aux splendeurs de Versailles, se sentait dépaysée au milieu des humbles maisons du village, dans ce château plusieurs fois centenaire. Peu de voisins, pas de relations de famille, et aucun de ces souvenirs d'enfance qui font tressaillir les déracinés, lorsqu'après une longue absence, ils remettent le pied sur la terre natale. M<sup>me</sup> de Salvert était aussi trop jeune et trop inexpérimentée pour goûter les plaisirs des champs ; l'austère manoir caché dans le fond de la vallée devait lui sembler horriblement triste avec, comme seuls bruits du dehors, le son des cloches de l'église voisine, le murmure de la Veauce glissant le long des murs du château, ou l'appel des oiseaux dans les grands peupliers de la rive.

Alors, se désintéressant de plus en plus de son fief de la Mothe d'Arçon qu'il avait quitté à l'âge de 12 ans et où il n'avait fait depuis que de rares apparitions, logeant soit à Paris, soit à Versailles en raison de ses fonctions, le comte de Salvert se dessaisit, non sans regret peut-être, de ses terres situées à Vicq. Ne les cultivant pas lui-même, livrées à des fermiers, elles ne lui rapportaient plus grand'chose, et, obéissant probablement aux dures nécessités de la vie, le 9 novembre 1788, il signa l'acte de vente de

---

(1) « Le 22 novembre 1782 a été fait le convoi de S<sup>r</sup> Jacques de Vaucansson « (sic), âgé de 74 ans, décédé la veille en son hôtel, rue de Charonne, de l'Aca- « démie royale des Sciences, veuf de dame Madeleine Rey, qui a été inhumé « en présence de messire François comte de Salvert, écuier, sg<sup>r</sup> de la Mothe « d'Arçon, de la tour du Luth et autres lieux, son gendre, de s<sup>r</sup> Mathieu « Tillet, de l'Académie royale des Sciences, son ami et autres qui ont signé : « de Salvert, Tillet, de Méry-Darcy, Daron, l'abbé de Beaurecueil, Prévost, « prêtre. » (Reg. paroiss. de Sainte-Marguerite.) Vaucanson légua sa collection de machines à la reine Marie-Antoinette ; mais celle-ci voulut en gratifier l'Académie, et, dans les difficultés qui s'ensuivirent, les pièces s'en trouvèrent dispersées : les plus curieuses sont passées en Allemagne.

la Mothe d'Arçon, du Luth et des Fossés (1). — Avant de parler des nouveaux propriétaires de la Mothe d'Arçon, disons que François de Salvert mourut à Tours, le 9 janvier 1816 ; la lettre de faire-part lui donne les titres de « Comte de Salvert, ancien « Ecuyer et Commandant les Ecuries de la Reine ». — Sa veuve, Angélique-Victoire de Vaucanson, décéda à Versailles, le mardi 15 août 1820. Leurs deux fils avaient été admis parmi les Pages de la Grande Ecurie, l'un en 1787, l'autre en 1789. Ce dernier (Jean-François-André) devint Ecuyer de Louis XVIII ; il s'était marié en 1798 avec M^lle Constance Le Tourtier de Bellaude, dont il eut deux fils, Ernest et Alfred de Salvert, qui vivaient tous les deux en 1820 (2) .

L'acquéreur de la Mothe d'Arçon, du Luth et des Fossés fut M^me Antoinette de la Chaussée, veuve de M. Claude-Joseph La Feuillaud. Elle appartenait à une riche et ancienne famille du Bourbonnais, dont les membres résidaient surtout dans la châtellenie de Chantelle. Les de la Chaussée s'intitulaient Sieurs de la Font et de Leu (près Ussel), où ils habitaient ordinairement. Leurs alliances étaient les Farjonel, les de Guillebon, les Boirot, les Dubost, les de Laplanche, etc., et leurs armoiries comportaient un écu *de sinople à une fasce ondée d'argent, surmontée d'un croissant de même* (3).

<hr>

(1) *Bulletin de la Société d'Emulation du Bourbonnais*, premier semetre, 1920 ; communication de M. Philippe Tiersonnier.

(2) Nouveau d'Hozier, vol. 299, et DE RIBIER : *Preuves de la noblesse d'Auvergne*.

(3) xv° siècle : Articles possédés par François de la Chaussée dans la censive du Prieuré de Chantelle (Arch. de l'Allier, série D. 129) ;

— 1652 : Vente par Charlotte Georgeon, dame de Merville, à Blaise de la Chaussée, procureur en la châtellenie d'Ussel, d'une maison située à Chantelle. (Arch. de l'Allier, série D. 135.) ;

— 1677-1682 : Terrier de la cure de Saint-Nicolas, de Chantelle renouvellé en 1677 ; reconnaissances de Jean de la Chaussée, praticien du village de Leu, paroisse d'Ussel (Arch. de l'Allier, série D. 123) ;

— 1703 : Mariage de Gabriel la Chaussée, fils de feu François de la Chaussée, sieur de Leu, y demeurant, paroisse d'Ussel, et de Catherine Dubost, avec Marie Farjonel, fille de feu Gabriel Farjonel et de Marie de Guillebon. (Arch. de l'Allier, série D. 747) ;

— 1733 : Mariage d'Antoine Boirot, fils de Claude Boirot, sieur des Serviers, et de Pétronille Raynaud, avec Louise de la Chaussée (Reg. par. de Bellenaves) ;

— 1751 : Mariage de Gilbert de la Planche, sieur de Fontenille, avec Elisabeth de la Chaussée. (Reg. par. de Bellenaves.)

Antoinette de la Chaussée était fille de Gabriel de la Chaussée et de Marie Farjonel (1), et avait épousé M. Claude-Joseph La Feuillaud, dont elle était veuve en 1788, lors de son acquisition. Elle possédait une grosse fortune : en plus de ses biens personnels, et conjointement avec ses trois sœurs, Elisabeth de la Chaussée, femme de Gilbert de Laplanche, Marie de la Chaussée, femme de Barthélemy Gibon, et Catherine de la Chaussée, fille majeure, elle avait hérité de ses trois frères aînés décédés sans postérité, Jean-Baptiste de la Chaussée, mort à Moulins en 1764, Gilbert de la Chaussée, mort en 1766, et Jacques de la Chaussée, administrateur de l'Hôtel-Dieu de Paris, mort en 1787. Ce dernier avait laissé une fortune considérable pour l'époque ; l'inventaire de sa succession en portait l'actif à deux millions soixante mille livres : cette somme presque toute composée d'actions de la Compagnie des Indes ou autres effets royaux payables au porteur, facilement réalisables (2). Lorsque le comte de Salvert voulut vendre le château de la Motte d'Arçon, ainsi que les terres qui en dépendaient, M<sup>me</sup> La Feuillaud put alors en faire l'acquisition, et elle vint s'installer au château, qui était encore en très bon état. Elle s'y trouvait en 1794, lorsque le citoyen Cariol aîné fut chargé par un arrêté du Directoire du dictrict de Gannat, en date du 6 floréal an II, de visiter les châteaux du district susceptibles d'être démolis en entier ou en partie, en exécution du décret du 13 pluviôse précédent. La propriétaire de la Mothe d'Arçon s'attendait à cette visite, car Cariol avait déjà passé l'inspection de quelques châteaux du district de Gannat, et elle savait ce qu'il en résultait ; aussi avait-elle pris soin de faire disparaître tout ce qui aurait pu être considéré par le citoyen Cariol comme des emblêmes de féodalité. Il y avait notamment, dans la cour intérieure, des poteaux en bois supportant une galerie faisant communiquer les bâtiments du nord avec le principal corps de logis : sur ces poteaux, il existait, à même le bois, des écussons sur lesquels se trouvaient sculptés en relief les armoiries des premiers seigneurs de la Mothe d'Arçon. Pour éviter que ces écussons pussent choquer les yeux du susceptible commissaire,

---

(1) Farjonel, famille bourbonnaise dont les armoiries étaient : *de sable, à trois étoiles d'argent, et un croissant de même en abîme.*

(2) Archives de la famille Boirot.

les pièces des blasons furent brisées, rabotées et aplanies jusqu'au niveau du champ de l'écu qui fut lui-même déformé, pour qu'il ne restât plus rien de répréhensible ; les traces des coups de hache sont encore visibles aujourd'hui sur quelques anciens poteaux qui subsistent toujours. Mais ces preuves de civisme ne suffirent pas au pointilleux Cariol, et nous allons voir par son rapport qu'il exigea d'autres mutilations :

« Du 3 messidor an II (1). Ci-devant château de Vicq, appar-
« tenant à la citoyenne La Feuillaux.

« Aujourd'hui, 3ᵉ jour messidor an II de la République française
« une et indivisible, en vertu de la commission qui m'a été con-
« fiée par les citoyens administrateurs du Directoire du district
« de Gannat, département de l'Allier, en date du 6 floréal der-
« nier, qui me commet pour faire les visites et désigner les châ-
« teaux ou partie d'yceux forts et forteresses qui sont dans le
« cas d'être démolis en exécution des lois des 6 août et 13 plu-
« viôse dernier, à l'effet par moi d'en dresser procès-verbal et
« être rapporté à l'administration pour qu'il en soit fait ce qu'il
« appartiendra.

« En conséquence, je soussigné, m'étant rendu au lieu du ci-
« devant château de Vicq, situé dans la commune de Vicq, ap-
« partenant à la citoyenne Lafeuillaux y demeurant, j'en ai fait
« la visite en présence du citoyen Lesbre, gendre de la proprié-
« taire, et après avoir vu et examiné le local soit à l'extérieur et
« dans l'intérieur de ses bâtiments, j'en ai fait la description
« ainsi qu'il suit :

« Le plan du local de ce cy-devant château présente à son
« entrée une avant-cour, clos de murs, à l'aspect du midy, où est
« placé un portail d'entrée ; dans l'intérieur de cette cour sont
« placés plusieurs bâtiments d'exploitation rurale, soient : gran-
« ges et autres. A cet effet :

« La perspective du château présente un corps de bâtiment
« d'environ 16 toises de longueur, sur les faces du levant et cou-
« chant, et onze à douze toises sur les faces de midy et nord,
« formant presque un carré parfait, entourés sur les 4 faces par
« des fossés de 36 pieds de largeur pouvant prendre 7 à 8 pieds

---

(1) 21 juin 1794.

**Cour intérieure de la Motte d'Arçon**
(Dessin de Mlle Richard.)

« d'eau en profondeur, escarpés par les murs des bâtiments du
« château et contre-escarpés par d'autres murs qui en forment
« les pourtours, de manière que, pour aborder la porte d'entrée,
« il faut passer sur un pont bâti en pierre ayant deux arcades,
« dont l'une n'a été faite que depuis quelques années pour subs-
« tituer à un pont-levis qui existait alors ; la partie du bâtiment
« où est placée la porte d'entrée forme un avant-corps avançant
« de 6 à 7 pieds dans le fossé, ayant 24 pieds de largeur, présen-
« tant par sa construction extérieure un pavillon à peu près
« carré montant à 3 étages en forme de Donjon, au rez-de-chaus-
« sée duquel est placée la baie du portique qui est construit en
« pierre de taille, où sont encore les vuides et rainures pour rece-
« voir les mas coulis du pont-levis ; le rez-de-chaussée de ce pa-
« villon forme un vestibule à doubles portes ; les murs ont de
« 4 pieds ½ à 5 pieds d'épaisseur, dans l'un desquels se trouve
« pratiquée une embrasure formant une visière donnant sur la
« porte d'entrée de l'avant-cour, d'où l'on pourrait défendre
« l'entrée du château. Dans l'épaisseur de la voûte qui divise en
« hauteur le vestibule d'avec la chambre du 1er étage du donjon,
« se trouve pratiqué un vuide d'environ deux pieds de longueur
« sur quinze pouces de largeur, objet qui a été fait dans le temps
« pour servir d'assommoir ; de la chambre du 1er étage, l'on
« monte par un escalier dérobé dans celle du second, dont le sol
« est aussi voûté ; le plancher supérieur est formé par des solives
« passant saillant à l'extérieur des murs en forme de créneaux,
« dont les intervalles paraissent avoir été construit pour former
« des meurtrières ; ce donjon se termine par un troisième étage
« sous une charpente en forme de pavillon très-élevé et présente
« par sa construction un objet d'attaque et de défense (1).

« De suite étant dans la cour intérieure du château, j'ai observé

---

(1) Ce pavillon ou donjon à 3 étages devait ressemb'er beaucoup à celui,
actuellement démoli, dans lequel se trouvait l'ancienne porte d'entrée du
château de Chareil. On prut s'en rendre compte par un dessin de l'artiste
Bariau, exécuté vers 1840, et reproduit dans le *Bulletin de la Société d'Emulation du Bourbonnais*, année 1907. La différence consiste seulement en
ceci: 1° à Chareil, l'escalier conduisant aux 2e et 3e étages du donjon était
dans une petite tourelle extérieure, et à Vicq il était à l'intérieur ; 2° à Chareil, la porte d'entrée avait été ornée, dans la seconde moitié du xvie siècle,
de deux colonnes plates supportant un fronton triangulaire, ce qui n'existe
pas à Vicq.

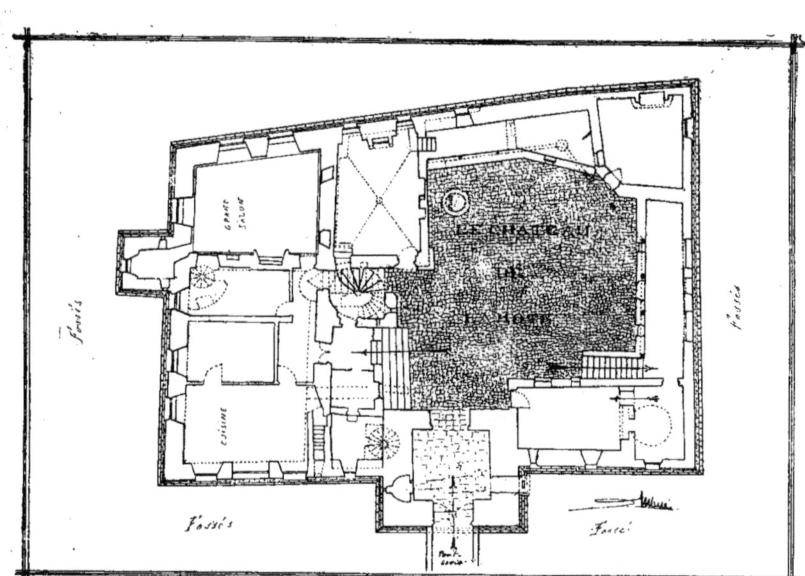



Plan du château de La Motte.

« que l'escalier principal qui communique aux appartements du
« corps de logis, est pratiqué dans une partie de bâtiment faisant
« avant-corps dans la cour, dont le comble forme une flèche dé-
« tachée de celui du corps de logis, objet qui représente les em-
« blêmes féodaux.

« Ayant suivi et examiné tous les appartements du corps de lo-
« gis, j'ai remarqué que sa construction intérieure et extérieure
« est moderne (1), ne présentant dans son entier aucune marque
« d'attaque ni de défense, pas même des emblêmes de féodalité.

« A l'aspect du Nord de la même cour sont placés des anciens
« bâtiments composant une espèce de galerie et une chambre
« prenant jour au même aspect, dont les couverts sont à tuile
« plate ; aux deux extrémités existe une élévation de couvert en
« forme de flèche excédente de quelques pieds le faîtage de sa
« suite du couvert, ce qui annonce encore l'ancien usage pour
« désigner les fiefs ou châteaux.

« D'après la description ci-dessus détaillée, et après avoir con-
« sulté et examiné les articles 1 et 2 de la loi du 13 pluviôse der-
« nier, il est urgent que les fossés qui entourent ce ci-devant châ-
« teau soient comblés, pour que l'abord des bâtiments soit pra-
« ticable ; et sur les observations qui m'ont été faites par la ci-
« toyenne La Feuillaux et le citoyen Lesbre que dans ces fossés,
« il y a une source d'eau assez abondante en écluzant des eaux
« dans les fossés pour que, dans les temps de sécheresse, elle fai-
« sait mouvoir un moulin qui est sur le ruisseau de la Veauce,
« plus bas et en aval du château, d'après ces observations, je
« laisse à la justice des administrateurs du district, conformément
« à l'article 5 de la loi, le jugement qu'il conviendra porter à cet
« effet.

« La couverture, la charpente, les planchers et les murs qui for-
« ment le donjon seront démolis jusqu'à la hauteur du dessus
« de la fenêtre de la chambre du 1er étage ; toutes les pierres de
« taille du portique formant les rainures des mas coulis du pont-
« levis seront démolies, ainsi que celles qui forment les visières
« sur les côtés pour qu'il n'en reste aucune marque des emblê-
« mes d'attaque et de défense.

-------------------------------------------------------------

(1) Ainsi que nous l'avons dit plus haut, la famille de Salvert avait fait
restaurer cette partie du château vers 1730.

« La pyramide qui couvre la tour de l'escalier, ainsi que les
« deux parties des combles en forme de pavillon qui couvrent les
« vieux bâtiments seront détruits ; après quoi les bâtiments de-
« meureront encore fermés et logeables et ne montreront aucun
« emblême de féodalité et ne pourront nuire à la sûreté publique.
« De tout quoy j'ai dressé le présent procès-verbal pour être rap-
« porté aux administrateurs du directoire du district de Gannat
« pour qu'il en soit fait ce qu'il appartiendra. Fait ledit jour et an
« que dessus. Cariol aîné. (1). »

Devant une pareille injonction, il n'y avait qu'à s'incliner et à
exécuter les prescriptions du citoyen Cariol. Deux étages de
l'inoffensif donjon furent démolis : il en est résulté un lourd pavillon carré, décapité, recouvert d'un innommable toit provisoire,
fait à la hâte, et qui semble toujours attendre d'être remis en
état. Les autres dispositions du procès-verbal furent également
suivies à la lettre, sauf pour les fossés, qui n'ont pas été comblés.

Mⁿᵉ La Feuillaud n'avait eu que deux filles : Marie La Feuillaud, mariée à M. Lesbre, d'Ebreuil ; et Elisabeth La Feuillaud,
mariée à M. Gilbert Ponthenier ; c'est elle qui hérita le château
de Vicq de ses parents.

Le ménage Ponthenier-La Feuillaud eut onze enfants : six seulement laissèrent une postérité :

1° Gilbert Ponthenier-Lafont, qui suivra ;

2° François Ponthenier, né en 1785, mort le 16 février 1858,
marié à Vicq à Françoise Carte, veuve Ray ; ils n'eurent qu'un
fils, Antoine Ponthenier, marié à Berthe Guillaume-Grandpré,
dont un fils, Roger Ponthenier ;

3° Antoinette-Ponthenier, mariée à Vicq, le 24 novembre 1807,
à André-Victor Boirot, fils d'Antoine Boirot des Serviers (2) et

_______________

(1) Arch. de l'Allier, série L. 482. — Reproduit par M. Viple dans sa brochure intitulée : *Le canton d'Ebreuil pendant la Révolution.*
(2) Décédé le 13 novembre 1823 : il était le frère du célèbre jurisconsulte
clermontois. En plus d'André-Victor il avait deux autres fils, Hippolyte-
Pierre Boirot des Serviers, médecin-inspecteur des eaux de Néris, et Charles
Boirot, avocat à Clermont-Ferrand, qui n'ont pas eu de descendants mâles ;
le dernier Charles Boirot fut le père de Mᵐᵉ Montader-Boirot, morte aux
Mérigats, commune de Vicq, en 1918, laissant sa fortune à l'Orphelinat de
Gannat.

de Reine-Rose Ballet. M^me Boirot, née Ponthenier, mourut aux Serviers, le 2 mai 1828, et son mari, le 3 juillet 1849, laissant trois enfants, deux fils et une fille. Leur postérité existe encore, mais n'est plus représentée en ligne masculine que par l'auteur de cet ouvrage et sa descendance ;

4° Marie Ponthenier, mariée à Louis Hervier, d'où une fille, unie à M. Mancel, d'Aigueperse, et un fils, Auguste Hervier, décédé à Ebreuil, le 4 décembre 1886. Il avait épousé Octavie Bergeon, qui mourut deux ans après son mari, le 20 décembre 1888. Etant sans enfants, elle légua toute la fortune provenant de M. Hervier (dont le superbe palais abbatial d'Ebreuil) pour la création de l'Orphelinat Sainte-Marie, tenu par des Religieuses de Nevers.

5° Gaspard Ponthenier, qui eut une fille, mariée à M. Choisy, et un fils, Alexandre Ponthenier, marié à Saint-Bonnet-de-Rochefort, avec Marie-Adélaïde Barthélemy-Mongond, dont une fille, M^me Chevrier. Ses enfants habitent toujours Saint-Bonnet.

6° M^lle N... Ponthenier, mariée à M. Neuville.

Gilbert Ponthenier-Lafont, fils aîné de Gilbert Ponthenier (1) et d'Elisabeth La Feuillaud, épousa vers 1800 M^lle Anne Boirot. Ce fut lui qui, après le partage de la succession devint le propriétaire du château de Vicq. Il le transmit à sa fille Louise Ponthenier mariée en 1822 ou 1823 à Pierre de Laplanche de Fontenille. M^r de Laplanche eut, entr'autres héritiers, une fille qui épousa en 1844 M. Edme-Laurent Clayeux, marié en 1873 à M^lle Marie-Aline Robert ; et 2° M^lle Louise Clayeux mariée à M. Musnier. Ce sont eux qui, en 1919, vendirent le château de Vicq à M. Imbert, propriétaire actuel.

Depuis la première moitié du XIX^e siècle, ce château avait cessé d'être habité par ses propriétaires. M. de Laplanche et M. Clayeux possédaient des résidences plus agréables où ils continuèrent de demeurer après leur mariage. Le vieux manoir mutilé par la Révolution ne leur semblait que de peu d'attrait, et il fut converti en ferme. Pendant 80 ans, il servit de logement à des métayers, et Dieu sait de quelle façon il fut traité. Loin de panser les plaies que la visite du citoyen Cariol lui avait fait

---

(1) Mort le 22 fructidor an XI : il était adjoint au maire de Vicq.

subir, la négligence des locataires ne fit que les aggraver, et leur séjour lui fut plus nuisible que la Révolution. A part, dans le grenier, la majestueuse voûte de bois en forme de carène renversée qui se conserva intacte, tout le reste de la maison se ressentit de cette occupation. Certaines fenêtres furent aveuglées par des galandages en briques : des pièces encore marquées des grâces galantes du XVIIIᵉ siècle, servirent à remiser des tas de blé ou de pommes de terre ; la cour intérieure, avec sa galerie aux écussons sculptés, devint un cloaque où l'on circulait avec peine au milieu d'animaux de basse-cour ; faute d'entretien les murs se lézardaient, le château tombait en ruines : c'était lamentable et sordide.

Il n'en est heureusement plus de même depuis la vente de 1919. Le nouveau propriétaire, et surtout son fils, M. Emile Imbert, ont eu à cœur de nettoyer et de consolider cette vieille demeure. Sans avoir pu encore entreprendre de grands travaux de réparation, tous les ans quelques ouvrages viennent soutenir des pans de mur ; déjà des fenêtres ont été débouchées et rendues à leur rôle primitif ; les pièces ont été débarrassées et reviendront peu à peu à leur état normal. Espérons qu'un jour le château de la Mothe d'Arçon reprendra son aspect d'antan pour la joie des archéologues et des amants du passé.

Quoiqu'il en soit, et tel qu'il est, cet antique manoir est touchant : il rappelle la France d'autrefois comme ces objets de vitrine qui, à travers le temps, gardent un miraculeux pouvoir de résurrection, et nous font revivre des époques disparues en raison des souvenirs qu'ils évoquent encore. Les poudreux manuscrits des Archives nous révèlent parfois la vie de nos ancêtres, mais les siècles évanouis renaissent aussi parmi les décors où, jadis, leur féérie se déroula. L'atmosphère des temps anciens s'est attardée sur ces murs où les mains de ceux qui ne sont plus ont laissé d'impalpables empreintes, et dans ces pièces qui ont vu les nouveau-nés sourire à la vie. Là, pendant de longues années, ont vécu de nombreuses et fortes générations de Français ; c'est sous ces poutrelles jaunies qu'ils ont pensé, qu'ils ont souffert, avant que leur corps aient été couchés dans l'église voisine, et que leurs âmes se soient envolées pour toujours vers l'au-delà mystérieux !

. . . . . . . . . . . . . . . . . . . . . . . . . . . . . . . . . . . . . . . . . . . . . . . . . . . . . . .

Loin de moi la pensée d'avoir écrit quelque chose de définitif sur les propriétaires d'Arçon et de la Mothe d'Arçon. Je crois qu'en dépouillant les *Archives de l'Allier*, on trouverait encore de nombreux titres les concernant (1). Ce n'est là qu'une première série de documents, pour la plupart ignorés des écrivains du Bourbonnais, et réunis par un chercheur patient ; ce n'est là qu'un simple canevas, sur lequel les amateurs du passé pourront encore largement broder. Mon but a été simplement de faire connaître aux enfants de Vicq l'histoire de leur pays ; mon espoir est de leur faire aimer leur village, leur clocher, leur sol natal ; car c'est en développant ainsi dès l'adolescence l'amour de la petite patrie, que les jeunes gens d'aujourd'hui apprendront plus tard à chérir la grande !

Max Boirot,
*Associé correspondant national*
*de la Société des Antiquaires de France.*

--------

(1) Notamment dans les terriers de Chantelle, et les onze liasses de la série H. provenant de l'abbaye d'Ebreuil. Aux Archives Nationales il n'y a aucune déclaration de temporel de l'abbaye d'Ebreuil.